张　治等◎著

数字画像

智能时代的
综合素质评价新范式

华东师范大学出版社
·上海·

图书在版编目（CIP）数据

数字画像：智能时代的综合素质评价新范式/张治等
著.—上海：华东师范大学出版社,2021
ISBN 978－7－5760－2278－0

Ⅰ.①数… Ⅱ.①张… Ⅲ.①素质教育－教育评估－研
究－中小学 Ⅳ.①G632.47

中国版本图书馆 CIP 数据核字(2021)第 230694 号

数字画像：智能时代的综合素质评价新范式

著　者　张　治 等
策划编辑　孙　婷
责任编辑　崔　璨
责任校对　邱红穗　时东明
装帧设计　卢晓红

出版发行　华东师范大学出版社
社　　址　上海市中山北路 3663 号　邮编 200062
网　　址　www.ecnupress.com.cn
电　　话　021－60821666　行政传真 021－62572105
客服电话　021－62865537　门市（邮购）电话 021－62869887
地　　址　上海市中山北路 3663 号华东师范大学校内先锋路口
网　　店　http://hdsdcbs.tmall.com

印 刷 者　上海昌鑫龙印务有限公司
开　　本　787 毫米×1092 毫米　1/16
印　　张　26.5
字　　数　421 千字
版　　次　2023 年 2 月第 1 版
印　　次　2023 年 2 月第 1 次
书　　号　ISBN 978－7－5760－2278－0
定　　价　128.00 元

出 版 人　王　焰

（如发现本版图书有印订质量问题，请寄回本社客服中心调换或电话 021－62865537 联系）

本书系作者主持的国家社会科学基金

"十三五"规划 2019 年度教育学一般课题研究成果，

课题名称"基于学生画像的综合素质评价行动研究"（BCA190084）。

序 一

　　教育评价是建设高质量教育体系的关键环节。2018 年 9 月，习近平总书记在全国教育大会上明确提出，要深化教育体制改革，健全立德树人落实机制，扭转不科学的教育评价导向，坚决克服唯分数、唯升学、唯文凭、唯论文、唯帽子的顽瘴痼疾，从根本上解决教育评价指挥棒问题。2020 年 10 月，中共中央、国务院印发《深化新时代教育评价改革总体方案》，强调落实立德树人根本任务，遵循教育规律，系统推进教育评价改革，发展素质教育。这是新中国第一个关于教育评价系统性改革的文件，也是指导深化新时代教育评价改革的纲领性文件。教育部怀进鹏部长2021 年 11 月在《学习时报》撰文指出，全面深化教育改革创新，加快新时代教育评价改革；在同年 12 月举行的"2021 国际人工智能与教育会议"上提出"推动人工智能与教育教学深度融合，利用人工智能促进全民终身学习，致力推动教育数字转型、智能升级、融合创新，加快建设高质量教育体系"。数字转型背景中的教育评价改革成为时代命题。

　　国内外研究者在教育评价的数字化转型方面已经达成一些基本共识。在大数据、人工智能的支持下，学生各项学习过程和学习结果数据可被多方位采集，学生的学习状态可通过伴随性或实时性评估更精准地予以识别和描述。基于证据的教育评价将更有可能反映学生学习的真实水平和全面素养，更有可能实现评价过程的公平公正。数字时代的教育评价，在实现更高水平的因材施教、支撑素质教育方面的潜能亟待研究和挖掘。

　　数字画像是教育评价数字化转型中一个被寄予很高期待的技术。张治同志敏锐地关注到这一领域,利用其先后任职上海电教馆和宝山区教育局的优势,以高度的热情和执着的精神带领团队探索基于大数据和人工智能应用的教育评价,致力于运用数字画像技术提升中小学生综合素质评价的质量。2019 年,他承担了国家社会科学基金项目《基于学生画像的综合素质评价行动研究》,取得了丰富的成果,并顺利结项。课题组经过深入研究和系统开发,对数字画像应用于学生综合素质评价的理论、政策、实践、技术和推进策略进行了系统探索,在上海开展了综评制度体系(包括评价内容、评价标准、实施机制、使用模式等)的案例研究和实验研究,构建了基于数字画像的综评模式、与评价体系相映射的 MIPAL 五育场景应用模型,为综合素质评价的政策落地和下一代评价技术开发提出了有探索意义的解决方案。

我认为张治同志及其课题组所做的工作很有价值,在评价领域为探索我国基础教育数字化转型的有效路径提供了一个研究范例。我还希望课题组以及其他教育同仁在这个研究方向上继续拓展与深化,一方面深入研究数字安全和教育人工智能伦理如何在评价领域落实,一方面关注在大数据和人工智能能够提供如此精准的评价证据时,如何维护教师和学生对评价过程和结果运用的参与权益?如何避免有学者担心的教学法"智能降级"问题,特别是在算法可能出现误导的情况下?如何实现评价中的人机协同,教师在评价中的角色将如何重塑?教师应该如何被赋能,在智能评价时代做出更好的教学决策?我们始终不能忘记,教学决策的责任承担者始终是人,而不是人工智能。

期待这些研究能让数字时代的学校和教师通过更好地评价学生而实现更高质量的学习与教学,也期待我们的教育实践和研究能为全球贡献更多的中国理论和范例。

任友群

2022.12

序 二

刘 坚[①]

在教育领域推行综合素质评价，我是积极推动者之一。这既源于我的教育信念，更是基于我对全国大中小学教育现状的整体判断。从某种意义上讲，能否全面推进综合素质评价，直接制约我国教育高质量发展的内涵与水平，直接影响我国人才自主培养的质量。所以，当张治局长嘱我为他的新书作序，是有关他和他的团队基于数字画像的综合素质评价领域的最新研究成果时，我满怀兴奋且充满期待。

上世纪末，我有机会参与国家新世纪基础教育课程改革的筹划与推动工作，全程参与研制 2002 年出台的《教育部关于积极推进中小学评价与考试制度改革的通知》和 2004 年的《国家基础教育课程改革实验区 2004 年初中毕业考试与普通高中招生制度改革的指导意见》及其相关文件。在这些文件中第一次明确提出要对学生进行综合素质评价，评价结果要作为高一级学校招生和选拔的重要依据。当时文件中的综合素质除学生各门课程的学业表现外，还明确提出必须包括道德品质、公民素养、学习能力、交流与合作、运动与健康、审美与表现等基础性发展目标；并要求建立每个学生的成长记录，收集能够反映学生学习过程和结果的资料，包括学生的自我评价、最佳作品（成绩记录及各种作品）、社会实践和社会公益活动记录、体育与文艺活动记录，教师、同学的观察和评价，来自家长的信息，考试和测验的信息等。然而，20 几年过去了，似乎一切涛声依旧。事实上对绝大多数学校和学生而

---

① 刘坚 北京师范大学教授、博士生导师，中国教育创新研究院院长、中国基础教育质量检测协同创新中心首席专家、国家督学。

言,考试分数、中高考成绩依然是主要甚至唯一的评判依据。

2020年10月,中共中央、国务院颁布《深化新时代教育评价改革的总体方案》(以下简称"总体方案")再次明确提出,要突出实施学生综合素质评价;加快完善初、高中学生综合素质档案建设和使用办法,逐步转变简单以考试成绩为唯一标准的招生模式;创新评价工具,利用人工智能、大数据等现代信息技术,探索开展学生各年级学习情况全过程纵向评价、德智体美劳全要素横向评价。

当前和今后一个时期,以"总体方案"为抓手的教育治理工作将全面进入深水区,而如何运用信息技术突破学生综合素质评价便成了令世人瞩目的关键难题。

张治局长出身一线特级教师,有着丰富的学校管理经验,曾主持上海市电化教育馆工作。从相关履历、学术作品和演讲报告中可以看出他一直痴心于教育技术与评价改革的整合探索。作为上海市开展综合素质评价改革的重要参与者,又承担国家社科基金"基于学生画像的综合素质评价行动研究"(BCA190084),张治和他的团队成果令人期待。

我有幸提前阅读《数字画像:智能时代的综合素质评价新范式》书稿,不难发现作者立足智能技术发展的时代背景,系统梳理综合素质评价的国内外文献、政策和最佳实践,聚焦综合素质评价亟待突破的障碍,以促进学生健康成长为宗旨,提出基于数字画像的综合素质评价,通过对其概念、机制、驱动力、价值、典型应用等的讨论与分析,特别是在体育健康、阅读、作业、在线学习、生涯规划、实验实践、创新素养(研究性学习)等一系列影响学生成长与发展的真实主题情境下的学生画像探索,系统积累与分析智能技术在专业化、精确化、便捷高效等方面的优势,助力数字化时代教育评价新生态新范式的构建。

从张治团队研究提供的证据不难看出,数字画像不仅可以让传统领域的评价更准确,而且在信息技术的支持下完全可以实现更广泛的评价目标。从关注结果的评价到更便捷更普遍的形成性评估,这些评估信息可以在课程的实施过程中为改进教学、促进学习提供强有力的支持,新一轮课程改革倡导的教—学—评一致性成为可能;从捕捉学生解决问题过程中的丰富多样又具个性化的真实表现和作品组合,包括跨越更长的时间和更多的环境,可以更好地评估学生走向社会和工作场所必须具备的学习能力和核心素养,这是传统评价工具所难以支持的;从提供不经常和孤立的分数评估到不断更新学生学习轨迹的持续评估，不仅可以把教师从重复繁杂的事务中解放出来，更重要的是可以有效促进学生的可持续发展和卓越成长。所有这些，正是综合素质评价所期待的。

诚然，书稿所提出的理论、方法和技术仍有待不断完善提升。但是，书稿呈现的独特视角、技术路径、实践案例，为教育评价理论创新和技术进化均都提供了有益的借鉴。我向张治和他的团队做出的艰辛努力、辛勤劳动和取得的丰硕成果表示由衷的敬意，也愿意借此机会特别向更多开展教育评价、教育技术研究的学者和一线教师推荐阅读。

数字画像作为新生事物，在前沿技术突破、技术路径选择、数据结果采集、证据判别运用、教育政策法规、数据行为伦理等方面，必然还面临一系列重大挑战，我期待张治和他的团队持续研究，取得更加丰硕的成果！

目录

第一章

绪论

第一节　问题的提出

一、新时代教育评价改革背景

2020 年 10 月，中共中央、国务院印发的《深化新时代教育评价改革总体方案》中明确了新时期教育评价指导思想与改革目标，提出"改进结果评价、强化过程评价、探索增值评价、健全综合评价"四个改革方向，说明教育评价改革已成为国家发展的战略之一。[①] 2014 年 9 月，我国发布的《国务院关于深化考试招生制度改革的实施意见》，将新一轮的改革聚焦综合素质评价，力图从评价环节全面落实素质教育。[②] 2018 年 9 月 10 日，习近平总书记在全国教育工作大会上指出，要深化教育体制改革，健全立德树人落实机制，扭转不科学的教育评价导向，坚决克服唯分数、唯升学、唯文凭、唯论文、唯帽子的顽瘴痼疾。上世纪 90 年代初，中共中央做出了从应试教育向素质教育转轨的重大决定，这对于"一切为了考试"的教育体制是一次重大的调整。素质教育提出近三十年了，从教育内容到教育形式，从教育理论到教育实践，都有了实际的转变。但是，总的来看各地区成效不够平衡，很多地区学校出现轰轰烈烈讲素质教育，扎扎实实搞应试教育的问题。教育重知识、轻素质的状况尚未得到根本扭转，教风、学风亟待进一步净化，这导致教育的压力普遍前移，老百

---

① 中共中央、国务院. 中共中央　国务院印发《深化新时代教育评价改革总体方案》[EB/OL]. http://www. gov. cn/zhengce/2020-10/13/content_5551032. htm，2020 – 10 – 13.

② 国务院. 国务院关于深化考试招生制度改革的实施意见[EB/OL]. http://www. gov. cn/zhengce/content/2014-09/04/content_9065. htm，2014 – 9 – 4.

姓的教育焦虑逐年增加,学前教育、基础教育普遍存在超前教育、过度教育现象,学生负担越减越重,近视率逐年增加,既有损学生身心健康成长,也加重家庭经济和精力负担。职业教育重视不够、质量不高,高等教育经历了量的快速扩张,但质的提升需求越来越突出,高水平创新型人才培养总量还无法满足国家发展需要。

教育评价唯分数、唯升学率的问题在很多地方司空见惯。究其原因,是立德树人的要求没有完全落实到体制机制上,关于思想道德、素质教育的应有地位和科学评价体系没有真正确立起来。2015年起,中共中央不断推进全面深化高考综合改革,作出全面开展综合素质评价的决定,将素质教育的育人观念从评价环节落到实处,彻底扭转片面的教学观,从机制上扭转以牺牲学生身心健康换取考试分数的教育政绩观,真正回归育人为本、素质为本的教育发展道路。教育评价体系改革,就是要坚决克服唯分数、唯升学、唯文凭、唯论文、唯帽子的顽疾,扭转教育短期功利化倾向,从根本上解决教育指挥棒的问题;就是要全面落实立德树人的根本任务,推进育人方式、办学模式、管理体制、保障机制,建立促进学生身心健康、全面发展的长效机制,培养亿万个胜任时代需要的社会主义建设者和接班人。

《深化新时代教育评价改革总体方案》不是当下中国教育体制的小修小补,而是教育评价环节的深层重构,是党中央、国务院从教育发展历史反思中作出的重大战略部署,是新时代教育改革发展坐标系的科学修正,是深入贯彻落实习近平总书记提出的"破五唯"要求在教育领域的具体办法,是对实现中国教育现代化2035目标的根本性航标的确立和长效机制的构建,是加快教育现代化,适应新时代新挑战新任务,为国家中长期战略目标提供教育和人才保障的重大举措。

全面深化教育评价改革,对教育的长期发展和现代化进程具有增强老百姓教育改革发展的获得感、培养综合素质优异的建设者和接班人、让教育回归科学育人的本质规律三个方面的重大意义。其一,教育评价改革以人民的教育利益诉求为出发点,系统变革教育评价体系,重视和培育学生的综合素质,将从机制上遏制不良的教育竞争文化,让人民真正增强教育的获得感,促进教育的公平公正。其二,教育评价改革全方位改变教育人才观和发展质量观,形成大中小一体化的育人价值导向,增强学生的中国特色社会主义道路自信、理论自信、制度自信、文化自信,立志肩负起民族复兴的时代重任。其三,教育评价改革提升教育现代化水平,提升评价体系的现代化和科学性。发挥教育评价指挥棒的正效应，切实把教育教学引导到科学、健康和可持续的轨道上来。回归教育科学的评价观，还意味着教育评价要充分吸收教育科学研究的成果，充分利用现代信息技术，把大数据分析、学生个体数字画像和群体画像等技术应用于各级各类教育评价体系中，为人才的分类分层遴选提供技术支持，为教育治理和科学决策提供技术支撑。

全面深化教育评价改革，实施综合素质评价，需要我们把握住四个根本转变。

（一）根本转变片面的育人观

教育育人观是指引教育发展的灵魂，新时代教育评价改革就是要从根本上回答为什么办教育、回答培养什么样的人和为谁培养人的问题、回答什么是人民满意的教育的问题。德智体美劳全面发展是人才培养的核心目标，教育评价改革，就是要落实德智体美劳全面发展的育人观，引导各级教育机构和学生在加强品德修养上下功夫，教育引导学生培育和践行社会主义核心价值观，成为有理想、有道德、有责任感的现代人。要引导学生在增长学识上下功夫，奋发有为，追求真理，志存高远，勇于进取，自强不息。同时，教育评价改革，要引导各级教育组织和管理部门，增强体育锻炼，树立健康第一观念，加强和改进学校美育，坚持以美育人、以文化人，要在学生中弘扬劳动精神，引导学生崇尚劳动、尊重劳动。教育评价改革要在增强综合素质上下功夫，教育引导学生培养综合能力，培养创新思维，落实全面发展、素养为本的核心育人理念。综合素质评价，不是加重负担，而是把教育导向对学生实践能力、导向创新思维的培养。在各级教育组织落实综合素质评价，就是落实五育并举，减少学生机械的操练，注重理论和实践相结合，注重传承和创新相结合，注重学校学习和社会实践相结合，注重个体学习和团队协作相结合。将综合素质评价纳入高考综合改革，作为高校录取的重要参考，将综合素质发展情况纳入高校招生、办学改进、教育督导评估一体化设计的教育评价系统工程中。社会是大课堂，生活是教科书。要引导学校教育与社会教育结合，加大校外教育资源开发建设，加大图书馆、博物馆、科技馆、纪念馆、运动场、少年宫、儿童活动中心等公益设施的建设力度，促进家庭教育、学校教育、社会教育之间形成育人全链条。

(二) 根本转变功利的评价观

有什么样的评价指挥棒,就有什么样的办学导向,就会有什么样的教学行为。百年大计、教育为本,教育的价值要立足长远、放眼未来,不能急功近利,鼠目寸光。新时代教育评价改革就是要健全立德树人落实机制,扭转不科学的教育评价导向。现在很多教育机构、教师和家长都被扭曲的教育文化所左右,越陷越深,不能自拔。党和国家教育政策方针与老百姓的教育利益诉求产生了背离,办学中出现了短视功利的做法。功利的教育价值观最突出的危害是中小学生太苦太累,透支健康和对学习本身的兴趣,换取分数的一时提高!职业教育、高等教育,都要以人为本,评价的目标是为了更好地发展人,而不是仅仅甄别遴选,把学生分为三六九等。高等教育的评价要利于育人价值的实现,而不是唯论文、唯文凭。要提升教育服务经济社会发展能力,调整优化高校区域布局、学科结构、专业设置,建立健全学科专业动态调整机制,加快一流大学和一流学科建设,推进产学研协同创新,积极投身实施创新驱动发展战略,着重培养创新型、复合型、应用型人才。

(三) 根本转变害人的教育政绩观

如何评价教育政绩,是各级政府和教育机构首先要解决的思想认识问题。习近平总书记在全国教育工作大会上提出,要以凝聚人心、完善人格、开发人力、培育人才、造福人民为工作目标,培养德智体美劳全面发展的社会主义建设者和接班人,加快推进教育现代化、建设教育强国、办好人民满意的教育为教育工作的出发点和落脚点。立德树人,以学生发展为本,是所有教育部门的核心目标和根本任务。长期以来,地方教育主管部门有深深的"状元情结",学校"掐尖"挑生源,提出"只要学不死、就往死里学"等雷人的口号,地方政府重奖考入清华、北大的学生等行为,都是把学生作为教育者和教育管理部门提高升学率的工具。高校之间搞排名、抢人才挖墙脚、重奖 SCI 论文发表等教育政绩观,对教育公平和健康有序的发展构成了冲击。破除"五唯"政绩观,是教育拨乱反正的核心,显得任重道远。新时代教育评价改革就是要给各级教育行政部门和各级办学机构重新修正坐标,剔除功利的教育价值观,充分激发教育事业发展生机活力;就是要加快建成更加开放灵活的教育,努力使教育选择更多样、成长道路更宽广,使学业提升通道、职业晋升通道、社会上升通道更加畅通。抛弃害人的政绩观,优化教育供给,转变育人方式,为国家和社会培养一大批合格的社会主义建设者和接班人。科学的政绩观也要求民办学校要按照国家法律和教育规律来办学,依法规范管理,促进行业自律,注重社会效益、公益属性。

(四) 根本转变错误的成长观

家庭是人生的第一所学校,家长是孩子的第一任老师,要给孩子讲好"人生第一课",帮助扣好人生第一粒扣子。家长望子成龙的心情无可厚非,各级教育部门要引导家长正确认识孩子的成长成才观念。三百六十行,行行出状元,天生我才必有用,不要只盯着独木桥。强调竞争的教育,尤其是教育竞争的前移,不利于孩子身心健康,不利于民族长期利益。成才的路径很多,教育的机会也很多,新时代教育评价改革就是要引导家长和学校把过度功利目标的学习转为更有意义的学习,把过度竞争的教育转向与民族、国家和同伴共生的教育;就是要引导家长和学校与学生的天性合作,以牺牲身心健康换取短暂的学业领先,认为后期会有机会弥补的想法是不正确的。家长要让学习成为每个人伴随一生的生活习惯和生活方式,实现人人皆学、处处能学、时时可学。科学的教育成长观需要加快建成适合每个人的教育,努力使不同性格禀赋、不同兴趣特长、不同素质潜力的学生都能接受符合自己成长需要的教育。教育部、妇联等部门要统筹协调社会资源支持服务家庭教育,更要引导全社会建立科学的成长成才观,引导服务青少年健康成长。树立科学成长成才观,是对教育文化的重塑,是对教育评价坐标系的修正。

评价,是一种价值判断,更是教育活动的关键环节,对各级各类学校的办学水平和人才培养质量发挥着重要的引导作用,教育评价更是事关教育发展的方向。《深化新时代教育评价改革总体方案》的颁布,将深刻改变教育生态系统,为新时代教育改革和发展奠定四梁八柱,为综合素质评价创新发展定位新坐标,为亿万青少年健康成长保驾护航,为我国社会主义现代事业发展提供教育保障。

二、我国现实需求

在科技飞速发展的今天,学生和教育者所面临的信息化变革也是爆炸式的,我们需要认真地思考和审视评价的方式以及变革的方向。综合素质评价是对学生全面发展的状况的观察、记录、分析,全面实施综合素质评价,对促进学生的自我认知与生涯规划、对学校的办学改进、对入学的科学遴选和社会创新型人才培养体系的构建都至关重要。目前,学生综合素质评价的政策环境、改进方向及实施技术等大体已经具备,将大数据技术引入综合素质评价是一种新的设想,也是我国对于教育评价改革到目前阶段的现实需求。

新冠肺炎对世界教育的冲击在现代教育史上没有先例,它导致全球十多亿学生一段时间无法到校上学,同时也让无数传统的大规模教育评价终止。[①] 为此,不少人呼吁就此放弃大规模教育评价,寻求全新的教育评价体系和方法。综合素质评价在上海的落地实践,从局部实践到大规模的深度应用,它亟待更先进的技术,更好的操作模式,更广泛的应用机制。因此基于这一点,我们申请了国家社会科学基金"十三五"规划 2019 年度教育学一般课题"基于学生画像的综合素质评价行动研究",本项目希望对评价如何变、政策如何做、技术如何支持以及各级教育相关人员如何使用展开研究,探讨评价的客观性和公正性,使评价能真正促进人的健康、和谐、科学、可持续地发展。

三、教育评价改革的技术思考

教育评价思想在我国渊源已久,并且教育评价改革在全球范围内都是热门的研究课题。第三次工业革命后,人工智能、大数据、计算教育学的崛起使得知识和能力被重新定义,国力竞争日趋激烈。衡量综合国力的强弱越来越取决于各类人

---

① UNICEF. "What will a return to school during the COVID - 19 pandemic look like?" [EB/OL]. https://www. unicef. org/coronavirus/what-will-return-school-during-covid-19-pandemic-look, 2020 - 8 - 24.

才的质量,这对于培养我国新一代人才提出了更加迫切的要求。即将到来的第四次工业革命将为社会带来巨大的变化,使得现有的评价方法弊端日益明显。单一的评价方法已经不能全面掌握学生的学习情况,更不能完整体现学生的身心发展状况。① 赵勇认为教育评价改革需解决教育目标的多重性、教育评价的完整性、教育目标的非兼容性、多重教育目标的个性化等问题。目前教育评价在全球范围内主要是以学生的语文和数学为主要评价项目,其考核的教育目标是有限的,由于评价成本高、评价的技术限制和教育管理者的认知滞后,目前为止没有一个教育系统能对所有的教育目标进行完整的评价。②

大数据、5G、人工智能等技术的发展为教育评价改革带来了新的可能,使多源多维多模态的过程性数据采集成为可能,自动化评价、智能识别和感知系统、大数据分析等技术为提升教育评价工具提供全方位、多层次的支持。因此,教育评价要充分利用现代技术手段,对评价对象进行多维度、全过程、立体式、全景式的考察。将教育评价从散点式的成绩记录转向全景式的数据采集,将现代信息技术,如大数据、云计算、人工智能等与教育评价深度融合,利用它们来挖掘收集、甄别整理、统计分析海量数据,推动教育评价方法手段革新。

四、问题提出

综上所述,自从党中央、国务院决策上海率先启动新高考改革,构建学生综评体系以来,由于认识滞后、资源不足、管理困难、结果应用不足及数据采集、挖掘、利用技术缺乏等问题,导致评价方式单一、弱化过程评价、忽略增值评价,难以发挥全面育人的价值导向,亟待提升其科学性、真实性和效率。我国现行的综合素质评价的有效性不容乐观,评价的真实性、客观性、公正性都没有达到预期目标,与高考挂钩仍然存在很多问题。究其原因:

1. 缺少一套切实可行的评价工具和方法。开展科学而可行的综合素质评价不

---

① Emler, T. E., Zhao, Y., Deng, J., Yin, D., & Wang, Y. Side Effects of Large-Scale Assessments in Education [J]. ECNU Review of Education, 2019, 2(3): 279 - 296.

② 赵勇. 教育评价的几大问题及发展方向[J]. 华东师范大学学报(教育科学版), 2021, 39(04).

是仅有制度就够了,还需要建立综评理论体系和实施策略,结合地域实际和时代特征制定一整套完善、有效的综评制度体系,包括评价内容、评价标准、实施机制、使用模式等方面,更需要操作便捷、结果可靠的工具系统。

2. 理论引领实践的强度不够。已有的研究侧重于基于典型案例的总结,或是提出一个新思路,缺少长周期、规范化的实验,也缺少创新的研究方法。

3. 虽然信息技术应用于综合素质评价已经得到普遍认可,学术界此类文章从2017年开始逐渐增多。但是,此种改变只是形式上的改变,是纸质学生评价档案袋的系统化升级,并未触及到综合素质评价内核,评价内容、评价方法、评价主体和对象仍未有实质性突破。

本研究试图就此开展综评理论、政策、实践、技术和推进策略的系统化呈现,综合考虑多元数据的汇聚与整合,将学生客观信息的采集范围扩大至课堂内外、正式和非正式学习环境、线上和线下学习、学习活动和生活表现等多个视角,形成系统、完备的学生成长大数据,形成基于大数据的学生个体和群体的综合素质学生画像,对学生进行多维度、全方位的评价,从而为学习改进和学习环境的改善,为学生发展和人才的分类遴选提供依据,为正在蓬勃开展的综合素质评价改革提供可资借鉴的解决思路,为全面育人和招生选拔提供参考,形成综评实施、技术支撑、管理方式、资源保障等行之有效的上海经验,深刻转变上海育人模式和数十万学生成长方式。

第二节　研究思路与方法

一、研究思路

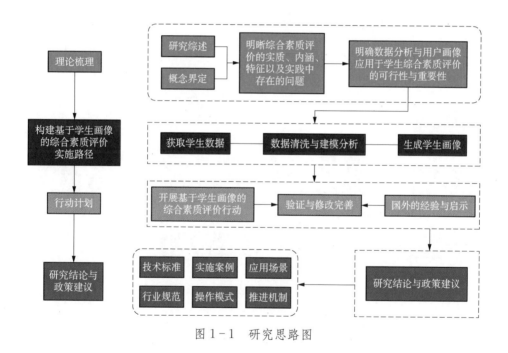

图1-1　研究思路图

研究思路分四个步骤。第一,理论梳理,明确综合素质评价的内涵和特征以及实践中存在的问题,明确数据分析与用户画像应用于学生综合素质评价的可行性与重要性。第二,构建基于学生画像的综合素质评价实施路径,选定实践基地学校,采集学生成长数据,对所采集的数据进行数据清洗、汇聚、建模分析,分析结果生成全方位的学生画像。第三,基于全方位的学生画像开展学生综合素质评价,让评价结果在学生自身发展、教师教学、家校互动、区域教育治理等关键环节发挥功效。最后,形成研究结论与政策建议。

二、研究方法

本研究采取行动研究范式。行动研究即行动者为解决自己实践中的问题而进行的研究。它是一个由若干相互联系、相互依存的环节组成的螺旋式上升的发展过程。中小衔接的实践研究要遵循实践延续的程序,不断发现问题,提出对策、解决问题、从中发现规律。而行动研究强调实际问题的解决情况,实际情境的改变程度,以及行动参与者的不断自我评价和反思,而不是新规律的发现、理论的建立与完善。

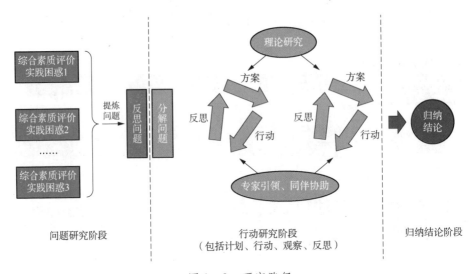

图 1-2 研究路径

(一) 调查研究法

调查研究法是指通过考察了解客观情况直接获取有关材料,并对这些材料进行分析的研究方法。调查研究法有利于研究者了解实际,从实践中发现要研究的问题,并使自己的理论构想得到检验和修正。本研究把调查研究法作为主要研究方法,旨在了解学生评价环节的实际需求。

(二) 文献分析法

文献分析法主要是一种搜索、鉴别、整理文献,并通过对文献的研究,形成对实践的科学认识的方法。本研究将通过对中外各类资料(图书、报刊、会议、论文、报告等)进行查阅,找到与主题相关的国内外研究文献,进行梳理、分析、归纳和评述,梳理国外的相关政策与经验,比较不同的政策文本规定与实施方案,概括和凝练背后的理念与机制,从而为本研究相关问题的解决提供理论思路、实践经验和国际借鉴。

(三) 比较研究法

比较研究法就是对物与物之间和人与人之间的相似性或相异程度的研究与判断的方法,是根据一定的标准,对两个或两个以上有联系的事物进行考察,寻找其异同,探求普遍规律与特殊规律的方法。

(四) 数据分析

数据分析是指用适当的统计分析方法对收集来的大量数据进行分析,提取有用信息和形成结论而对数据加以详细研究和概括总结的过程。数据分析的数学基础在20世纪早期就已确立,但直到计算机的出现才使得实际操作成为可能,并使得数据分析得以推广。数据分析是数学与计算机科学相结合的产物。本研究试图借助上海市统一身份认证系统,获取多来源、多维度的学生数据,开展数据分析。

(五) 软件工程法

软件工程方法为软件开发提供了"如何做"的技术,软件工具是为软件工程方法提供软件支持环境;软件工程开发过程是为了获得高质量的软件所需要完成的一系列任务框架,它规定了完成各项任务的工作步骤。本研究将配合"上海市综合素质评价信息系统""上海市网络学习空间"的建设与推进,研究团队的核心成员既是研究者也是软件设计者,将"以研促建、以建促研",保障研究计划的顺利实施。

第三节　研究内容

一、拟解决的关键问题

1. 学生画像的内涵和外延是什么？包括概念解读、背后的技术支撑、行业应用、画像生成的基本流程。

2. 如何获取与综合素质评价指标体系相对应的学生数据？需要克服三个问题：①教育领域数据资源割裂，数据共享与集成难度大；②教育大数据应用落地难度大、尚不足支撑教科领域创新突破；③教育数据敏感度高，数据管理难度大。

3. 如何利用数据开展综合素质评价？包括细化评价指标、对数据进行建模分析和呈现学生画像。围绕学生画像在实践中的应用形式有哪些？教师、学生、家长、学校管理者、区域教育管理者、高一级的学校等不同的角色应该如何应用学生数字画像？

4. 开展基于数字画像的综合素质评价实践可能存在哪些问题和障碍？保障机制如何？如何充分发挥各级别、各部门、各单位比较优势，通过协调机制确保利益相关者共同参与、分工协作、相互配合，共同推动综合素质评价目标实现？

5. 如何从综评本身的问题解决延伸到更为宏大的教育评价变革，构建各分项领域的数字画像簇，基于人工智能技术，发现个体或群体学习和成长规律、表达不同学习者的学习风格、预测个体学业成就、提供基于画像的教育智能导航和服务供给，支持大规模的因材施教，从而构建基于大数据和人工智能等技术的下一代教育评价体系。

二、总体研究框架

第一部分：新时代全面育人确立教育评价新坐标。 主要研究的问题和内容包括：综合素质评价的时代呼唤、综合素质评价的政策演进；综合素质评价概念辨析及研究评述；综合素质评价的价值导向，包括树立德智体美劳全面发展的育人观、破除"唯分数"的考试与招生痼疾、促进学校办学理念和育人方式变革、构建家校协同与合力育人的新机制、激发学生主动全面而有个性地发展。

第二部分：综合素质评价实践现状与问题分析。 主要研究的问题和内容包括：不同视域下的综合素质评价，包含学术视域、行政视域和社会视域；国内综合素质评价实践现状，分别描述各省市与上海的综合素质评价方案；上海市综合素质评价工作的实践成效；综合素质评价结果应用存在的问题剖析。

第三部分：数字化转型背景下综合素质评价新发展。 主要研究问题和内容包括：技术进步催生教育数字化转型，以技术革新历史与背景、技术对社会的影响、教育技术流行色三部分展开论述；技术赋能教育的五个领域；教育数字化转型，包括数字化教育资源、数字化教与学、数字化评价、数字化生态、数字化治理；新技术赋能综合素质评价新发展，深入探究了计算教育学崛起与教育评价的技术融合，以及学生画像与综合素质评价结合研究，学生画像与综合素质评价相结合的可行性与必要性分析；学生画像与综合素质评价相结合的具体路径、预期价值、不同学段的差异。

第四部分：基于学生数字画像的综合素质评价实现路径。 主要研究问题和内容包括：基于学生数字画像的综合素质评价架构；数字画像中的数据采集，包括综合素质评价指标体系与数据采集、综合素质评价 MIPAL 模型[①]（数据采集模型）、数据采集工具（如何采集数据）；着眼于综合素质评价的数据建模分析，包括数据建模导向、数据建模架构和模型构建；综合素质评价的可视化呈现，包括学生特征指标

[①] 即德智体美劳（Morality，Intelligence，Physical Education，Art 和 Labor）五育模型，详见第五章第二节。

体系构建和基于数字画像的综合素质评价应用。

第五部分：综合素质评价中的数据治理。主要研究问题和内容包括：教育类大数据的特殊性与应用逻辑；基于数据中台的教育类数据治理，包括教育类大数据中台的数据治理功能、教育类数据治理的配套标准与机制、教育大数据的技术安全保障；基于区块链的数据保真与可信，包括可信智能服务系统、可信的多模态全要素综评数据可信获取、面向综评的可信服务教育公示机制、面向综评的可信智能服务。

第六部分：多维度学生数字画像构建的实证研究。依托普通高中和普通初中综合素质评价信息管理系统，分别在小学、初中、高中开展基于学生画像的综合素质评价实验，开展实证研究，主要研究问题和内容包括：基于运动和生活数据的学生体质健康画像构建，包括体质健康画像构建和基于体质健康画像的智慧体育导航管理系统应用；基于作业学习行为数据的学习特征画像构建，包括作业学习行为特征画像构建和作业行为画像的应用；基于阅读学习行为数据的学习特征画像构建，包含阅读学习行为画像构建和阅读数据的应用，其中阅读数据应用从个体层面的应用和群体层面的应用两方面展开，细化学生综合素质评价指标体系，挖掘数据采集点；基于多源多维数据的学习者整体特征分析和表达，构建基于大数据的学生个体和群体学生画像分析模型。

第七部分：突破评价难点：探索创新素养画像的构建。主要研究问题和内容包括：研究性学习迈向创新素养培养；研究性课题自适应学习系统（MOORS）；研究性学习行为评价指标体系构建；基于多源多维多模态的数据融合分析；自适应算法模型的优化及迭代。

第八部分：应用场景与行动案例。主要研究问题和内容包括：学生自适应发展，数据驱动的因材施教，新型教育管理模式，家校协同育人，为招生、学生发展和分类培养提供依据，促进学术研究的发展，政府科学决策、促进教育公平、学业预警和学生身心安全预警等应用场景；分别对学校应用场景案例的解析，包括"看得见"的学生品德培养、数字画像助力学生"适性扬长"发展、数据指导每日体育运动定制化、按需定制个性化学生运动健康计划、"数读"在线学习行为与教学改进、数据解读初中生的生涯规划、更懂每一位学生（为每个学生的"卓尔不凡"服务）。

第九部分：行动反思与政策建议。主要研究问题和内容包括：本研究的重点和难点；基于政策建议践行以人为本的理念，充分发挥政策指挥棒的正效应、加强综合素质评价研究，探索基于标准的等级评价、基于数字画像的综合素质评价模型构建及应用探索、建立诚信机制，培育诚信文化、为综合素质评价营造宽松的社会环境；拓展更大范围的教育评价变革系统，构建基于画像的下一代评价技术，并对本研究的未来进行展望。

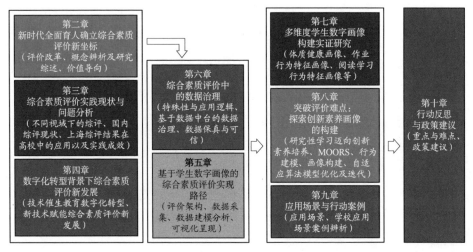

图1-3　本书各章节框架结构图

第二章

新时代全面育人确立综合素质评价新坐标

10

10

10

10

10

10

10

进入新时代,德、智、体、美、劳全面发展已成为育人标准,以破除"唯分数"、落实立德树人根本任务为目标的教育评价改革已经成为普遍共识。作为教育评价的重要组成部分,学生综合素质评价既是针对学生综合能力的周期性诊断,同时也是学生进行自我反思和自我提升的重要依据。2020 年,中共中央、国务院印发了《深化新时代教育评价改革总体方案》,要求"培养担当民族复兴大任的时代新人,培养德智体美劳全面发展的社会主义建设者和接班人",指出要"改革学生评价,促进德智体美劳全面发展",为综合素质评价发展进一步明确了坐标。

第一节 立德树人引领综合素质评价改革

一、综合素质评价的时代呼唤

随着科学技术的发展和社会的不断进步,社会对人才的需求已逐步从原先单一型高级专门人才向具备较高综合素质的复合型人才转变,个人平衡、社会生活和制度的稳定性以及传统价值都受到冲击从而发生变化,而这种冲击和变化都要求人们能以空前规模的变化去适应[①]。社会发展对人才的新要求势必给教育带来新的变化,这种变化首先发生在作为教育重要组成部分的教育评价上,尤其是教育评价的理念、内容和方法。《教育部关于加强和改进普通高中学生综合素质评价的意见》[②]指出:"综合素质评价是对学生全面发展状况的观察、记录、分析,是发现和培育学生良好个性的重要手段,是深入推进素质教育的一项重要制度。"新的时代呼

---

① 褚佳琦. 大学生综合素质评价方法研究[D]. 东北大学,2009.
② 教育部. 教育部关于加强和改进普通高中学生综合素质评价的意见[EB/OL]. http://www. moe. gov. cn/srcsite/A06/s3732/201808/t20180807_344612. html,2014 - 12 - 16.

唤新的综合素质评价。

(一) 综合素质评价是落实立德树人根本任务的必然要求

2012 年 11 月,党的十八大提出要"把立德树人作为教育的根本任务","全面实施素质教育,深化教育领域综合改革"。考试招生制度改革是教育领域综合改革的重要内容,2013 年 1 月,教育部发布了《教育部关于 2013 年深化教育领域综合改革的意见》[①],明确指出要做好高中学业水平考试及综合素质评价改革试点。2014 年底,教育部出台了《教育部关于加强和改进普通高中学生综合素质评价的意见》,要求从 2015 年起建立高中学生综合素质评价制度,从思想品德、学业水平、身心健康、艺术素养和社会实践五个方面真实记录学生表现,作为高校招生录取的重要参考。2020 年 10 月,中共中央出台了《深化新时代教育评价改革总体方案》,提出"要深化教育体制改革,健全立德树人落实机制,扭转不科学的教育评价导向,坚决克服唯分数、唯升学、唯文凭、唯论文、唯帽子的顽瘴痼疾",为进一步深化教育综合改革指明了方向,为学生综合素质评价的改革提出了更高的要求。

(二) 综合素质评价是促进学生全面个性发展的重要举措

综合素质评价作为新型的教育评价制度,体现了促进学生全面个性发展教育思想和理念。综合素质评价围绕五育并举,聚焦学生思想品德、学业水平、身心健康、艺术素养和社会实践五大领域,体现了德智体美劳全面发展的人才培养理念。综合素质评价强调学生作为一个"整体的人"的成长与发展,必然会加强对学生德、智、体、美、劳等方面的全面培养和有机融合,促使学校教育的全员、全过程、全方位育人,提升教育质量。综合素质评价重视发挥评价的监督功能和导向、激励功能,"以评促改,以评促育,以评促发展",体现新的教育公平,是教育质量评价制度的重建。学生综合素质评价的全面开展,就是从评价环节落实素质教育的育人观念,彻底扭转片面的教学观,从机制上堵住以忽视学生身心健康换取考试分数的教育政

---

① 教育部. 教育部关于 2013 年深化教育领域综合改革的意见[EB/OL]. http://www. moe. gov. cn/srcsite/A27/zhggs_other/201301/t20130129_148072. html,2013 - 01 - 29.

绩观,真正回归育人为本的教育发展道路,促进学生全面个性发展。

(三) 综合素质评价是推动学校育人方式变革的重要途径

因应信息化社会发展,更新教育理念、变革教育模式、重构教育体制、培养满足新时代发展需求的创新创业人才,已成为教育改革发展的必然要求和现实选择。为培养满足新时代发展需求的人才,需要我们系统改革与完善教学方式、办学模式,建立以学生发展为本的新型教学关系,改进教学方式和学习方式,改变教学组织形式,创新教学手段;要求深入探索基于信息技术的教学新模式,加强对学习认知和学习行为规律的研究,实施因材施教;要求重塑教学评价和教育管理模式,跟踪监测教学过程,开展学情分析,准确评估教学和学习效果,变单一评价为综合性多维度评价,由注重知识传授向更加注重能力素质培养转变,是助推学校"转变育人方式"的重要举措与关键路径。

二、综合素质评价的政策演进

综合素质评价是我国教育现代化中不可或缺的重要环节,其最终目标是评价结果成为人才评价与选拔制度改革的有效抓手,进而使素质教育的普及能够全方面、多层次、宽领域地高质量开展。综合素质评价政策的演进可以分为前期酝酿、初步推行与全面实施三个阶段。

(一) 综合素质评价政策的前期酝酿

1999 年,中共中央、国务院颁布《关于深化教育改革,全面推进素质教育的决定》,提出"建立符合素质教育要求的对学校、教师和学生的评价机制"。[①] 2001 年《基础教育课程改革纲要(试行)》指出:"加强对学生能力和素质的考查,改革高等学校招生考试内容,探索提供多次机会、双向选择、综合评价的考试、选拔方式。"[②]2002

---

① 中共中央,国务院. 关于深化教育改革,全面推进素质教育的决定[EB/OL]. http://www. moe. gov. cn/jyb_sjzl/moe_177/tnull_2478. html,1999 - 06 - 13.
② 教育部. 教育部关于印发《基础教育课程改革纲要(试行)》的通知[EB/OL]. http://www. moe. gov. cn/srcsite/A26/jcj_kcjcgh/200106/t20010608_167343. html,2001 - 06 - 08.

年《教育部关于积极推进中小学评价与考试制度改革的通知》提出："初中升高中的考试与招生中,要综合考虑学生的整体素质和个体差异,改变以升学考试科目分数简单相加作为唯一录取标准的做法。高中录取标准除考试成绩以外,可试行参考学生成长记录、社会实践和社会公益活动记录、体育与文艺活动记录、综合实践活动记录等其他资料,综合评价进行录取。"①这一阶段,综合素质评价国家政策强调的是素质教育和综合素质考察,也在逐步形成素质教育评价的内容和方法体系。2004 年《国家基础教育课程改革实验区 2004 年初中毕业考试与普通高中招生制度改革的指导意见》单独列出了"初中毕业生综合素质评价"的内容。② 2005 年《教育部关于基础教育课程改革实验区初中毕业考试与普通高中招生制度改革的指导意见》再次规定了"初中毕业生综合素质评价"的内容。③

(二) 综合素质评价政策的初步推行

2007 年 10 月召开的中共十七大提出,要更新教育观念,深化教学内容方式、考试招生制度、质量评价制度等改革,减轻中小学生课业负担,提高学生综合素质。这也是党的代表大会中第一次出现"综合素质"这一概念,表明了党开始对学生的综合素质培养重视。2010 年 7 月发布的《国家中长期教育改革和发展规划纲要(2010—2020)》明确提出,要全面提高普通高中学生综合素质,建立科学的教育质量评价体系,全面实施高中学业水平考试和综合素质评价;改革教育质量评价和人才评价制度,改进教育教学评价,做好学生成长记录,完善综合素质评价。④ 此后,综合素质评价在全国范围内开始大范围施行。2013 年 6 月,《教育部关于推进中小学

① 教育部. 教育部关于积极推进中小学评价与考试制度改革的通知[EB/OL]. http://www. moe. gov. cn/srcsite/A26/s7054/200212/t20021218_78509. html,2002 - 12 - 18.

② 教育部办公厅. 教育部办公厅关于印发《国家基础教育课程改革实验区 2004 年初中毕业考试与普通高中招生制度改革的指导意见》的通知[EB/OL]. http://www. moe. gov. cn/s78/A06/jcys_left/s3732/201006/t20100610_89030. html,2004 - 02 - 25.

③ 教育部. 教育部关于基础教育课程改革实验区初中毕业考试与普通高中招生制度改革的指导意见[EB/OL]. http://www. moe. gov. cn/srcsite/A06/s3732/200501/t20050112_167346. html,2005 - 01 - 12.

④ 中共中央办公厅,国务院办公厅. 国家中长期教育改革和发展规划纲要(2010—2020 年)[EB/OL]. http://www. moe. edu. cn/publicfiles/business/htmlfiles/moe/moe_838/201008/93704. html,2010 - 07 - 08.

教育质量综合评价改革的意见》指出，要强化实践育人功能，加强综合实践活动课程，建立分类考试、综合评价、多元录取的考试招生制度，更加注重对学生综合素质和兴趣特长的考查。[①] 同年11月，中共十八届三中全会报告提出，要推行初高中学业水平考试和综合素质评价。以上表明，综合素质评价工作受到党和国家的大力支持与推广。

(三) 综合素质评价政策的全面实施

2014年9月《国务院关于深化考试招生制度改革的实施意见》提出：要规范高中学生综合素质评价，建立规范的学生综合素质档案，客观记录学生成长过程中的突出表现，注重社会责任感、创新精神和实践能力。[②] 2014年12月，教育部发布《关于加强和改进普通高中学生综合素质评价的意见》，将学生综合素质评价内容分为"思想品德、学业水平、身心健康、艺术素养、社会实践"五个方面，形成了从"写实记录、整理遴选、公示审核到形成档案、材料使用"流程完整的体系。此后，综合素质评价如火如荼，影响深远。2018年9月，习近平总书记在全国教育大会发表讲话指出，要在增强学生综合素质上下功夫，教育引导学生培养综合能力，培养创新思维；要努力构建德智体美劳全面培养的教育体系，形成更高水平的人才培养体系。2020年10月，《深化新时代教育评价改革总体方案》提出：国家制定普通高中办学质量评价标准，突出实施学生综合素质评价；创新德智体美劳过程性评价办法，完善综合素质评价体系；完善德育评价，将其作为综合素质评价的重要内容。这是从中央文件明确综合素质评价的特殊地位，为开展基于综合素质评价的教育教学改革奠定了政策基础。

---

① 教育部. 教育部关于推进中小学教育质量综合评价改革的意见[EB/OL]. http://www.moe.gov.cn/srcsite/A26/s7054/201306/t20130608_153185.html, 2013 - 06 - 03.

② 国务院. 国务院关于深化考试招生制度改革的实施意见[EB/OL]. http://www.gov.cn/zhengce/content/2014-09/04/content_9065.htm, 2014 - 09 - 03.

第二节 综合素质评价概念辨析及研究述评

一、辨析：走出综合素质评价的概念丛林

《教育部关于加强和改进普通高中学生综合素质评价的意见》提出"综合素质评价是对学生全面发展状况的观察、记录、分析，是发现和培育学生良好个性的重要手段，是深入推进素质教育的一项重要制度"。本研究认为学生综合素质评价是搜集贯穿学生课堂内和课堂外、连通正式学习环境和非正式学习环境、整合线下学习和线上学习，基于多元目标采集各类元数据、衍生处理结果与分析挖掘结果进行归类和提炼，将其归纳整合到每一个学生身上，从而实现全面解读学生的特质、偏好与习惯。本研究将构建综合素质评价指标体系与分析模型，以信息技术为依托更高效地落实综合素质评价工作。

（一）何为"综合素质"

心理学认为，"素质"是指"人生来具有的某些解剖心理特点，特别是神经系统（如脑和其他感觉器官）和运动器官的解剖生理特点。它是能力形成和发展的自然前提"[1]。而社会学认为，素质是指人在生理、心理和行为等方面所具有的从事某种活动的基本条件和能力。人的"素质"除了某些先天具有的因素之外，都是在后天

---

[1] 林传鼎等.心理学词典[M].南昌：江西科技出版社，1986.

的社会活动中形成的。① 关于综合素质,主要有如下三种解释:

1. 综合素质即非学术能力。

崔允漷认为:"综合素质评价仅仅指非学术方面的表现和能力②。"金付栓和魏丽华认为综合素质评价的是"学生思想品德、学业成绩、身心健康、实践能力、个性发展等方面"③。孙彩霞认为,目前人们对什么是综合素质这个问题认识并不统一,通常采取两种方法来界定综合素质的内涵,其中第二种方法是分解法,即"将综合素质分为'道德品质、公民素养、学习能力、交流与合作、运动与健康、审美与表现'六个方面"④。上述观点对综合素质进行了较为全面的解读,但把综合素质理解为非学术能力窄化了综合素质的内涵。

2. 综合素质即学术能力与非学术能力的综合。

罗祖兵和吴绍萍提出:"'综合素质'应该是包括学业成绩在内的各方面的素质。"⑤靳玉乐和樊亚峤认为:"学生的综合素质应该由'学术能力'和'非学术能力'两部分构成。"⑥赵德成提出:"新加坡的学生综合素质评价包括两方面:一方面包括学生的学术能力或者学业成绩,另一方面包括非学术能力。"⑦学生的学术能力和非学术能力都应该纳入综合素质范畴之内,与国外基于学习成果评价有共通之处,具备一定的合理性,但是,若将综合素质解读为学术能力和非学术能力的综合,综合素质评价的标准势必包括学科学习目标,这扩大了综合素质评价根本要义,与综合素质评价客观存在的实质内涵不相符。

3. 综合素质即测试所无法反映出来的素质。

靳玉乐和孟宪云提出:"综合素质的评价重点应该是传统纸笔测验难以评价的学生发展部分,如表达能力、批判性思考能力、合作与沟通能力、创新能力以及实践

① 罗国杰. 中国伦理学百科全书·伦理学原理卷[C]. 长春:吉林人民出版社,1993:306.
② 方檀香. 综合素质评价实施面临的挑战及突破——访华东师范大学崔允漷、柯政[J]. 基础教育课程,2011(4):59—62.
③ 金付栓,魏丽华. 初中生综合素质评价"四多"评价模式的研究[J]. 北京教育学院学报,2014,28(5).
④ 孙彩霞. 区域间高中综合素质评价标准的比较研究[J]. 基础教育,2014,11(1):52—57.
⑤ 罗祖兵,吴绍萍. 高中综合素质评价统一性的问题及其对策[J]. 教育科学,2011,27(4):39—42.
⑥ 靳玉乐,樊亚峤. 中小学实施综合素质评价的意义、问题及改进[J]. 教育研究,2012(1):69—74.
⑦ 刘志军. 关于高中学生综合素质评价的研究与政策建议的报告[R]. 北京:教育部基础教育二司,2011.

能力等①。"付旭明认为："综合素质指的是凡通过学生学业考试不能、不便测试、考查的、但关系到学生全面发展的诸多重要核心的素养。"②孙彩霞从综合素质的评价的界定方法出发总结出目前存在的两种策略："第一种策略是'对应'的方法,将那些纸笔测试、总结性考试无法反映出来的素质就统称为综合素质。"③

综上所述,目前学术界对综合素质的三种解读启发了我们对综合素质的理解,经过比较分析,笔者认为,综合素质是学生各种素质和能力的总和,包括学术能力和非学术能力。从测评方式上,既可以通过纸笔测试加以反映,也可以通过数据收集加以分析。

(二) 何为"综合素质评价"

综合素质评价是对学生全面发展状况的观察、记录、分析,以及发现和培育学生良好个性的重要手段④,具有相当的战略高度,是"深入推进素质教育的一项重要制度,是扭转唯分数论的一项全新的评价方式,是学生发展性评价体系的一部分"⑤,其内涵可以从其内容、方法、结果导向三个过程进行阐述。内容方面,其理论基础为从多元智能理论与人的全面发展理论引申总结而来的"德、智、体、美、劳分层说""生理、心理、社会文化分层说",以强调综合素质评价应该从学生各方面的发展状态、学习行为和日常表现⑥,从德、智、体、美、劳等方面对学生的各项素质进行全面、客观的评价,以真实反映高中学生的发展情况⑦。基于综合素质评价采用各

① 靳玉乐,孟宪云.中小学综合素质评价的方法及其改进[J].西南师范大学学报(自然科学版),2014,39(1):142—147.
② 付旭明.对综合素质评价几个问题的思考[J].基础教育课程,2005(4).
③ 孙彩霞.区域间高中综合素质评价标准的比较研究[J].基础教育,2014,11(1):52—57.
④ Earl. L. Assessment as learning, the keys to effective schools: as continuous improvement [J]. Educational reform, 2007,(17): 26 - 29.
⑤ 王妍,强添纲,孙景峰.高考改革视域下学生综合素质评价省级诊改策略研究——《新高考背景下综合素质评价的实践探索及应对策略研究》研究报告[J].齐齐哈尔师范高等专科学校学报,2018,164(05): 6—10.
⑥ Braskamp. L. A. Purposes, Issues, and Principles of Assessment [J]. North Central Association Quarterly, 1991,66(2): 47 - 49.
⑦ 黄志红.新课程背景下普通高中学生综合素质评价的研究与构想[J].课程・教材・教法,2006,(11): 17—22.

种方法来对学生的综合素质(主要为非学术能力)进行评估和测量这一方法论事实,可将综合素质评价定义为价值判断的过程,即以综合素质的各项指标为评价依据,在教育教学过程中,参照一定的标准,对学生的学习状况、行为表现等总体发展情况进行科学分析,并以此做出学生实际发展水平的判断的过程。[①] 从结果导向看,综合素质评价指向的是"整体的人",即人完整的个性,因此学生的个性化表现应当得到更多关注。由此,可认为综合素质评价是学生自我发展和教育的过程,是学生个性化的彰显[②],其目标是实现学生的全面发展,尤其是有个性的发展[③]。

二、回望:梳理综合素质评价的研究进展

(一) 综合素质评价研究的量化分析

截至 2021 年 6 月,在中国知网中以"综合素质评价"为主题,并限制检索条件为 SCI 或 EI 收录、核心或 CSSCI 期刊类型进行检索,相关文献总数共 756 篇。通过年度发文的统计分析,可知综合素质评价研究大致可分为三个阶段:第一阶段为创生阶段(1996—2005 年),该阶段发展较为平缓,关于"综合素质评价"(以下简称"综评")仍处于摸索阶段,占总样本约 8%;第二阶段为摸索阶段(2006—2013 年),该阶段较之前有了小飞跃,表明越来越多的学者开始关注"综评",注重培养学生素质,占总样本约 34%;第三阶段为快速发展阶段(2014—2020 年),该阶段自 2014 年国务院、教育部就立德树人、考试招生制度、高中生综合素质评价相继颁布相关文件后,吸引大量学者关注"综评"领域,关于"以评价促发展""落实学生本位"开展了大量研究思考,占总样本约 58%。如图 2-1 所示,面对新时代新技术的机遇与挑战,如何深化综评改革以解决评价过程困境,综合素质评价相关研究仍正在持续进行。

---

① Duru-Bellat. M & Mingat. A. Measuring Excellence and Equity in Education [J]. Conceptual and methodologocal, 2011,(21):34-37.

② 柳夕浪. 用力缓慢,但能穿透木板——高中学生综合素质评价的突破点[J]. 人民教育,2011,(17):22.

③ 赵学勤. 综合素质评价——促进高中学生全面而有个性的发展[J]. 网络科技时代,2007,(17):45—46.

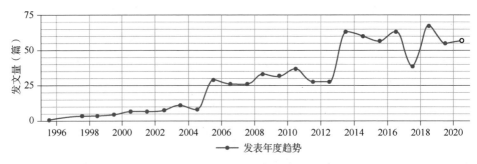

图 2-1 发文趋势分析图

核心期刊主题分析结果如图 2-2 所示,可以发现"综合素质评价"一词占比最大,约 30%,而综评研究中对学生主体关注较多,尤其是高中生群体,涉及领域热词包括"高考改革""高中学业水平考试""高考招生""高中学生综合素质评价"等,可见综合素质评价一大功能是用于升学录取决策。另外,"综合素质评价体系""素质教育""学生综合素质"等关键词表明,研究关注构建相应的评价体系来培养学生的综合素质,推进素质教育实施。除此之外,通过"新高考改革""新高考""高考综合改革"关键词,可以窥见我国高考发生新变化,在新政策的目标要求下评价也应随之发生变化,紧跟时代技术发展,综合素质评价研究迈入新阶段。

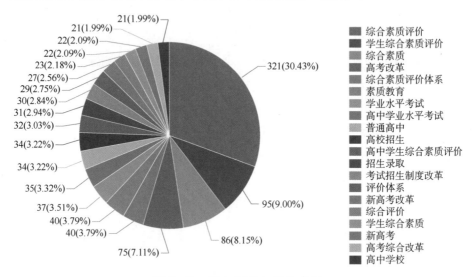

图 2-2 核心期刊主题分布图

对于培养学生的哪些品质或能力，由于不同时期我国社会发展的需求不同，因此与之相应的国家政策要求以及教育改革目标也不同。评价是保障学生综合素质培养得以有效落实的重要环节[1]，从传统纸笔测试到在线电子平台，极大地提高了评价效率，一定程度上确保了评价的规范有序，但当前的综合素质评价很难依靠传统方式或普通信息化手段完成。通过改革评价方式以发展学生综合素质是教育评价的一项重要任务[2]，随着当前"互联网＋"、大数据、云计算等人工智能技术在教育领域的深入应用，以信息化技术推动"综评"落地，实现过程的诚信化、有效性、可靠性和安全性，促进学生综合素质发展和高考综合改革的深化落实，已成为当前理论和实践研究的重要趋势。

从所搜集的综合素质评价研究文献来看，研究者多采用文献研究法、个案研究法、历史研究法和比较研究法，重点围绕四个问题展开论述：谁来评、评什么、评价如何实施和评价结果如何使用。

（二）关于综合素质评价主体的探讨

研究者多主张评价主体应多元化。杜文平提出了全员评价，"这里的全员包括学生、同伴、教师、家长和社会人士等；……综合素质评价的主体以学生为主，学生是综合素质发展的主要记录者"。[3] 靳玉乐和孟宪云提出了"第三方评价机构的设想"[4]，建议引入第三方评价，认为它"推动了评价主体由单维一元向民主多元的转变。……第三方评价主体主要包括媒体、用人单位、大学以及专业教育团体"[5]。靳玉乐和郎园园提出，"综合素质评价应该以利益相关者为评价主体"[6]，提出中小学综合素质评价的主体主要包括"三类别七主体"：第三方评价机构、社区人士、学生（本人、同伴）、教育行政人员、学校管理者、家长、教师。由于目前评价主体的多元

---

① （美）拉尔夫·泰勒. 课程与教学的基本原理[M]. 施良方译，北京：人民教育出版社，1984.
② 田爱丽. 综合素质评价：智能化时代学习评价的变革与实施[J]. 中国电化教育，2020(01)：109—113＋121.
③ 杜文平. 北京普通高中学生综合素质评价：促进学生全面有个性的发展[J]. 教育评价，2014，(11).
④ 张铭凯. 第三方评价机构参与中小学生综合素质评价：可能、角色与运行[J]. 教育发展研究，2014，(20).
⑤ 靳玉乐，李阳莉. 在中小学综合素质评价中引入第三方评价的探讨[J]. 2014，(8).
⑥ 靳玉乐，郎园园. 中小学综合素质评价主体选择问题探讨[J]. 当代教育科学，2014，(6).

化主要体现在与学生利益相关的学校、同学、教师、家长的不同的视角和立场上,因此综合素质评价主体呈现多元化特征。

(三) 关于综合素质评价内容的设计

目前各地主要依据《教育部关于积极推进中小学评价与考试制度改革的通知》《国务院关于深化考试招生制度改革的实施意见》中的分类方法,确定综合素质评价的指标。就所搜集到的相关文献来看,学者普遍认同政策规定的评价内容。也有学者指出评价内容应注重区域差异。例如,靳玉乐和李阳莉认为,东部与西部之间、城市与农村之间、沿海与内陆之间,不能搞"一刀切",而是应使评价内容根据本地的政治、经济、文化发展水平发展为参照蓝本,紧密联系实际,因地制宜[①]。

根据评价内容,不同国家地区结合自身情况形成了不同的指标、构建了各具特点的指标框架。大家一致认为学业成就仅是学生评价的一部分,学生的素养能力、道德品质等同样重要,力求内容的全面、多元以综合衡量学生。评价内容主要围绕德智体美劳等多方面考察,Gullickson 表示美国联邦教育部主要从基本信息、素质发展状况、学业成绩、实践活动情况等方面持续记录学生的综合素质[②]。除学习本身,也关注学生在社会、生活中的问题解决和人际交往能力,Webber 等人在研究报告中指出学生评价中融入了学生的课外活动和社会活动参与情况,认为通过评价有助于学生未来更好地步入社会[③]。时代更迭,评价观念也随之发生变化,评价实施也需要进一步明确的考察指标,在具体指标确定上我国大部分地区学校基本采用教育部文件规定的六个方面(品德素养、公民品行、学习能力、合作与沟通、运动与健康、审美与表达)进行评价[④],也有一些基于这六个方面重新构建一级指标,再

---

① 靳玉乐,李阳莉. 在中小学综合素质评价中引入第三方评价的探讨[J]. 2014,(8).

② Gullickson A R. The Student Evaluation Standards:How To Improve Evaluations of Students [M]. Corwin Press,2002:107 - 109.

③ Webber C F,Aitken N,Lupart J & Scott S. The Alberta Student Assessment Study:Final Report [R]. Report to Alberta Education,2007(17):102 - 106.

④ 教育部. 教育部关于积极推进中小学评价与考试制度改革的通知[EB/OL]. http://www. moe. gov. cn/srcsite/A26/s7054/200212/t20021218_78509. html,2002 - 12 - 18.

根据学生实际情况划分和调整二级指标,从而发展性地动态评价学生①。虽然确定了评价的基本方面,但每个目标的核心表现并未达成一致,即学生的行为表现与指标内容间的映射关系尚未有定论。②从评价内容到指标体系,存在两种观点争执:一是"分解"观,认为综合素质评价应建立符合学生身心发展规律和素质教育要求的、科学可信的评价标准和指标体系,便于观察与测量③;一是"整合"观,认为综合素质评价应把学生作为一个整体,发现不同维度间的内在联系,使之融合,而不是根据多级指标逐项打分并简单相加④。可见,学生综合素质评价在顶层设计、理论研究上既要全面、丰富、多元地考虑学生的评价内容,也要基于学生的发展动态变化,构建低耦高聚的评价指标。

(四) 关于综合素质评价方法的研究

从文献中梳理的各地常用的综合素质评价方法来看,各地多以政策规定的方式开展,具体方式则以主观评定为主。有学者提出与之不同的评价方法。周文叶提出表现形式评价法,认为"表现性评价可以通过多种类型进行,如演示、实验、调查、表演、构建反应题、书面报告、演说、作品展示、科研项目等"。⑤洪志忠提出,美国"将学生的综合素质作为一个整体,采取了模糊评价、总体评价的方法"。⑥靳玉乐和孟宪云认为,档案袋评价和表现性评价"与我国目前学生评价改革理念比较符合",应该"在中小学综合素质评价中得到广泛的推介和运用"。⑦

评价方法主要涉及评价工具、评价程序或过程等方面,围绕"过程性""表现性""个性化"等关键词,不同国家或地区根据具体的评价指标内容构建了相应的评价措施,以真实地评价学生。基于综合素质评价的功能目的考虑,在评价材料上会尽

① 王先军. 着眼发展·着重过程:发展性学生综合素质评价的高中探索[J]. 中小学管理,2020(10):21—23.
② 吕莹. 普通高中学生综合素质评价的现状、桎梏及展望[J]. 教学与管理,2019(03):68—70.
③ 罗祖兵,邹艳. 高中综合素质评价的矛盾探析[J]. 教育理论与实践,2013,33(08):27—29.
④ 李雁冰. 综合素质评价的本质[J]. 教育研究与评论(中学教育教学),2016(08):91.
⑤ 周文叶. 论表现性评价在综合素质评价中的运用[J]. 全球教育展望,2007(10):54—58.
⑥ 洪志忠. 美国高中综合素质评价对我国的启示[J]. 当代教育科学,2010,(24).
⑦ 靳玉乐,孟宪云. 中小学综合素质评价的方法及其改进[J]. 西南师范大学学报(自然科学版),2014,39(1):142—147.

可能多元,除常规纸笔测验外,也加入演讲、实际操作、调查报告、作品展示等形式。[①] 为充分体现表现性评价,有研究开展情景评价活动,将学生置身于情景假设中,评价活动中学生自主处理问题的表现。[②][③] 总的来说,主要结合量化测量和质性描述两种方式,对不同形式的材料进行评价,例如学业成绩和身体素质,主要通过量化方式统计,而思想品德、实践创新则通过质性描述进行个性化展示。[④] 评价程序不等同评价方法,客观全面地反映学生综合素质需要一套可行的实施程序:美国没有专项的综合素质测试,申请材料是能否进入大学的重要条件,涵盖了学业和非学业两部分;日本的综合素质评价主要由高中学校负责,通过指导教师填写《学业评价报告单》实现学生评价;我国则借助电子平台系统主要由学生和老师共同完成"写实记录——整理遴选——公示确认——导入系统——形成档案"一系列流程。[⑤][⑥] 在实际运用中,根据评价内容、评价方式逐渐发展出多种评价工具,如标准化测验、成长档案袋、电子平台系统等。近些年大数据、人工智能技术迅猛发展,这些新技术的运用有助于多元评价主体的深度参与,使多元评价方法的有效融合以及多元评价指标的操作成为可能。[⑦] 郑旭东等人基于区块链技术开发学生综合素质评价系统以解决信息的安全、可信问题[⑧]李文利从评价数据和可操作性角度出发构建智慧校园环境下的综合素质评价方式以提高评价的效率和科学性[⑨]。可见,充分借助信息化平台和专业化技术支撑评价操作,使其贯穿于评价实施全过程,是破解综合素质评价难题的关键举措。

① 周文叶. 论表现性评价在综合素质评价中的运用[J]. 全球教育展望,2007(10):54—58.
② Braskamp. L. A. Purposes, Issues, and Principles of Assessment [J]. North Central Association Quarterly, 1991,66(2):47-49.
③ Gibbs J C, Taylor J D. Comparing Student Self-assessment To Individualized Instructor Feedback [J]. Active Learning in Higher Education, 2016,17(2):111-123.
④ 崔允漷,柯政. 关于普通高中学生综合素质评价研究[J]. 全球教育展望,2010,39(09):3—8+12.
⑤ (美)肯尼斯·莫尔. 课堂教学技巧[M]. 刘静译,北京:人民教育出版社,2010:242—246.
⑥ 王小明. 普通高中学生综合素质评价机制的现状及启示——基于美、英、日、韩等四国的比较研究[J]. 教育探索,2017(01):114—121.
⑦ 杨鸿,朱德全,宋乃庆,周永平. 大数据时代学生综合素质评价:方法论、价值与实践导向[J]. 中国电化教育,2018(01):27—34.
⑧ 郑旭东,杨现民. 基于区块链技术的学生综合素质评价系统设计[J]. 现代远程教育研究,2020,32(01):23—32.
⑨ 李文利. 智慧校园环境下中小学综合素质评价研究[D]. 西北大学,2018.

（五）关于综合素质评价实施的探索

2014年9月,国务院出台《关于深化考试招生制度改革的实施意见》,明确综合素质评价将作为"学生毕业和升学的重要参考"。此后,各省市开始探索和制定高中学生综合素质评价的基本要求和具体办法。其中,上海和浙江作为两个试点地区,率先出台各自的综合素质评价实施办法,提供了重要的参考和指向。上海市采用统一的综合素质评价信息管理系统,以高中学校为实施主体,使用客观数据导入、相关机构统一录入、学生提交实证材料相结合的方式[1]提高评价的客观性和可信度,引导和推进综合素质评价信息在高校招生中的应用。这种采用数字档案记录和保存学生综合素质评价信息的方式克服了传统的档案袋评价不易保存和查找的问题[2],在常态化之后能够大大提升学生评价工作的效率,也是为全面采集、动态追踪学生学习数据打下了基础。浙江省也建立了普通高中学生成长记录系统,按照客观记录、民主评议、公示确认、形成档案四个具体的操作步骤[3]进行综合素质评价,其中民主评议环节采用学生互评和教师评议相结合的方式开展,评价结果分为A、B、C三等,学业水平考试成绩则由系统自动导入,综合使用写实性评价和等级评价方式。相比之下,浙江省充分发挥了同伴互评的作用,但是评价指标和内容粒度较粗且没有统一的评价细则[4],在实际开展时满意度不高[5]。当前综合素质评价的实践中,研究者围绕质性与量化两种评价方式各自存在的局限性进行探讨。有学者提出评价结果采用等级和分数的形式呈现,但其中的问题在于很难在综合素质评价的等级认定标准上达成一致,在一些评价条目上采用等级和分数量化的方式是不太稳妥的。[6] 在此基础上,有学者提出采用综合性评语的评价方式解决等级和分数带来的弊端。[7] 总的来说,两地的综合素质评价在国家政策的统一指导下做出

---

[1] 上海教育.关于印发《上海市普通高中学生综合素质评价实施办法》的通知[EB/OL]. http://edu.sh. gov. cn/html/xxgk/201811/424042018007. html,2018 - 11 - 22.

[2] 张蕾.上海市普通高中综合素质评价实施现状调查及推进策略研究[D].上海师范大学,2020.

[3] 浙江省人民政府.浙江省教育厅关于完善浙江省普通高中学生成长记录与综合素质评价的意见[EB/ OL]. http://www. zj. gov. cn/art/2015/5/6/art_13796_202342. html,2015 - 05 - 06.

[4] 凌浩.新高考下普通高中综合素质评价实施研究[D].宁波大学,2017.

[5] 郑梦娜.江浙两省新高考改革中综合素质评价的调查研究[D].安徽师范大学,2019.

[6] 崔允漷.普通高中综合素质评价的国际/地区比较研究总报告[R].北京:教育部,2011.

[7] 瞿娟.新课程背景下学生综合素质评价的思考[J].探索研究,2011,(9):.3.

了个性化和具体化的尝试,体现出重视学生评价的发展性、客观性、多元化的特点①,且都建设了各自的评价信息管理系统,尝试使用信息技术结合管理制度提高评价的可信度、规范性,做到了兼顾公平和效率。

在国外,各国综合素质评价的实施情况依据其定位和制度的差异各有不同。美国的学生综合素质评价主要作为高校录取的依据②,考生在心仪高校的官网上注册账号、填写所需信息、提交申请,高校会结合申请材料依据一定标准对考生的综合素质进行评判③,确定录取名单。申请材料涵盖学业和非学业检测两个方面,采取定性和定量评价相结合的方式进行报告④,可以较为客观而全面地反映学生的综合素质,但是各高校独立进行审核的方式赋予了高校较大的自主权,容易加剧教育不平等现象。英国的综合素质评价主要体现在其"课程作业"和"受控评价"方面,由资格与课程委员会(Qualification and Curriculum Authority,简称 QCA)统一管理和部署⑤,具体实施时教师根据一定标准进行评分、第三方机构对整个过程进行指导和监督⑥。"课程作业"是学生需要完成的依据各个学科课程标准由任课教师布置的课程任务;"受控评价"则是以学生当堂直接递交课程作业单的形式进行评价,主要用于反映艺术、设计等方面的能力。这两种评价方式主要提供表现性评价的数据,对学生在学习过程中的综合素质进行评估,作为大学入学成绩分数的重要组成部分或社会单位评估求职者的重要参考依据,具有较高的权威性。日本主要依照高等学校学生指导要录对高中生综合素质进行评价,该评价单的评价内容涵盖

① 屈花妮. 新高考背景下普通高中综合素质评价的问题研究[D]. 湖南师范大学,2017.

② 孟文娉. 国外高考招生过程中综合素质评价的经验及启示[J]. 教育实践与研究(B),2013(05):9—10.

③ University of California. How applications are reviewed [EB/OL]. https://admission. universityofcalifornia. edu/how-to-apply/applying-as-a-freshman/how-applications-are-reviewed. html,2021-01-28.

④ University of California. Filling out the application [EB/OL]. https://admission. universityofcalifornia. edu/how-to-apply/applying-as-a-freshman/filling-out-the-application. html, 2021-01-28.

⑤ Qualification and Curriculum Authority. About us [EB/OL]. https://www. qca. org. uk/7. html,2021-01-28.

⑥ UK government. Regulatory framework for national assessments [EB/OL]. https://www. gov. uk/government/publications/regulatory-framework-for-national-assessments,2012-09-20.

学籍信息、学科修习情况、综合学习时间和特别活动等部分①,其中,对学科学习的成绩和学分等进行定量评价,对学生的综合学习时间和特别活动进行定性评价(由教师撰写书面评语),学生如果参加校外活动或者在其他方面取得重大成果的可以加分,但最终加分情况由校长决定。相较于英美两国,日本的综合素质评价侧重于记录学生在校期间的各方面活动情况,与升学之间的关联不大。

如今,各国均在进行学生综合素质评价的探索和改革,发挥评价的导向和育人作用②,不少国家已经开始尝试使用信息管理系统收集过程性评价数据,并试图将高中生的综合素质评价结果与高校入学考试挂钩。在具体实施时,由不同责任主体共同参与,力图结合质性和量化数据还原学生各个方面的真实表现③,但是如何通过技术和制度的双重保障,保证学生综合素质评价的真实性和区分性还有待进一步探究。

(六) 关于综合素质评价结果的应用

综合素质评价结果的应用是综合素质评价的又一研究重点,综合素质评价方案目前主要应用于高中学校。对于学生而言,综合素质评价为学生进行全方位的自我审视提供了机会,促进了学生的个性化发展。④ 学生从综合素质评价的各个维度全面地了解自己的发展状态、展示自己的个性、正视自己的优势和不足,从而制定更加适宜自我发展的规划与路线,这对于引导学生理解自我、发展自我、悦纳自我具有积极意义。对于教师而言,综合素质评价的结果可以用于指导教师改进教学,帮助教师更好地把握每一位学生的个性特点与成长状况、及时地调整自己的教学内容与教学模式以适应学生的变化和发展,引导教师挖掘每一位学生的特质和

① 日本文部科学省. 高等学校指导要录(参考样式)[EB/OL]. https://www.mext.go.jp/component/b_menu/nc/__icsFiles/afieldfile/2019/04/09/1415206_3_1.pdf,2019-04-09.

② Hubin W, Jinjie X. Efforts To Break the "Score Determinism" and Transfer College Enrolment from Recruiting "Scores" To "People": The Exploration and Practice of Comprehensive Quality Evaluation of General High School Students in Shanghai [J]. Educational Philosophy and Theory,2020,0(0): 1-13.

③ 王小明. 普通高中学生综合素质评价机制的现状及启示——基于美、英、日、韩等四国的比较研究[J]. 教育探索,2017(01): 114—121.

④ 李雁冰. 论综合素质评价的本质[J]. 教育发展研究,2011,33(24): 58—64.

优势、针对性地提供支持与帮助、发挥学生的潜能。对于高校而言,综合素质评价为高校招生提供更加丰富、立体、多样化的信息[1],有助于高校全面认识和理解学生的发展情况,淡化唯分数论的片面评价体系,使高校能够选拔出更适合的学生,为专业录取和分配提供参考。此外,对于高中学校而言,综合素质评价在高校招生中的应用为其在高中学校的落地提供了直接动力[2],有利于促使综合素质评价工作与高中日常教育教学工作的渗透和融合,更新学校的人才培养目标,引导高中学校转变人才培养模式,落实立德树人的根本任务[3]。

各国家地区通常将综合素质评价纳入升学、录取的参考依据,大都是为用人单位(主要是大学)提供选择信息,将评价结果与选拔直接挂钩或作为重要组成部分。俞晓东教授提出,综合素质评价一直是教育评价中的一个难点,要突破这个点,就要实现综合素质评价从"软挂钩"到"硬挂钩"的过渡。[4] 杨玉春也指出当前的评价是政府主导、高中实施,而选拔人才的大学却参与不足等问题,因此要推进综合素质评价须大学参与,与高中学校形成联动,共同推进综合素质评价的改革。[5] 美国采用的是模糊评价的方式,高校招生时没有明确的评价指标,升学申请材料以描述加事实佐证的方式填写,包括入学申请和附属材料两部分。[6] 新加坡从 2003 年起试行专题作业评价,通过相应模块和专题学习成果来判定学生的综合素质。专题作业是预科学生 GCE - A 级水准考试[7]的重要科目之一,占大学录取总分的 10%。[8]

---

① 刘志军、张红霞、王洪席、王萍、王宏伟. 新高考背景下综合素质评价的意蕴、实施与应用[J]. 华东师范大学学报(教育科学版),2018,36(03): 57—68+168.
② 刘志军,徐彬. 综合素质评价:破除"唯分数"评价的关键与路径[J]. 教育研究,2020,41(02): 91—100.
③ Hubin W, Jinjie X. Efforts To Break the "Score Determinism" and Transfer College Enrolment from Recruiting "Scores" To "People": The Exploration and Practice of Comprehensive Quality Evaluation of General High School Students in Shanghai [J]. Educational Philosophy and Theory, 2020,0(0): 1-13.
④ 俞晓东. 综合素质评价从"软挂钩"走向"硬挂钩"[N]. 中国教育报,2019 - 04 - 16(005).
⑤ 杨玉春. 推进综合素质评价须高校与高中联动[N]. 中国教育报,2019 - 04 - 02(005).
⑥ 洪志忠. 美国高中综合素质评价对我国的启示[J]. 当代教育科学,2010,(24): 17—19.
⑦ 新加坡 "A" 水准考试 (Singapore-Cambridge General Certificate of Education Advanced Level Examinations,简称 GCE A Level)是由新加坡和英国剑桥大学考试局共同主办的统一考试。
⑧ Bryer K. Pre-University Project Work in Singapore: An Alternative Mode of Assessment in Singapore [C]. 32nd Annual Conference of the International Association for Educational Assessment, Grand Copthorne Waterfront Hotel, Singapore. 2006.

此外,关于评价结果"是否以及如何与高考挂钩"这一问题,学者们普遍认为将高中生综合素质评价纳入高考招生是必要的,也是可行的。崔允漷和柯政提出,"在我们看来,在我国现有国情之下,设计这套运作机制的一个关键点就是,把综合素质评价纳入到高校招生,尤其是重点本科院校的招生要求当中去"。① 但是,针对两者是渐进性的挂钩还是直接硬挂钩,学者们还持有不同的意见。其中,认为需要渐进性地挂钩的有王孝玲和赵德成。王孝玲认为,"就目前的情况看,我国尚不具备全国统一地、科学地开展与高校招生直接挂钩的学生综合素质评价所需要的条件"。② 赵德成提出,"绝大多数实验区都采用了等级加综合评语的折衷方式,这不失为一种明智之举。……各地(市)不要急于将综合素质评价的结果与高中学校招生'硬挂钩',而要先采取'部分挂钩'或'分层挂钩'的办法,在评价方案逐渐成熟以及公众接受水平逐渐提高后,再考虑逐渐过渡到'硬挂钩'"。③ 认为中学生综合素质与招生制度之间需要硬挂钩的学者,例如,罗祖兵和吴绍萍,他们认为"评价结果应与高考'硬挂钩'。……综合素质评价如果不与高考'硬挂钩',在实践中就会被弱化或形式化。但综合素质评价又只有在满足自己所需要条件的状态下运行,才能完全释放自己的功能"。④

从目前国内的研究结果来看,高中阶段的综合素质评价结果在高校招生中大多用于自主招生的初审环节,并不直接计入最终录取成绩。在上海地区,学校根据学生上传的综合素质评价信息组织专家进行初审,通过初审的考生可以参加校测,综合高考成绩和校测成绩进行录取。⑤⑥ 浙江则主张采用"三位一体"模式进行招生,将"统一高考、高中学考和综合素质评价成绩按比例合成综合成绩,择优录取"。⑦ 在

① 崔允漷,柯政.关于普通高中学生综合素质评价研究[J].全球教育展望,2010,39(09):3—8+12.
② 王孝玲.教育测量[M].上海:华东师范大学出版,2004:5—6.
③ 赵德成.初中毕业生综合素质评价实践的问题与思考[J].中国教育学刊,2007,(7).
④ 罗祖兵,吴绍萍.高中综合素质评价统一性的问题及其对策[J].教育科学,2011,(4).
⑤ 同济大学.同济大学2020年上海市综合评价录取改革试点招生简章[EB/OL].https://bkzs.tongji.edu.cn/index.php?classid=3387&newsid=4468&t=show,2020-06-09.
⑥ 上海交通大学.上海交通大学2020年在上海市综合评价录取改革试点招生简章[EB/OL].https://zsb.sjtu.edu.cn/web/jdzsb/3810110-3810000002702.htm?Page=2,2020-02-01.
⑦ 中华人民共和国教育部.浙江省人民政府关于印发浙江省深化高校考试招生制度综合改革试点方案的通知[EB/OL].http://www.moe.gov.cn/jyb_xwfb/moe_2082/s7866/s8367/201409/t20140923_175287.html,2014-09-23.

具体实施时,浙江大学仅将高中阶段综合素质评价中的品德表现结果纳入报考条件,具体申请时仍要上传申请材料、参加学校组织的综合面试,最终的录取成绩由高考投档成绩、校测成绩和高中学业水平考试成绩三者加权得到。① 其他学校也大多是将高中阶段的综合素质评价结果作为划分报考组别②和进行报考的标准之一,而政策文件中提到的要纳入综合成绩的综合素质评价成绩实际上是由各个高校组织的统一测试成绩。

三、总结:拓展综合素质评价的研究空间

近几年来,信息技术对综合素质评价领域的渗透已不可避免,建立综合素质评价信息管理系统已经成为综合素质评价工作的自觉选择。此类研究主要围绕现代信息技术在综合素质评价操作中的开发和应用。代表性成果:第一,基于综合素质评价信息系统建设与应用实践的研究成果。杜文平以北京市初中学生综合素质评价电子平台的实践为例,分析了电子平台技术的运用能注重评价内容的全面性、存储信息的完整性、评价结果的公开性,以及应用操作的可行性,提出可以通过全员培训策略、组织管理策略、专业支持策略和行政推动策略促进学生综合素质全面而有个性地发展。③ 吕晓丽总结了学生综合素质评价新模式,"他们依托网络'人人通'教育社区和学籍管理系统底层数据,构建了学生综合素质评价与成长档案袋关联系统,推动了学生综合素质评价模式的改革和创新,建立起了适应评价新模式运作的网络平台和工具,全面提升了综合素质评价结果的'含金量'"。④ 第二,基于"互联网+教育"理念的研究成果。王咸伟等人在《中国电化研究》上提出了"信息化环境下中小学生综合素质评价指标体系与权重

① 浙江大学.浙江大学 2020 年浙江省"三位一体"综合评价招生简章[EB/OL]. https://zdzsc.zju.edu.cn/2020/0615/c3301a2155543/page.htm,2020-06-15.
② 浙江工业大学.浙江工业大学 2020 年"三位一体"综合评价招生简章[EB/OL]. http://zs.zjut.edu.cn/zsnews/html/n2030.html,2020-05-11.
③ 杜文平.推进初中学生综合素质评价的有效举措——北京市初中学生综合素质评价电子平台的实施[J].教育理论与实践,2015(8).
④ 吕晓丽.一切为了学生发展的评价——中国教育学会基础教育评价专业委员会 2014 年学术年会综述[J].教育测量与评价,2015,(1).

配置"。① 还有学者提出基于"大数据思维"的高中综合素质评价理念与实现路径。②

　　以上研究成果对于促进我国教育评价理论与实践的发展无疑意义重大,但是,总体来看,这些成果在研究对象、研究方法、研究思路以及研究内容上仍然存在创新空间:第一,在研究方法上,缺乏基于问题的实证研究,更多采用思辨或是文献研究的方法;第二,在研究思路上,侧重于关注综合素质评价自身的问题,而未将其放在一个整体的教育评价体系中来考量,忽略了其与其他教育评价方式进行互动、配合与协调的需要;第三,在研究内容上,同样忽略了对于问题背后的原因分析,缺少对于如何改革综合素质评价的系统研究。总体而言,鲜有把主体、内容、方法、结果呈现四个核心元素都考虑进去的整体解决方案,研究范畴更倾向于"就事论事",以教育部政策为蓝本,在实践基础上提出建议,欠缺操作性,因此缺少一整套可实行的解决方案。近期研究成果中,信息技术应用于综合素质评价的主题显著增多,但是探讨的深度与广度还有局限。目前,许多省市或者学校都在兴建综合素质评价系统,但是多数仍是一个成长记录册的电子版,综合素质评价未有实质性的突破。究其原因,首先,一些研究者提出基于大数据的综合素质评价设想,这在理论上具有可行性,但是由于大数据分析技术是国际难题,我国这方面人才紧缺,真正落地十分困难;其次,将大数据技术引入综合素质评价是一种新的设想,需要不断尝试、迭代、进化,才能落地生根,而已有研究成果止于研究层面,尚无基于大数据的综评试点与相关实验。由此可见,信息技术应用于综评的研究在前瞻性、引领性、可操作性等方面均有提升空间。

　　从狭义的综合素质评价到广义的综合素质评价,有越来越多的学者认为综评不仅仅是评价维度的修正,更应该从全过程、全维度构建下一代评价理论和技术体系,从海量的学习和生活过程中学生行为和结果数据的采集与分析中不断认知学生,不断优化学习路径和提供智能适切的学习服务,从而促进人的全面而个性地发展,构建基于大数据和人工智能的下一代教育评价体系。

---

① 王咸伟,徐晓东,刘欢欢,张英华. 信息化环境下中小学生综合素质评价指标体系构建[J]. 电化教育研究,2019,40(01):67—76.
② 吴智鹏. 高中生综合素质评价新理念及其实现路径——基于"大数据思维"[J]. 赣南师范大学学报,2018,39(02):114—118.

第三节　全面育人：综合素质评价的价值导向

综合素质评价实质是从单项素质评价走向多种素质综合评价，从单次考试（如高考）评价学生，变为全过程的成长性评价，从片面注重分数的评价走向注重德智体美全面发展的评价，倡导全面评价、过程评价、多元评价观的具体应用，其价值导向就是全面和谐发展、个性特色发展、科学甄别遴选和可持续发展的教育理想，是科学育人、公平选拔、因材施教、分类培养、持续发展的教育治理导向。

一、树立德智体美劳全面发展的育人观

习近平总书记深刻指出，教育首先要考虑"为谁培养人""培养什么人"和"怎么培养人"的问题。教育的培养目标是促进学生德智体美劳的全面发展，培养社会主义事业的建设者和接班人。如果人才评价方式不改变，培养方式也很难改变。学生综合素质评价，首先是突破了学校"唯分是才"的观念，既要传统的"分数"，更要学生的全面、健康发展。要实现"应试教育"向"综合素质教育"的转变，"综评"就是一个很好的中介，它是一个比较好的载体与方法。通过"综评"，让学校的办学模式从单一（"唯分数"）走向特色与多元，人才培养的观念从"获得分数"走向提高"综合素质"，人才选拔从只看"结果"到注重"过程"经历的转变。这些转变，一方面释放了学校的办学活力，另外一方面也让学校为学生健康、个性化的成长创造条件，最终实现"教育-学习-考试、评价-选拔"的有机统一。

二、破除"唯分数"的考试与招生痼疾

长期以来,中考与高考招生基本以考试分数为主,学生过程性的学习表现无法在升学录取中得到有效体现,导致考试的"唯分数论"无法根本性地突破。从 2014 年开始,上海市推进高中学生综合素质评价,2017 年在上海高校的自主招生中开始应用;2018 年推进初中学生综合素质评价,计划在 2022 年高中录取中开始使用。初中与高中综合素质评价都出台了相关配套政策与文件,保障综合素质评价的有效实施。

在高考录取中,实施"两依据一参考",其中"一参考"就是学生综合素质评价。通过这些举措,一方面,既延续了原来高考政策的稳定性,同时在录取学生的评价标准上有所突破;另一方面,让学校在看到学生中高考分数的同时,也可以了解学生在中学阶段的综合表现,为上一级学校录取个性化、有特长的学生提供具体、全面的参考。

通过综合素质评价的有效应用和实施,高中与高校在录取学生和考试方式上有了较大转变,一方面是注重了解学生分数之外的品德发展、创新精神、实践能力、艺术素养等综合表现,有利于人才的多样化选择、评价和培养;另外一方面,各初中学校在保障基本的教育教学的同时,也开始注重学生个性化、差异化的培养,扬长避短,为每个学生的健康、可持续发展奠定基础,促进了教育公平。

三、促进学校办学理念和育人方式变革

无论是中考还是高考,学科教师都非常注重对考纲的研究。为了提高学生的考试分数,学科教师加强研究考试方法与教材教法,而忽视了学生的个性发展与能力培养。通过考试与学生综合素质评价的改革、推进,学科教师原有的教学方式已经不适合当前招生考试与学生培养的要求,必须要加以改进与反思。尤其是"学业水平与修习课程""创新精神与实践能力"评价版块,除了教会学生知识,获得一定的考试分数之外,还要教会学生探究、思考与创新,因此教师也要学习新知识,研究

学生,打破传统学科的边界,与学生共同发展、研究,真正做到教学相长。

综合素质评价的推进,既促进了教师专业能力发展,也"迫使"教师研究和了解学生,通过探究性课程、研究性小组、创新大赛的组织等,培养学生的探究、发现的意识,激发创新活力,发现与了解自我潜能,为终身学习奠基。所以,通过综合素质评价的过程性实施,让学生学得有目标,让教师教得有章法,学生在初中或高中毕业后能够将所学、所获在录取中得以彰显,真正做到了用评价促进学生的发展与教师的教学改革。

四、构建家校协同、合力育人的新机制

学生的健康发展离不开家庭教育和父母的养育。长期以来,家长为了让孩子获得比较好的考试分数,课外补课现象屡见不鲜,增加了学生的学业负担,甚至导致亲子冲突不断,学生的学习主动性降低。通过中高考录取招生的"两依据一参考",也让家长从注重分数到开始注重孩子的综合素质,更加全面地评价与鼓励孩子的发展,培养孩子的学习兴趣与生涯规划意识,为孩子的发展营造良好的环境,创建学习型家庭,与孩子共同成长、进步。很多家长通过学校"家长讲师团""家长志愿者"等方式参与到学生的成长中,以家校协同方式贡献家长的智慧,为孩子的发展树立榜样与标杆。

五、激发学生主动全面而有个性地发展

综合素质评价最终评价的是学生,他们既是评价的对象也是评价的参与者。通过中、高考考试方式的改革,"学什么""选什么""怎么选"以及"为什么选"就是摆在学生面前的重要课题。通过综合素质评价的实施,让学生在中学阶段就要学会学业规划与生涯设计,从而激发学习的主动性。由于招生录取实施的是"两依据一参考",综合素质评价主要内容是"创新精神与实践能力"等 4 大版块 8 个方面,这样学生在设计生涯发展时,不会只囿于"学业水平和修习课程"这一版块,而可以在研究性学习、创新作品设计、社会调查等方面充分发挥他们的个性特长和兴趣爱好。

从 2017 年上海四所"985"高校的自主招生中可以看出,他们都将学生的"创新精神""探究能力""创新作品设计"等作为重要的综合素质评价指标。可见,综合素质评价的实施,不仅对学生的健康、全面个性化发展起到了积极的推动作用,同时也为高中与高校录取学生提供了丰富的、个性化的过程性材料,让学校除考试分数之外,有更多立体化的素材去了解学生。

　　上海市教育信息调查队的调查发现,学生的学习负担和考试压力随着年龄和年级的提升而增加,这是客观事实与教育规律。过重的学习压力与负担不但不利于学生能力的培养,反而会影响学生的身心健康。通过综合素质评价的实施,可以将一次中考或高考的压力分散释放到中学各阶段,让学生意识到,平时的学习积累、探究学习、兴趣爱好、志愿服务等的重要性,激发学生在每一个学习阶段的学习兴趣,缓解"学习只为考试"带来的焦虑情绪和压力。在"学业成绩与修习课程"版块,记录的是学生除升学考试学期之外的所有的学习成绩与学习经历,增加了学生学习的成就感与获得感,缓解了焦虑感。由于综合素质评价基本上涉及了学生中学学习、生活、探究与实践的方方面面,通过记录生成"评价素材",充分体现了学生评价的自主性与参与性,有助于促进学生的全面发展。

第三章
综合素质评价实践现状与问题分析

长期以来,教育存在重智育、轻素质的倾向,造成学校教育片面关注考试成绩,以考试分数、升学率来检验学校办学水平、教师工作成效和学生的学习成果,严重制约了学生的成长与发展。20世纪80年代初我国开始推行素质教育,并以综合素质评价为突破口,矫正应试教育弊端,将育人目标从关注分数转向学生德智体美劳全面而有个性地发展。随着改革的深入推进,全国各省市相继制定了综合素质评价方案,学校层面予以落实,评价结果甚至成为招生依据,改革成效显著,但也存在一定可改进的问题。本章首先从博弈论的角度分析不同角色主体视角下的综合素质评价,分析国内综合素质评价实践现状,并以上海地区为例开展了实施情况调查分析,最后总结综合素质评价的实践现状与问题分析,以期明晰综合素质评价未来发展路线。

第一节　不同视域下的综合素质评价

　　综合素质评价工作的实施是招生改革的重要环节,牵动了学者、教育行政部门、学校、家长、学生等多方利益,不同的利益方对综合素质评价的视域也不同,各方对综合素质评价的观点存在很大的差异,借助博弈理论,可概括为以下三类。

一、学术视域：教育专家、学者

　　学术视域的代表人物是教育专家以及相关学者,他们追根溯源,从综合素质评价的本质、概念、实施现状、问题以及实施建议等层面展开研究,旨在从学理的角度构建更加科学合理地服务于教育的综合素质评价。他们期望综合素质评价能改变当前"唯分数论"的现实,从而引导学校从"应试教育"向"素质教育"转变,注重学生的全面、和谐和个性化发展,立德树人,注重创新精神和实践能力的培养。当然,面对自身利益,博弈论的局中人立场各异,如何确保信度,体现公平,如何建构基于评价数据的分析模型,还缺乏足够的说服力。

二、行政视域:教育改革的设计者和执行者

行政视域的主要代表是教育改革的设计者和执行者,例如国务院、教育部的综合素质评价政策的推行者、各省市教育局或教育委员会相关负责人。由于中国教育行政制度的特点,各项教育改革措施的落实主要由上而下依靠行政力量强力推行,因此,行政在整个综合素质评价从诞生到发展、从理念到实践的过程中都起到最关键的影响作用。综合素质评价虽然最终各方利益是一致的,但是眼前利益诉求差异巨大,如何协调老百姓的眼前利益与长远利益,局部利益与整体利益,作为博弈规则的制定者,政府责任重大,很多措施也需要实践检验。同时,如果把政府作为一个组织来看,它也是参与多方博弈的一个局中人,如何实现组织的目标,使政府长远教育治理和改革目标得以实现,也需要考虑博弈中的平衡点。

在中国,政府往往是博弈规则的制定者,学生或家长基本上是游戏规则的遵守者,但是,他们会通过各种可能的对策钻政策的漏洞,正所谓上有政策,下有对策。在利益博弈的过程中,往往是整个家庭的参与,这已经使评价制度的出发点受到影响。

三、社会视域:部分学生和家长、教育市场

社会视域的主要代表人物是部分学生和家长以及广大的教育市场(教育培训公司等)。面对一项新的教育政策,尤其是这项新的政策关系到学生升学,关系到自身优质高等教育资源的获取,部分学生和家长面临竞争,往往将自身的利益最大化,想尽办法使得自己的综合素质评价能够在升学的时候给自己加分。教育培训市场看准这项改革的商机,各种针对综合素质评价的培训班开始出现。比如,有专

门针对综评的指标凑资料的培训机构,也有专门指导如何写自我介绍的培训机构,还有为了让学生有课题研究经历的"枪手"公司等。

综上所述三类利益方,行政方是最主要的推动力。学术方也提出了多种综合素质评价实施策略,对综合素质评价发展有重要影响,但尚未形成一致的主张,即使产生了可圈可点的学术成果也需要通过行政力量才能够得以施行。社会方则主要随机应变,跟着行政派和学术派的动向而调整自身行为,以期自身利益最大化。三种力量的博弈以及对综合素质评价的理解都存在很大的差异,这种差异是综合素质评价从理论走向实际的动力,各方利益在现实和理想的博弈中可望达到平衡点。

第二节　国内综合素质评价实践现状

2014 年 9 月，国务院发布《关于深化考试招生制度的实施意见》，提出要"探索基于统一高考和高中学业水平考试成绩、参考综合素质评价的多元录取机制"；同年 12 月，教育部出台了《关于加强和改进普通高中学生综合素质评价的意见》（以下简称《意见》），提出了普通高中综合素质评价的基本原则、评价内容、评价程序等等；高考进入综合改革的深水区。新一轮的改革围绕综合素质评价，被称为"综合素质评价阶段的高考改革"，这是对素质教育的正面回应，从评价环节落实素质教育。正因为如此，综合素质评价已经成为 2014 年以来新一轮高考改革的牛鼻子。经过多年的实践探索，全国大部分省市开展高考改革试点工作。

一、各省市学生综合素质评价实施方案

（一）评价内容

各省市基本都按照教育部《意见》的内容要求，包括了思想品德、学业水平、身心健康、艺术素养、社会实践五个方面，不同的是，上海市强调了创新精神和实践能力，其中既包括了社会实践的内容也包括了研究性学习的内容，还增加了学校特色指标，引导高中特色多样化发展，而江苏省增加了自我认识与生涯规划，突出在前面五个方面中未能包括的个性特长。

在记录内容上，大多数省市都比较简要，湖北省与广东省则非常具体。湖北省在身心健康方面，除了记录《国家学生体质健康标准》测试项目基本情况外，还记录

体育课出勤率、大课间活动出勤率、校内统一体育活动出勤率、日常课余体育锻炼项目及时间、掌握较好的体育运动项目及效果、校外运动会、体育节等参与情况和其他有关情况（如应急处理情况）；在艺术素养方面，分为音乐、美术、舞蹈、戏剧或戏曲、影视、书法、其他 7 个方面，要求填写具体项目和成果。广东省将身心健康细化为体能素质、健康生活方式、体育竞赛活动、心理健康、安全素养五个方面；教师评语内容包括综述、个性特点描述和建议三方面。学期教师评语由学校班主任、任课教师、社团指导教师、学生发展指导教师等共同承担，具体由学校统筹安排；毕业评语反映学生高中阶段整体发展情况，由班主任填写。①

在评价内容上，身心健康中的心理健康是个难点，因为涉及个人隐私，即使学校组织了心理测试也不便将结果公开，所以一些省市采用了学生自我陈述、自愿展示的做法，例如山东省有心理展示的要求：请描述你在高中阶段克服遇到的困难或应对挫折的典型事件，也可描述在人际交往、情绪调节等方面的事件，并简要说明你是如何应对的。天津市心理素质展示要求：描述日常体育锻炼，如课间操、参加运动队与运动会、阳光体育锻炼中克服遇到的困难或应对挫折的一个典型事件（也可是人际交往、情绪调节等方面的事件），并简要说明你应对的方法（300 字以内）。

（二）评价和记录方式

大多数省市都开发了统一的电子平台，采用以写实记录为主，结合自我陈述以及教师的简要评语的办法。

只有浙江省采用了等级评定的办法，通过学生互评＋教师评价，将结果分 ABC 三个等第，具体来说，由各普通高中学校制订综评实施方案和实施细则，并提前公布评价内容、标准、程序、方法、人员和有关规章制度。学校通过民主评议方式，组织学生和教师对每一个学生的品德表现、运动健康、艺术素养、创新实践逐项进行评定。评议采用学生互评和教师评议相结合的办法，依照事先约定比例合成评定

---

① 广东省教育厅. 广东省教育厅关于印发《广东省教育厅关于普通高中学生综合素质评价的实施办法（修订）》的通知［EB/OL］. http://edu. gd. gov. cn/zwgk/gfxwj/content/mpost_2122496. html，2019-01-07.

结果,其中学生互评权重不低于70%。评价结果分三等,用 A、B、C 表示,分别代表"优秀""好""尚需努力"。各地应充分考虑所属学校的类别、特色,合理确定各校测评项目的等第比例。以市或县级区域为单位,A 等比例不超过应届学籍人数的25%,C 等比例不超过 5%。

山东省为便于操作实施,分别设计了供高校和高中学校单独使用的两套素质档案表。① 其中高校使用档案由三年档案自动汇总形成,均为描述性语言和客观记录,没有等级性评定。

(三) 结果应用方式

除浙江外,各省都是由高校根据自身办学特色和人才培养方向,制定科学规范的综合素质评价体系和办法,提前向社会公布。天津市、山东省等还规定了"组织专业人员对档案材料进行研究分析,采取集体评议等方式做出客观评价"。江苏除此之外,还明确"在考生分数相同时,可作为优先录取和优先安排专业的依据"。

上海市已在春季高考、高水平大学自主招生(2020 年起"强基计划")、综合评价、高职专科自主招生、普通高考录取中使用综合素质评价。就本科高校来说,上海目前有 38 所高校招生,其中,试点执行综合评价录取招生改革的高校,最初有 9所,现在为 10 所高校(此外还有浙江大学);实行春季招生改革试点改革的高校有23 所;其中有两所高校(上海大学、上海中医药大学)在两个批次中都有招生。如此,共计有 31 所本科高校在不同批次招生中参考使用高中学生的综合素质评价信息,占上海所有招生本科院校的 80% 左右。

浙江省从 2011 年开始在 3 所高校率先试行"三位一体"招生,后续逐年扩大试点范围。2015 年共有 45 所省内地方属院校进行"三位一体"招生,2016 年共有 46所,2017 年"三位一体"招生院校为 43 所,计划人数达 6 753 人,2018 年参与普通类"三位一体"招生的有 50 所高校,招生 9 053 人,比之 2017 年增加了近 34%。2019年,49 所省属院校和 9 所高水平院校在浙江进行"三位一体"招生。"三位一体"是

---

① 山东省教育厅.《山东省普通高中学生综合素质评价实施办法》政策解读[EB/OL]. https://gaokao. chsi. com. cn/gkxx/zc/ss/201606/20160604/1623854215. html,2016 – 06 – 04.

在综合素质评价合格和学业水平考试等第达到前置条件要求的情况下,将考生学业水平测试、综合素质测试(特殊才能测评)和高考成绩以一定比例合成综合成绩,并按综合成绩择优录取。

山东省从 2020 年起进入高考改革实质性落地阶段。在本科高校综合素质评价招生、高职(高专)单独招生和综合评价招生中,依据综合素质评价档案材料形成考生综合素质评价等级或成绩,并在考生录取中占一定权重。开展本科综合评价招生试点的有山东大学、中国海洋大学、中国石油大学(华东)、哈尔滨工业大学(威海)、青岛大学、山东师范大学、山东科技大学、青岛科技大学、山东财经大学、浙江大学等 10 所高校。招生计划由试点高校按照不超过在鲁统招计划的 20% 自主确定。考生综合成绩由夏季高考总成绩(含语文、数学、外语科目考试成绩,高中学业水平等级考试成绩和高考加分)、高校考核成绩(含学生综合素质评价结果)组成,其中夏季高考总成绩占比原则上不低于 50%。试点高校须在招生章程中注明各项成绩在综合成绩中的占比。

(四) 组织管理

各省市都采用了分级管理的办法,一般省级部门开发平台,提出要求,监督评估,检查指导;市级部门制定本地区方案,培训检查指导;学校制定实施细则或校本方案。

各省市都建立了公示举报制度、申诉与复核制度、诚信责任追究制度,其中海南省的学校诚信等级制度最为具体,把学校诚信等级分为 A、B、C、D、E 五个等级,凡由于学生综合素质档案材料虚假被举报且经相关部门核实后确认的,学校诚信等级下降一级,三年内没有发生诚信问题的,学校诚信等级上调一级。学校信用等级情况每年 6 月份由教育厅向社会公布,接受社会监督。

北京、天津、山东、辽宁省市还建立了抽查通报制度。例如山东省要求各级教育行政部门每年对高中学生综合素质评价实施情况进行抽查,省教育厅每年抽查学校比例不少于 5%,市级教育行政部门抽查学校比例不少于 25%(每县市区不少于 1 处),县级教育行政部门每年对所辖学校至少检查一次。抽查结果在一定范围内通报。天津市要求市教委抽查学校比例,每年不少于 5%;区(县)教育局年抽查比例不少于 25％。抽查结果要在一定范围通报。

二、综合素质评价的上海方案

综合素质评价是对学生全面发展状况的观察、记录、分析，是发现和培育学生良好个性的重要手段，是深入推进素质教育的一项重要制度。国家教育评价综合改革行动方案的提出，使综合素质评价提高到空前高度，该方案属于重大国策，对我国现行教育制度产生深远影响，特别强调过程性和技术的应用。

（一）上海学生综合素质评价的顶层设计

为响应国家的综合素质评价政策，做好综合素质评价工作，上海制定并完善高中学生综合素质评价实施办法，使综合素质评价工作有章可依。2014 年 9 月 18 日，上海出台了《上海市深化高等学校考试招生综合改革实施方案》，正式启动实施高考综合改革试点。试点工作从考试评价和招生录取两个方面，着眼率先建立基于统一高考和高中学业水平考试成绩、参考综合素质评价的考试评价模式，探索构建分类选拔、综合评价、多元录取的招录机制，最终形成分类考试、综合素质评价、多元录取、程序透明的高等学校考试招生模式。2015 年 4 月，根据《教育部综合素质评价意见》和《上海高校改革总体方案》等文件精神，上海制定了《上海市普通高中学生综合素质评价实施办法（试行）》，对评价工作的指导思想、基本原则、记录和评价内容、记录方法和程序、评价结果应用、组织管理保障等内容作出了详细规定，成为上海全面实施高中学生综合素质评价的重要依据。综合素质评价是基础教育改革的必然，"完善初中学生综合素质评价制度"也是《上海市进一步推进高中阶段学校考试招生制度改革实施意见》确定的改革任务之一。2018 年 11 月，为深化考试招生综合改革，根据《上海市人民政府印发〈关于进一步深化本市高考综合改革试点工作的若干意见〉的通知》对深化高中学生综合素质评价机制改革的最新要求，制定了《上海市普通高中学生综合素质评价实施办法》，成为未来五年高中学生综合素质评价工作的依据。

（二）上海学生综合素质评价的实施经验

综合素质评价是促进学生德智体美劳全面发展、培养个性特长的重要措施，符合新时代人才培养的方向和趋势，有利于全面落实立德树人根本任务。上海自实施综合素质评价以来，不仅改变了以往的考核方式，打破了"唯分数论"的价值束缚，培养德智体美劳全面发展的新时代人才，更加使之成为学生高考择校的重要途径，综合素质评价与高考已经密不可分。上海实施综合素质评价的做法和经验可概括为以下四种：

1. 坚持立德树人根本导向，以社会主义核心价值观和中华优秀传统文化、社会主义先进文化为主线科学构建内容体系，通过建立综合素质评价信息系统，将品德发展与公民素养、修习课程与学业成绩、身心健康与艺术素养、创新精神与实践能力4个方面的内容纳入综合素质评价范围，着力培养学生的社会责任感、创新意识和实践能力，促进每一个学生全面和个性化发展。

2. 为确保高中学生综合素质评价工作有序推进，在组织机制上，成立组织协调机构（市中小学生综合素质评价工作领导小组），负责统筹协调校内外资源，并依托现有市校外教育联席会议机制，形成教育、宣传、文明、科技、文广、体育、团委等单位的跨部门合力，为学生志愿服务（公益劳动）、体育艺术科技活动、研究性学习等活动提供支持，全市共建立了1996个学生社会实践基地（项目）、76.7万个学生社会实践岗位。制订《〈关于做好上海市普通高中学生社会实践（志愿服务）组织记录操作办法〉的通知（试行）》等文件，对学生社会实践基地遴选，以及学生社会实践（志愿服务）学时数量、开展过程、记录方式等进行规范，建立分层分类记录制度和监督保障机制。

3. 不断优化学生综合素质评价信息管理系统和学生社会实践信息记录电子平台，实现线上线下相结合。通过不断优化信息管理系统的功能，配合严谨的制度设计和规范的记录程序，极大地保障了综合素质评价内容的真实性和过程的公平性，凸显了素质教育价值导向，体现学生的综合素质状况，使评价内容可考察、可比较、可分析。上海市学生社会实践信息记录电子平台集活动发布、在线报名、信息记录和公示反馈于一体，强调第三方记录，客观、公开、公正地展现学生参与志愿服务、公益劳动的全过程。同时，利用大数据分析，及时掌控学校对志愿服务、公益劳动课程实施的动向及社会实践基地的服务功能与服务的质量。搭建高质量、多形式的高中学生研究性学习平台和载体，为广大高中生创建研究性学习的高质量载体和平台，营造了高中学校人人参加课题研究和项目实践的良好氛围，支撑和助力高中学生创新能力和实践能力的养成。

4. 推进高校招录环节使用高中学生综合素质评价信息，支撑"两依据一参考"高考招录模式改革探索。上海于2015年在复旦大学、上海交通大学率先实施综合评价录取改革试点，并自2016年起将试点范围扩大至在沪8所教育部直属高校和上海大学。这项改革的基本原则是突出强化公平性、不断深化科学性，基本做法是：以统一高考成绩为基础，以高中学业水平考试为重要依据，参考高中学生综合素质评价，结合以面试为主的学校测试进行选拔。评价标准上，主要是试验评价学生专业潜能的科学方法，以及反映学生综合素质的有效办法。实施综合评价录取改革试点后，各方反应积极正面，普遍认为是对高考"两依据一参考"招录模式改革的有益探索。

第三节　上海市学生综合素质评价实施情况调查与分析

一、学生综合素质评价实施现状调研

　　总体来看,在上海市学生综合素质评价实施现状调研中,师生们对当前的综合素质评价开展都较为满意,基本上认可"五个维度"是较为合理的。学校在具体的活动安排和保障机制方面做得尚可,重视综合素质评价,相关流程和操作也较为清晰;学生基本上也有相应的机会,并且较为积极地参加了一系列活动,活动也能在一定程度上满足学生各方面发展的需求;学校在提供教师的综合素质评价培训方面也比较有序开展,能够支持教师较好地开展综合素质评价活动,辅助学生进行综合素质评价。但在实施综合素质评价过程中,也出现了一系列问题,对这些问题进行梳理,大致可以分为评价标准不一以及素养能力不易于量化评估、真实性和公平性难以保障、师生负担繁重、系统平台操作复杂、多方利益相关者对"综评"认识不足等五个方面。

(一) 评价标准不一以及素养能力不易于量化评估

　　在综合素质评价标准及相应的指标项目评估中,教师和学生们普遍认为,综合素质评价的评价标准与主观因素直接相关,评价维度过于抽象,不能全面反映学生的综合能力,综合素质评价的结果只能大概反映学生的素质及能力。此外,能力不能被简单地量化后进行评估。师生们大多认为学业成绩是最为客观的硬性指标,其他各项的评价标准基本上还是比较模糊的。不少人表示,全市应该有统一的评价标准和体系,适合学校操作,这样更有利于选拔,也更加公正公平,学生和家长才会更重视。而且,部分指标,例如艺术修养,并不应该要求所有学生都达到一定的水平,因为艺术修养往往有赖于天赋等先天因素。但也有人认为学生千差万别,难以通过一样的标准来衡量学生的发展,统一的标准会让学生的个性化难以得到发挥,再次被局限于各种硬性的指标中,违背了综合素质评价促进学生全面发展的初衷。

因而,对于具体综合素质评价的指标既要保障公平,又要兼顾差异,具体来说,相应的指标应该既保证有教育理论的依据做基础,又要广泛听取来自一线师生的建议,在设置一些固定的必要指标的同时,也应该给予学生和教师以及学校一些灵活性,让其既有一定的规矩和标准要遵循,又可以根据学校及个人的差异合理变动,达成具有弹性的灵活的指标体系。综合素质评价的评价内容既要涵盖学生的学术成就,又要包括学生的非学术成果,既要包容学生的个性化表现,又要体现学生的德智体美劳等全面素质发展。

(二) 综合素质评价真实性和公平性难以保障

在综合素质评价真实性和公平性方面最突出的问题是各种资源配置的不均。从学校的所处地势上来说,城乡学校所拥有的教育资源不一样,而综合素质又要求城乡学生在各方面达到一定的高度,这个高度对于城乡学生来说难度并不一致,因此造成了不均衡。此外由于学校资源的差异,导致一些课程及活动的开展以及相应的参加名额和机会都很受限制,参加的学生往往都是固定的几个优秀学生,其他一些学生并没有机会参加,或者说只能参加一些自己不感兴趣的课程或活动,继而对综合素质评价产生抱怨和不满。再者,资源的不均不仅体现在学校层面,在家庭层面也尤为突出。对于综合素质里的艺术修养以及创新创造实践能力等方面,家庭背景良好的学生能够通过课外的方式或者通过父母的关系等获得更优质的资源,而普通家庭的学生除了在学校难以获得机会外,在校外同样也不易取得这些资源,这样不仅造成了普通家庭的家长们的经济负担,也带来了极大的教育焦虑。此外,在综合素质评价的一些活动中,往往都是由父母来完成相应任务,这也引起了大家对"综评"真实性的质疑。

因此,在对综合素质评价真实性和公平性的继续探索中,有必要引入一些新的技术,促进过程性数据的采集、挖掘和分析,如大数据技术可以使得跟踪学生学习过程的形成性评价变得简单易行,进一步丰富了教育评价的方式和范围,提高了评价实施的连续性,通过各类算法对海量数据之间的潜在关系进行挖掘,从而较为深入地揭示学生综合素质发展的潜能、优势与不足。由于区块链技术自身的高度透明、去中心化、去信任、不可篡改等性质特点,将区块链技术引入综合素质评价实施中能够有效地确保学生综合素质评价数据资料及评价结果的安全存储和加密传输,从而保证了学生综合素质评价中活动资料的录入、评价和招考等一系列环节的透明性,有效保障了综合素质评价各个流程环节的溯源追责,提升了综合素质评价实施的安全保障机制。

(三) 师生负担繁重

在师生的工作负担方面,综合素质评价囊括了学生全面发展的各个部分的能力评估,但是对于学生和家长而言,他们认为当前还是以学生成绩为主,因此要求学生在维持较为繁重的学习情况下去参加如此多样的活动,这就导致学生的负担极大,个人的自由时间较少,进而影响学生的睡眠和健康。此外还存在着经济负担和精神负担,因为综合素质评价的原因,导致学生产生自己应该参与所有活动,不然会和别人差距很大的想法。对于教师而言,学生的典型事例和德育活动都需要班主任的审核,并在多个平台上进行填写,需要占用很多时间,此外,由于学生人数多,还需要花费大量时间对学生和家长进行指导,回复询问和确认,因此班主任的工作量激增,不仅个人备课授课的时间被压缩,也影响了教师的休息时间。

因此,对于师生的负担繁重问题,应该有进一步的举措缓解这些负担,以使得教师能够更好地教学,学生能够更好地学习。一是可以通过升级改造综合素质评价系统的平台运用,使得流程更为简便易操作,师生都能很快地掌握相关流程,避免了花费大量时间在沟通、确认中;二是可以设置相应专门的综合素质评价部门或人员,分担班主任的一些工作,让这些教师不仅能够有足够的时间备课授课,保障自己的教学质量,也能够有更多的时间对学生进行观察和指导。

（四）现有的系统平台操作复杂

在系统平台操作方面,对于系统平台的难操作、流程复杂、功能缺陷以及界面不美观等问题,教师和学生及家长都有相同的反馈。他们表示,操作平台不够人性化,操作不便,程序太复杂,耗时间耗精力。现有的系统平台割裂于常规教学成绩管理系统,没有大数据审核,没有系统化体系。网站不稳定、系统不够智能、相应的网站操作流程繁杂,不仅对教师带来了负担,也给家长和学生带来了困扰,过于繁复的操作导致师生们不易于接受这样的评价方式,容易产生厌烦情绪。

因此,应该对现有的综合素质评价系统进行改造升级,通过对一线的师生调研,对相应的功能需求重新规划梳理,优化系统体验,尽可能简化相应的流程操作,使得平台的数据显示更具个性化,能够对学生进行个性化指导等,不仅将较大地减轻教师的负担,使其能将更多的时间用于指导学生和教学,而不是浪费众多时间在平台功能以及复杂流程的摸索中,还能让家长及学生对相应流程有更快的适应,例如还可以通过建立小程序或手机程序应用等,使得综合素质评价系统的应用更为便捷易用可用;提高系统稳定性,使数据导出设定更合理;和学籍网等学生常用平台的对接更加及时,进而改善师生及家长对综合素质评价难以操作的负面印象,将更多精力投入到更多有意义的活动及学习中。

（五）多方利益相关者对"综评"认识不足

在对综合素质评价认识方面,不仅是家长和学生对综合素质评价的具体内容及价值意义存有不解,甚至教师及学校都对综合素质评价的定位及价值没有很清晰的把握,因而导致多方重要的教育参与者对综合素质评价的理解和认识都比较模糊,这也导致综合素质评价的活动常常被批评为流于形式,浮于表面,并没有给学生带来真正的有效作用。也使部分家长容易产生对综合素质评价的不理解,因而常常会因为教师给学生的某一指标没有达到他们理想的标准,而强求教师修改成较为优秀的指标,而同时教师又担心会因此影响学生的升学,结果所填写的综合素质评价都在写学生的"好的方面",进而导致综合素质评价结果千篇一律,最后还是得以成绩来作为学生能力的主要参考。

因此,为了提高多方利益相关者对综合素质评价的认识,以培训的形式对教师、学生及家长进行有序合理的相关培训尤为必要。通过相应的培训,端正他们对综合素质评价的正确认识,具备基本的综合素质评价相关知识,了解综合素质评价的具体内容、意义和价值,充分指导他们综合素质评价具体的指标评定方式和过程。这些培训具体展开的形式,需考虑不同人群的特点并予以不同的方式进行传播,例如对教师和学生可以在学校举行相关的培训活动,而对家长可以用微信推文,或者家长会的方式,让他们尽可能便捷地参与这些培训,从而对综合素质评价有更好的认识和理解,进而提升多方利益相关者对综合素质评价活动开展的配合度,促进综合素质评价更好地进行。

二、综合素质评价结果应用现状分析

(一)上海市普通高中学生综合素质评价方案的合理性

调研结果显示,综评报告目前已被大部分高校所接受,受访高校中有44所学校(含上海地区31所高校)在招生录取环节会使用该报告,并且有部分高校表示在本科专业录取、本科投档录取、综合评价和自主招生等多个环节均会有所参考。目前,综评报告已在上海地区重点高校的招生环节实现常态化应用,外省市重点高校也在积极探索使用方式。受访的60所高校均认为有必要在高考、学业水平考试的基础上提出综合素质评价,而且大部分高校认为综评报告对招生具有较大帮助。在高考改革的指挥棒下,综合素质评价的推出极具时代意义和借鉴价值。但是,综评报告的使用仍然具有一定局限性,大部分高校对综评报告的使用集中在春招、自招和综合评价录取批次招生,本科专业录取和本科投档录取环节使用较弱。67%的高校招生负责人认为上海的综合评价结果还是较为合理的,选择非常合理的比重达到30%,体现出受访者对综合素质评价指标的认可程度,认为指标设置有利于促进学生综合素质提升,而这是高校和中学共同的价值观。高达73%的高校招生负责人认为上海的品德发展与公民素养、创新精神与实践能力、修习课程与学业成绩、身心健康与艺术修养四个评价版块内容,能够较好地反映学生的综合素质,12%的人认为该指标体系能够非常好地反映综合素质,仅有15%的人认为内容设置一般(如图3-1所示)。

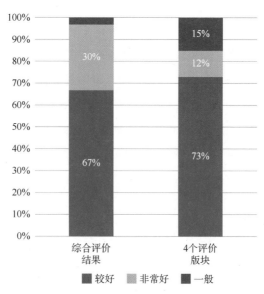

图 3-1　评价结果和指标设置合理性的综合分析

(二) 高校对综评报告的使用偏好和需求意见

针对四个评价版块内容的重要性排序,调研反馈表明,38%的高校认为"品德发展与公民素养"最为重要,25%的高校选择"创新精神与实践能力",23%的高校认为"修习课程与学业成绩"最为重要,仅有13%的高校将"身心健康与艺术修养"确认为四个评价版块中最重要的。可以看出,近40%的高校最为关注学生的"品德发展与公民素养"这一内容,体现出高校在人才选拔与培养过程中,极为注重学生"德"的发展(如图3-2所示)。但对四个评价版块权重占比的调研结果显示,有54.8%的高校认为"创新精神与实践能力"的权重应该在30%以上,48.4%的高校认为"修习课程与学业成绩"的权重应提升至30%以上,部分知名高校甚至认为该权重应达到50%,有42%的高校认为应将"品德发展与公民素养"的权重设置在30%以上,仅有16%的高校认为"身心健康与艺术修养"的权重应在30%以

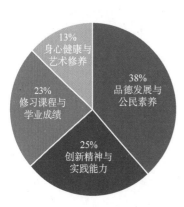

图 3-2　四个评价版块
关注情况分析

上(如图3-3所示)。

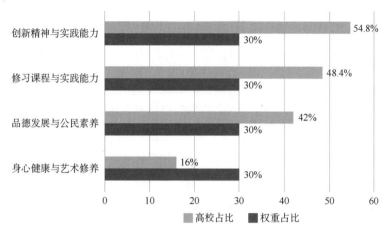

图3-3 四个评价版块权重占比调研分析

就指标的可参考性而言,超过半数的招生负责人认为修习课程和学业成绩可参考性最高,这一点在绝大部分高校招生负责人中达成共识;有35.5%的高校认为"创新精神与实践能力"最具有参考价值,而"品德发展与公民素养"与"身心健康与艺术修养"两大版块内容,仅有个别院校认为其具有较高的参考性。74.2%的高校将实施综合评价作为更科学地给高中生分类的依据,同时,有25.8%的高校认为综合素质评价是为了促进高中生精准地分层(如图3-4所示)。

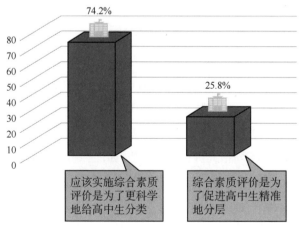

图3-4 综合素质评价应用价值分析

总体而言,综合素质评价在上海高考招生过程中的使用成效较为显著,一定程度上满足了高校人才选拔的需求。调研结果清晰地表明,"德"作为各高校选拔人才的第一标准,是最基本的底线。在招生或面试环节,高校则更希望了解学生在不同领域的学习能力以及创新和实践能力,以便于更科学地选拔人才。而在实际落地层面,学生的学业成绩仍是各高校参考的重点。随着上海市高考改革的深入推进,综评报告中关于学生创新精神与实践能力的内容也逐渐受到高校认可,但其他各项综合素质评价在信息、效果和信誉度等方面的可参考性有待提升。各高校普遍认为目前的指标大类较为完善,但也反映该评价体系存在如下问题:一是具体的数据采集维度不够全面;二是记录的内容多为结果性数据,过程性的数据采集有待完善;三是几个版块数据间的联系性未能很好地体现,分析模型仍比较简单;四是综评报告的形成部分应将结果数据呈现和基础数据呈现相结合,减少申报制,多采用"沉淀式"自动记录,增强综评报告的客观性和真实性等。

三、综合素质评价结果在高校招生中的应用模式

为深入了解高校需求,探索完善综合素质评价指标体系,本研究对上海地区若干重点高校的招生负责人和相关面试专家进行了深度调研访谈,并归纳出综合素质评价目前在高校招生中的三类应用模式。

(一) 第一类应用模式——A大学:量化分析法

A大学的基本做法,是由高中学生综合素质评价信息管理系统平台将各种数据发给学校,由学校组织专家进行赋值,折合成为高考总分的一定比例,比如10%,计入高考招生总分系统中。这种操作简单便捷,对于高校招生办主任来说,转化成为分数是最容易操作的选择。报考学生的综合素质如何,首先用学校自己的方法进行综合评判,比如对不同指标进行权重赋值,如社会实践赋值权重10%,研究型学习赋值30%,在校期间的表现等等,最后形成总分,即形成综合素质评价的总得分加到高考总分里,作为最终录取的依据。当然,该大学所开发的赋分折合模型每年都在不断改进。

与 A 大学采用类似办法的高校还有不少，一个基本的考虑是每个学生的综合素质评价信息数据非常多，在有限的招生时间段里，让面试教授们逐个做质性分析很难，而做一个数据模型，给学生的综合素质评价信息数据做出加权赋值，折合成分数，加入到高考总分里作为录取依据，是最容易的操作。但是，这类高校在招生过程中往往丧失了"艺术性"，一定程度上仍被传统的"唯分数论"招生模式所束缚，局限在统一标准下的分层评价，较少考虑基于学生的个性化学习能力分类选拔人才。同时，高校在评价模型的制定方面也有较大的难度，因为评价模型的准确度受各高中或政府提供的数据的数量和质量的影响。就像有专家批判性地指出的：这样的招办主任找个会算术的机器人都可以，为什么要一个高校的教授来担任？这就是目前使用量化分析法的一个困境。

（二）第二类高校应用模式——B 大学：专家系统法

B 大学基于以学生为中心，知识探究、能力建设、人格养成"三位一体"的育人理念，本着具有社会责任感、创新精神、实践能力、人文情怀和国际视野的拔尖创新人才培养目标，注重考察学生的理想抱负与社会责任感、学习与认知能力、创新精神与实践能力。面试采取"三对一"两轮模式，每名考生由两组共计六位专家面试，每位专家根据同一评分规则独立打分，以综合考察学生在考试成绩以外的其他综合能力，增强学校与学生的匹配度。面试前，学校将学生的综合素质评价记录信息呈现给专家，供专家在面试中使用和参考，将其作为面试评分的重要依据。在学校2016 年公开发布的"综合素质评价信息使用办法相关问答"信息中，学校强调"对考生综合素质评价信息的解读是将考生放在其所处环境与背景中进行综合的判断……希望学生应跳出分数，聚焦于做最好的自己"。面试专家围绕学校人才培养目标，基于综合素质评价信息，结合面试情况，对学生进行全面综合评价。

简单来说，B 大学的做法是，由高校组建内部专家库，专家库内成员均为本校各学科领域资深教授。每年招生时，由各招生办公室牵头，随机从专家库抽取相关专家，组成当年面试专家组，且对校内外完全保密。高中学生综合素质评价信息管理平台负责把报告学生的综合素质评价信息数据库给到学校，由学校招生部门将数据库中的学生综评纪实报告打印出来交给参加面试的教授，招生部门及相关部门都不会具体介入教授的判断。因为他们一直秉持的一个理念是，即使某一个教授的打分可能会有偏颇，但是如果有 5 个教授，甚至更多的教授同时或先后对同一个人进行打分，然后取平均值，结果就会无限趋近客观判断，从而保障面试环节的评分客观、公正。这种方法完全相信专家组的判断，以专家组主观评价为主，弱化第三方评价，由专家们在面试环节参考综评报告中的客观数据与学生交流，并做出价值判断。

(三)第三类高校应用模式——C 大学：潜质分类与水平分层法

C 大学参考使用高中学生综合素质评价信息的理念和模型备受关注，概括来说，就是在所公布的《普通高中学生综合素质评价信息使用办法》中，明确要求综合评价招生的录取对象应体现本校人才培养特色，以"知识、能力、人格"全面发展的创新型人才为培养目标，重点考察考生的学科特长、创新潜质，依据研究性学习经历与专题报告等信息考察考生的独立探究、创新精神和实践能力，通过学生的学科类、科技类等市级及以上奖励、自我介绍及其附件等信息了解其专业兴趣和学科特长，通过高中前五个学期的基础型课程成绩和自主选修学习情况了解考生的学习能力。按照本校不同的专业领域和要求，分别建立每个专业领域下的评价模型。不同专业领域的评价模型中，指标范围可能会超过上海市学生综评报告中的内容，所以高校会根据学生综评报告内容，结合专业领域的特色要求，制定出具有专业领域特色的指标体系，包括不同的优先级和权重等。

在使用综合素质评价信息对潜在生源进行分析时，遵循"先分类再分层"的基本原则。学校让每个二级学院都把自己最想要的生源特质列出来，把最想要看到的要素及其表征罗列出来，包括各要素的优先级、权重等。然后，由综合素质评价信息管理系统平台把报考学生的综合素质评价信息数据给到学校，学校内部会按照各二级学院所希望学生具备的特质，利用综合素质评价信息先将符合专业特质要求的一批学生挑选出来，再通过校测、面试交流或从其他途径获得相关数据(如上海市电化教育馆研发的研究型课程自适应学习系统、上海高中名校慕课系统等)对备选学生进行分层，最终选拔出各专业领域所需的学生。例如，面试的环节组织来自不同学科领域的专家，全面考察考生的专业兴趣、学科特长、创新潜质、综合能力等。

每个学院提出的生源特质都有所不同，如设计学院想要的学生素质跟其他理工科学院完全不一样，设计类专业可能更加强调社会的敏感性、责任心和价值观等特质。对照各二级学院提出的最需要的生源特质，然后从学生的综合素质评价信息记录里找相应的数据和证据，证明该生的某些特质确实比较强，可以考虑将高考分数线下调 10 分进行录取。这反映了 C 大学的价值观念，不只关注高分数，对符合某些专业人才培养特质的学生，只要过了一定的高考分数线都可以纳入该校录取的范围。

上述三类高校应用模式的基础数据来源均为上海市普通高中学生综合素质评价纪实报告。数据的客观性和内容的丰富程度会直接影响到高校在招生环节对综评报告的使用效率。如何方便各个学科招纳适合的学生，让学生与高校招生之间信息对称；如何使得学生的个性特征充分呈现，把各有所长的学生对应进千差万别的学科，是综合素质评价的重点与难点。

第四节　上海市综合素质评价工作的实践成效

上海市综合素质评价带来的教育改变是显而易见的,打破了"唯分数论"的高考现状,推出了一套完整的制度、制定了系统而周密的实施办法,开发了第一套综合素质评价信息系统,充分发挥了评价的引导功能,落实立德树人的目标,在"教""考""招"三个领域都发生了显著变化。

一、综合素质评价对教育改革的影响和改变

在此要特别指出学校特色指标于综合素质评价中在推进学校深化素质教育方面的突出表现。依据"谁用谁评"的原则,高中可以根据自己的人才培养目标和课程特色,确定符合本校学生发展需要的学校特色评价指标。有关高中学校可以记录在纪实报告共性内容中未能包括的、体现所在区和本校学生素质特色的指标,以及学生在这些指标上的表现。

相比其他记录内容来说,学校特色指标在记录和评价方法上有两个特点:一是记录和评价方法更多元。在学校自己内部使用的评价中,既可以采用行为观察记录的方式,也可以采用教师评价、学生互评等方法给出等第评价。学校特色指标为学校开展校本评价、促进育人方式改变提供了空间。二是评价指标更丰富。学校既可以利用纪实报告中的信息得出评价指标,又可以在纪实报告基础上补充其他相关材料,体现纪实报告没有充分展现的信息并得出学校个性化的评价指标。因此学校特色指标一方面反映了学校素质教育的成果,另一方面也可以作为学校对

学生的等第评价指标为高校提供参考。

2018年,上海有超过1/3的高中学校提出了特色指标,包括科学素养、工程素养、媒体素养、环境素养、金融素养、社会参与、跨文化交流、第二外语、领导才能、综合创新力、创新素养、艺术素养、艺术专项素养(戏剧表演、舞蹈、声乐、摄影、创意设计等)、生涯规划素养、职业体验、自我管理、体育素养、体育专项素养(篮球、击剑与健身、武术、击剑、围棋等)等。有的学校在研究探索特色指标的基础上,进一步将特色指标评价扩大到区内其他学校。

二、上海市学生综合素质评价信息管理系统的建设

上海市综合素质评价(以下简称"综评")工作的实施在设计之初就同步启动配套的"学生综合素质评价信息管理系统"建设,确保综合素质评价信息的客观真实。然而,开展综合素质评价与建设信息化平台是两件事,因为综合素质评价没有信息化平台也能开展,过去的《学生成长记录册》就是具体的表现。但事实证明,没有综合素质评价信息系统,"综评"工作开展的难度会大为增加,甚至难以开展,信息采集的权威性、数据分析的便捷性、评价结果的公平性都难以保障,因此上海市综合素质评价改革也开始于综合素质评价信息系统的建立。建立信息管理系统的目的主要有三个:保证评价数据的客观真实、方便高校招生使用和方便教育主管部门管理引导高中办学。

信息管理系统全面记录每个学生的综合素质评价信息,分校、区、市三级管理账户进行管理,实现信息录入、学生确认、公示、问题举报投诉、问题处理结果公示、存档、信誉等级管理评定、高校检索查询等功能。"综评"系统主要业务包括四个环节(如图3-5所示):评价数据录入(采集)、综合报告生成、综合评价服务、评价信誉管理。其中,前两个环节完成学生综评报告的数据记录过程;综合评价服务是在"综评"报告记录的基础上实现面向不同评价单位的个性化业务服务;评价信誉管理作为独立的模块,对前三个环节进行监督管理。

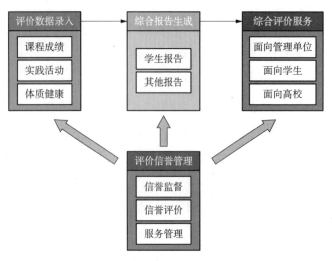

图 3-5　高中综合素质评价业务模型

各环节具体功能如下：

1. 评价数据录入：学生、学校和各管理单位共同完成对综合素质记录的填报和管理，依据综合素质记录的数据类型可划分为学业成绩、实践活动、体质健康等，活动过程的记录需要学校和学生在信誉评价体系下共同完成。

2. 综合报告生成：以《上海市普通高中学生综合素质纪实报告》为模板，生成相应的电子报告作为学生成长记录册的电子档案，综合报告的生成需要依照信誉评价的要求，通过学生、学校以及上级监管单位的确认后才能生成。

3. 综合评价服务："综评"系统采集的记录数据能够面向不同部门的评价需要，提供不同维度的呈现、数据评价以及评价业务相关的管理服务，包括面向学生、学校、管理单位、高校以及其他应用单位。

4. 评价信誉管理：在评价数据采集过程中，实现对采集录入工作的信誉监督和事后检查机制，以报告数据真实性作为检查基础，评价对象包括学生、学校以及其他提供数据的责任机构，信誉评价方式采用分值倒退机制。

随着综合素质评价工作的深入开展，上海市已建设上海市普通高中学生综合素质评价信息管理系统（如图 3-6 所示）、上海市初中学生综合素质评价信息管理

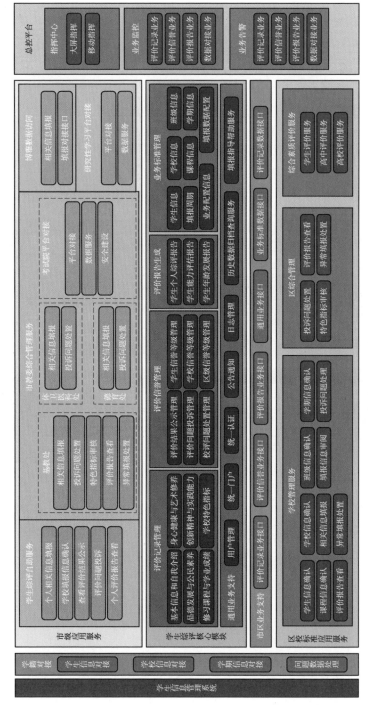

图 3 - 6　上海市普通高中学生综合素质评价信息管理系统的业务框架

系统、上海市中职学校学生综合素质评价记录应用服务系统、上海市学生体育艺术科技教育活动平台、上海市学生体育素养监测、分析与智慧服务平台、社会实践信息记录电子平台等业务系统，并进一步设计上海市学生综合素质评价系统中台服务与融合应用，汇聚多源多维多模态数据，构建基于大数据的学生综合素质评价信息管理平台（如图3-7所示）；打造学生综合素质评价主题库，建立"一生一档"的学生成长大数据档案；充分利用人工智能技术，深度挖掘数据价值，建设学生数字画像，加强大数据分析应用，护长容短，促进学生全面而有个性地发展，为教育评价综合改革提供数据和技术支撑。

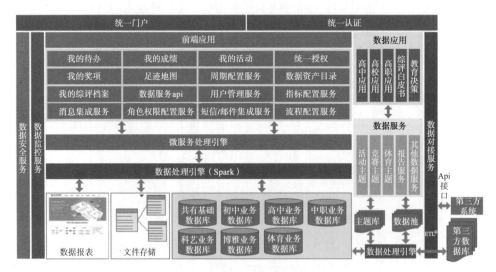

图3-7　学生综合素质评价信息管理平台架构图

---

① Extract-Transform-Load 的缩写，用来描述将数据从来源端经过抽取（extract）、转换（transform）、加载（load）至目的端的过程。

第五节 综合素质评价结果应用存在的问题剖析

　　综合素质评价提出从"教""考""招"三个层面同步实施改革,不仅要转变教学方式,还应配套调整相应的考试内容,从"考什么教什么"向"教什么考什么"转变,最后在招生环节积极引导高校转变以往的"唯分数论"招生模式,从"招分"向"招生"转变,其引发的教育变革是显而易见的。综合素质评价最大的价值是让家长、学生、中学、高校都意识到教育还有多元化的评价方式,对于价值观从单一走向多元、从单次走向全程、从片面走向全面、从经典走向发展具有重要的引导作用。一方面,学校特色指标设置能够有效推动高中多样化办学,促使高中学校思考本校的育人特色并逐步实践;另一方面,通过教师指导学生撰写自我介绍,引导学生思考自己的特长和专业选择,启蒙学生的生涯规划。同时,在"政府保真、高校保用"的政策格局下,社会诚信体系的监督制衡机制初步建立,并从"出口"上为综合素质评价的落地和完善提供了保障。

　　伴随考试内容和招生制度改革,基于大数据的学生评价趋势已经形成。但是,由于学生综合素质评价的数据质量与规模不足等原因,导致"综评"报告在使用过程中会存在一定瓶颈。

一、对综合素质评价的认识不到位

　　学者普遍认为目前大家对综合素质评价的认识不到位,这是导致综合素质评价陷入困境的重要原因。学生、教师、家长、学校和社会仍然认为"成绩至上"和"升学率第一",许多教师观念没从应试教育背景分数评价模式中转变过来,对综合素质评价不熟悉、不理解,不能把握评价尺度,导致学生综合素质评价实施过程中的有效性不够,综合素质评价不能得到应有的重视。

从综合素质评价的目标功能来看,其内容应包含人才培养和人才选拔两个内容。其核心目标是遵从学生发展的客观规律,培养不同领域、不同层次的人才,为高校进一步选拔培养提供参考,践行科学的育人观。然而在实际操作中,由于"功利"驱动,学生、家长和"出口"学校往往以高校"品牌"为先,弱化专业领域的选择,致使在基础教育阶段育人无法充分体现"分层分类"的多样化人才培养,在高等教育招生中也无法在综合素质评价报告中挖掘出甄别性较强的信息,最终导致综合素质评价工作趋于"走形式、走过场"。

另外,评价方案本身也存在着不足。虽然在方案中框定了综合素质评价的主要内容范围,涵盖德、智、体、美、劳等五个方面,但其具体评价内容标准不一、内容宽泛,缺乏科学性。在信息采集工作中,部分评价内容的信息采集要求模糊,缺乏必要的指导,指向性不明确;有评定等级的内容,等级设置较为简单,区分度不高;采集数据过程中涉及大量的佐证材料,增加教师负担;部分指标内容的覆盖度不够,可能会引发教育不公平。

二、纸质档案电子化,发展性作用不足

尽管,经过多年的综合素质评价工作实施,已逐步建立了包含学生科技、艺术、体育、劳动、社会实践等多方面的业务数据采集系统,但其采集范围仍然局限在官方组织或认可的机构举办的活动,学生自发参与的部分社会或校园活动无法得到充分记录,数据采集维度不够全面。根据针对高中学校的调研显示,部分市实验性、示范性高中的校长认为综合素质纪实报告不能涵盖他们所需要的学生的基本信息,比如学生的获奖情况,因为很多获奖情况不被市级部门承认,尤其是一些高级别的奖项,所以学生获奖信息无法录入综合素质评价信息管理系统;纪实报告缺少学生心理健康状况方面的信息;鉴于中考"两考合一"的性质,学生在中考成绩上的差异很小,不能很好地区分他们的学习能力、兴趣和天赋,然而这些情况在纪实

报告中也甚少体现。

在高校问卷调查结果中显示,关于认为在原有的四大评价内容的基础上,是否有必要增加新的评价内容的问题上,有近三分之一的高校认为有必要增加内容。据梳理,需增加的内容主要集中在几大方面,一是增加学生个性化的指标,如考生的特长和能力、兴趣爱好和特长特质等;二是增加考生在专业方面的体现,如考生对专业知识的认知程度、参加的比赛和活动等;三是关于综评使用方面的,如评价结论的信度分析等。在政策设计之初,更加重点关注数据的真实性,为了确保综合素质评价信息的真实可靠,某些方面的信息由于不能满足这一要求就暂时没有纳入其中,导致评价的最终结果和价值可能受到影响。

现阶段学生综合素质评价相关数据的记录大多是结果性数据,缺乏对学生学习生涯中的过程性数据进行分析记录,而仅注重学生的学业成绩、比赛奖励、个人荣誉等方面的结果性数据,一定程度上加重了学生的心理压力和学业负担。在针对高校的调研结果中显示,部分高校负责人认为综合素质评价记录的内容多为结果性数据,过程性的数据采集分析有待完善。从问卷调查结果看,高校比较看重修习课程与学业成绩和创新精神与实践能力两个版块,但同时他们也想了解更多过程性信息,如拓展型和研究型课程学习经历的具体过程、研究性学习报告的过程性数据,此外还有公益劳动志愿服务的具体详细内容等。虽然这些数据有相关过程记录平台,如 MOORS[①] 和社会实践信息电子记录平台,结果可以导入综评系统,但过程性数据无法在学生最终的综合素质纪实报告中得到体现,这影响了学生上传过程数据的积极性。而且,在家长的功利心作用下,评价体系的价值导向并没有充分体现,学生不愿意花更多的时间去开展深度学习、游学和参与社会实践。

三、记录时效性不强、缺乏分析,引导性作用不足

目前,学生综合素质评价信息管理系统中虽然已记录上亿条的数据信息,但缺乏分类、分主题的建库存储,也未对已有的数据资产进行梳理,非结构化的数据尚

---

① 上海的研究型课程自适应学习平台,由上海市电化教育馆开发。

未转化为可测、可评的结构化数据。在评价模型方面,缺乏科学的理论指导,数据分析模型采用简单的线性加权,人才选拔参考利用价值有限,且传统的招生观念尚未改变,注重分层而分类不足,过分重视学业成绩,而忽视了学生的学习能力、探究能力等,综合素质评价的应用价值没有得到充分体现。

对于初中、高中等"出口"学校,为了良好的开展综合素质评价工作,学校投入了大量的人力、物力和财力,但仅仅是结果性数据的记录无法对本校的人才培养和办学改进提供指导和帮助,综合素质评价工作的效率大打折扣,投入和收益的失衡导致学校积极性不高,综合素质评价在人才培养上的引导性不能够充分发挥。

教育改革与信息化融合程度不高,系统流程复杂,学校师资配备不足,且数据记录缺乏实时的分析和反馈机制,无法实现对学生生涯规划的指导,也无法对学校办学改进和服务提升提供决策依据。实时的真实数据如不能及时记录、分析,那么最后进入系统的数据就有可能因加以修饰而使得客观性受影响,尤其是在"高考"的重压之下,评价的诊断、改进、激励等功能逐渐失去。

四、评价结果不能在招生中得到有效运用,甄别性作用不足

评价结果如何使用这一问题一直是大家都关注的。目前基本实行综合素质评价与招生"软挂钩",目的是通过与招生挂钩来推行综合素质评价。但从实际结果来看,大家普遍感觉综合素质评价的结果在招生中难以起到实质性的作用。

综合素质评价的发展功能与甄选功能之间存在矛盾。若强调发展功能弱化甄选功能则有可能不会引起各方重视;若强调甄选功能,在综合素质评价没有发展完善的前提下,有可能在评价过程中出现弄虚作假的现象。在大的诚信环境没有建立起来之前,如果将综合素质评价结果与招生"硬挂钩",只会产生更多的不公平与腐败现象。也有学者从综合素质本身出发寻找其不能在高校招生中得到有效运用的原因。等级评价是高度概括化和定量化后的结果,评语多流于形式,缺乏有实质性、针对性内容,不能给高校招生部门提供有价值的学生成长信息,评价结果在招生中没有发挥实质性的作用,也直接制约了学生综合素质评价在高中的深入推进。

五、评价数据的客观性、真实性存疑

综合素质评价一般都要求用学生成长记录袋记录学生的成长轨迹,综合评语需要有实证材料证明。但目前为止,教师、学生和家长还没有这种搜集实证依据的意识,因此评价中的实证依据十分缺乏。学生没有时间参加综合实践活动,当综合素质评价需要提供相关材料时,只能临时拼凑,结果许多材料都不真实,但学校对此只能睁一只眼闭一只眼。当然,随着素质教育的开展,学生的校内外活动变得越来越丰富,现在更可能出现的问题不是学生没有时间参加这些活动,而是参加了活动后没有及时做记录和保留材料。学校的综合素质评价多是集中突击式的,给学生填写和记录的时间非常有限,再加上参加的活动没有及时做记录并保存,因此学生成长记录袋中就缺少有价值的实证材料。

以上海市初中学生综合素质评价工作开展为例,学生综合素质评价记录信息范围扩大至区级和校级的比赛与活动,虽然这有利于调动初中学校的积极性,可以更多地搜集学生学习的过程性信息,但是高中学校同时也质疑这些信息的真实性。部分高中校长认为初中学校为了能让本校的学生能够通过名额分配综合评价录取进入他们填报志愿的学校,肯定会为了孩子的前途和本校的名誉"美化"学生的综合素质评价,同样,区教育局也可能在区层面的名额分配中对区级,尤其是学校组织的活动信息有同样的疑虑。

第四章

数字化转型背景下综合素质评价新发展

近年来,数字化转型已成为全球公共治理和公共服务发展趋势。随着各政府部门与城市数字化转型政策颁布,全行业各领域全面启动了数字化转型。2022年全国教育工作会议明确提出要"实施教育数字化战略行动",要求抓住数字教育发展战略机遇,以高水平的教育信息化引领教育现代化。综合素质评价作为教育改革的突破口,将在数字化转型浪潮的推动下,进入新的发展阶段。本章主要探讨了技术发展及其对教育的影响,并从计算教育学的视角切入,提出综合素质评价新的发展方向。

第一节　技术进步催生教育数字化转型

一、不断变革的技术流行色

随着大数据、云计算、5G、人工智能等新兴技术的快速发展和普及,人类正加速迈入以多维感知、泛在互联、智能融合为特征的智能时代。尤其是2010年以后,人工智能有了突破性进展,技术发展日新月异。Gartner[①] 提出了新兴技术影响力和发展趋势雷达图(见图4-1),预测了新兴技术影响力和发展趋势,这些不断变革的信息技术,将在近十年内对社会产生一系列影响,加速人工智能时代的来临。

随着人工智能从计算智能、感知智能到认知智能的飞跃,原有的社会形态和技术极限也或将被突破。总体而言,人工智能对人类社会的颠覆,如同海水已淹没至膝盖,一些传统的低智慧劳动将被机器替代,如图4-2所示,人工智能正在多个领

---

① 高德纳,全球最具权威的IT研究与顾问咨询公司之一,成立于1979年,总部设在美国康涅狄格州斯坦福。

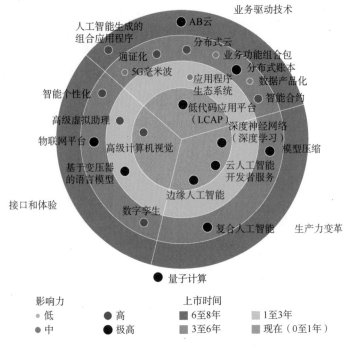

图 4-1　新兴技术影响力和发展趋势雷达图

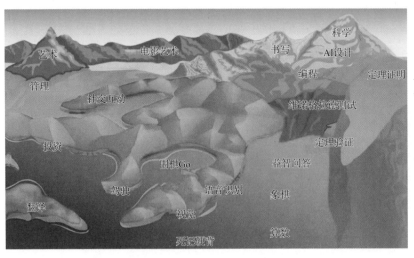

图 4-2　人工智能正在多个领域替代人类

域替代人类,已经"淹没"了围棋、算术、问答等传统的基于记忆和理解的知识掌握。这些领域将面临人类与机器的重新分工,很多传统行业的工作机会越来越少了,有人预计,到 2040 年前后,地球上会消失 1 亿个工作岗位。相反,艺术创造、科学研究、理论证明等短时间里面还很难被人工智能所替代。不断变革的技术流行色掀起一轮又一轮"智能+"创新与发展的大潮,推动社会经济、产业形态、传播方式、生活方式发生巨大改变,甚至重塑人类文明。这对教育的启示是,教育要重新审视"向何处去"的问题,是导向基础的机械的记忆和操练,还是导向培育高阶思维和创造力?

我国面向 2035 提出总体实现教育现代化的宏伟目标,其中一项重要任务便是加快信息化时代教育变革。通过探索大数据、人工智能等数据技术的生产力本质,探究其驱动教育系统变革的路径,分析其推动教育形态重塑的过程,审视其推进破坏性创新带来的风险,从而为构建基于数据驱动的创新教育形态、形成加快推进教育现代化的实践模式提供思路和参考。

(一) 人工智能发展趋势

近年来,以人工智能技术为代表的新一代科技革命对全球范围内的政治、经济、文化发展产生了深远影响,世界主要国家纷纷制定了人工智能技术的发展战略和规划,抢占人工智能高地。在教育领域,人工智能被视为实现联合国可持续发展目标的加速器,联合国教科文组织相继发布了《教育中的人工智能》《北京共识——人工智能与教育》《人工智能与教育:政策制定者指南》《K-12 人工智能课程:政府支持的人工智能课程蓝图》等一系列报告指南文件,旨在促进人工智能与教育的融合,最大化实现人工智能的教育效益并降低其潜在风险。为适应智能时代的到来,我国政府将发展人工智能上升到国家战略,出台了一系列人工智能领域的战略规划、相关政策,有关人工智能技术和人工智能产业等信息亦多次出现在近六年的《政府工作报告》,凸显了人工智能在国家发展战略中的重要地位。

(二) 大数据技术发展趋势

大数据技术是以数据为本质的新一代革命性的信息技术,在数据挖潜过程中,能够带动理念、模式、技术及应用实践的创新。党中央、国务院高度重视大数据在推进经济社会发展中的地位和作用。2014年,大数据首次写入政府工作报告,大数据逐渐成为各级政府关注的热点。2015年,国务院印发《促进大数据发展行动纲要》,系统部署了我国大数据发展工作,大数据成为国家级的发展战略。2016年,政策细化落地,国家发改委、环保部、工信部、国家林业局、农业部等均推出了关于大数据的发展意见和方案。2017年,大数据产业的发展从理论研究加速进入应用时代。2018年,大数据产业相关的政策内容已经从全面、总体的指导规划逐渐向各大行业、细分领域延伸,物联网、云计算、人工智能、5G技术与大数据的关系越走越近。在我国"十四五"规划中,大数据标准体系的完善成为发展重点。随着《数据安全法》《个人信息保护法》等法律法规陆续出台,大数据将进入一个更加注重数据安全、隐私安全的新发展阶段。

(三) 5G 发展趋势

5G作为新一代信息技术的重要支柱,将深刻改变人类的生产生活,驱动人类社会进入万物互联社会。自2015年起,国家政策密集出台,主要从技术标准、网络建设及产业应用三方面强化我国5G布局。2017年11月,国家发改委印发《关于组织实施2018年新一代信息基础设施建设工程的通知》,对5G规模组网建设及应用示范工程设置了明确的指标;2018年5月,工信部、国务院国资委发布《关于深入推进网络提速降费加快培育经济发展新动能2018专项行动的实施意见》,提出加快宽带网络演进升级,推进5G技术产业发展。2019年6月,工信部向中国移动、中国联通、中国电信及广电发放了5G牌照,我国正式进入5G商用阶段。2021年7月,工业和信息化部等十部门联合印发《5G应用"扬帆"行动计划(2021—2023年)》,重点推进5G在工业互联网、金融、教育、医疗等15个行业的应用。工信部数据显示,截至2022年4月底,我国建成全球规模最大的5G网络,累计开通5G基站161.5万个,占全球5G基站总数的60%以上,登录5G网络的用户已经达到4.5亿,占全球5G登网用户数的70%以上。由此可见,我国5G在"适度超前"的政策指导下取得了突破性的成就,在5G设施建设、技术研发、产业发展、创新应用等方面引领全球。

(四) 物联网发展趋势

2009年8月,"感知中国"理念兴起,表示中国要抓住机遇,大力发展物联网技术。之后,物联网被正式列为国家五大新兴战略性产业之一,加快物联网的研发应用写入了政府工作报告,一系列物联网发展相关的产业政策相继出台。2011年,28个省市将物联网作为新兴产业发展重点之一,多个一二线城市开始筹建物联网产业园。2012年,《"十二五"物联网发展规划》出台,是我国物联网发展的首个五年规划,明确指出了要推进物联网通信业的发展,加快培育应用服务业。2013年2月,国务院办公厅发布《国务院关于推进物联网有序健康发展的指导意见》中提出,到2015年,我国要实现物联网在经济社会重要领域的规模示范应用,突破一批核心技术,培育一批创新型中小企业,打造较完善的物联网产业链,初步形成满足物联网规模应用和产业化需求的标准体系。2015年,伴随"互联网+""中国制造2025"等战略的提出,针对物联网基础设施的重大政策相继出台。2021年9月,工信部等八部门发布《物联网新型基础设施建设三年行动计划(2021—2023年)》,明确提出"打造支持固移融合、宽窄结合的物联网接入能力,加速推进全面感知、泛在连接、安全可信的物联网新型基础设施建设"。

(五) 云计算发展趋势

我国政府高度重视云计算产业发展,通过陆续出台相关政策积极引导软件企业向云计算加速转型,同时推动云计算在政务、金融、工业等领域中应用水平的提升。继发布《云计算发展三年行动计划(2017—2019年)》之后,工业和信息化部于2018年8月发布了《推动企业上云实施指南(2018—2020年)》,以强化云计算平台服务和运营能力为基础,以加快推动重点行业企业上云为着力点,指导和促进企业运用云计算推进数字化、网络化、智能化转型升级。

(六) 区块链发展趋势

近年来,国家相关部委和地方省市相继发布区块链政策和具体措施,加快推进我国区块链产业布局。2016年12月,国务院印发《"十三五"国家信息化规划》,区块链与大数据、人工智能、机器深度学习等新技术,成为国家布局重点。2018年5

月,习总书记在中国科学院第十九次院士大会、中国工程院第十四次院士大会上的讲话中提到,"以人工智能、量子信息、移动通信、物联网、区块链为代表的新一代信息技术加速突破应用"。2019年1月,国家互联网信息办公室发布《区块链信息服务管理规定》,进一步规范区块链信息服务活动,促进区块链技术及相关服务的健康有序发展。中共中央政治局就区块链技术发展现状和趋势进行了第十八次集体学习后,随即各地政府也相继出台了一系列政策,期望在这一轮区块链发展浪潮中抢占先机,觅得发展。

二、技术赋能教育的五个方面

习近平总书记提出关于网络强国、数字中国、智慧社会战略部署,践行"人民城市人民建、人民城市为人民"重要理念。2021年8月,教育部批准了上海作为教育数字化转型试点区,随后上海市教委公布了《上海市教育数字化转型实施方案》。教育数字化转型正式拉开帷幕,将成为推进教育现代化发展的重要支点,全面赋能教育综合改革。未来的教育,必将是基于网络环境、更加开放、更加适合、更加人本、更加平等、更加可持续的教育。数字化转型将在学习环境、教学流程、教育供给、评价方式和教育治理等五个方面赋能教育,促进教育走向多样性、个性化和教育公平。

(一)重构学习环境

教育数字化转型将重构学习环境。在信息爆炸的时代,信息量呈几何基数扩增,信息也越来越趋于对称。泛在的学习环境必将重构学习空间,现实学习空间和虚拟学习空间的结合,实现教育资源的便捷获取和智能推送,从而构建新型的学习场。当前,学术界讨论比较多的是智能体,它有三个基本假设。第一,对于任何一个学习者,存在着某种教育资源、学习环境、互动机制和学习进程,使其知识结构的改变达到最优。比如,生物学科里的细胞知识教学,可以通过建构更优化的学校资源或者环境,带领学习者深入认识细胞构造,从而使学生认知结构达到最优。第二,对于某一种教育资源,通过在特定学习环境当中与学习者的互动,可以得到改善。书本知识是依照编写专家的知识结构建立的,这一种学习模型并不适合全体学习者。人的认知风格、学习习惯、知识结构并不相同,所需的学习资源自然存在差异。[①] 因此,可以根据学习者的起点不同,动态调整学习资源呈现、学习任务推送、操练题目的先后顺序。第三,教育智能体本身就是一种具备自我改进能力的学习资源。由此,"教育资源与学习者"和"学习环境与学习过程"的对称性,成为教育智能体的理论框架,即学习者和教育资源在学习环境中,会遵循某种优化的学习进程而进行互动。在这种互动中,教育资源和学习者的知识结构都实现了迭代。那么,如何构建教育智能体呢? 我们可以从学习者、学习环境、学习过程和学习资源这四种要素来着手。[②]

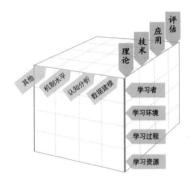

图 4-3　教育智能体的基本要件

打造教育智能体需要把握好它的四个要素,教育者要重新理解学习者、学习环境、学习过程和学习资源。首先,重新理解学习者。这需要我们思考,学习者是谁? 学习者会不会改变? 学习者的画像是否能够实时、精准、客观地表述学习的状态? 其次,重新理解学习环境。自身与学习系统的融合,将呈现出新的学习环境。学习环境不再局限于传统的物理环境,如班级、教室、校园实验室等,而变成了网络空间、智能硬件、终端设备、可穿戴设备、虚拟现实或者其他学习平台。然后,重新理解学习过程。过去,学习进程由一种范式所决定:老师在课上讲解,学生拼命地记,通过作业来操练,再由考试来验证效果;如果效果不好,再通过老师的复习强化,重

① 中国教育智库网.上海电教馆馆长张治:教育智能体,是人工智能时代的学校形态[A/OL]. https://xw. qq. com/amphtml/20210102A01FQF00/20210102A01FQF00, 2021-01-02.
② 同①.

复上一个学习过程。如今要思考的是，如何优化学习进程，让学习的效率变得更高。最后，重新理解学习资源。过去认为，学习资源是凝固不变的，于是学生苦读圣贤书，老师拼命解读教材课本。而今，需要基于知识图谱的动态变化，以及学习者的学习习惯和学习规律而实时调整学习资源。基于这四个要素，便可以构筑教育智能体，重构学习环境。

（二）再造教学流程

近年来，翻转课堂、微视频教学、自适应学习等学习方式的出现，使基于讲授和操练的学习范式受到颠覆式冲击，信息技术催生教学流程再造，先学后教、以学定教、少教多学、体验式学习、沉浸式学习、游戏化学习、研究性学习形态和历程也更加丰富，技术不仅提供更具智能、更具个性的教学内容和辅助学习工具，而且可以实现更加精准、更加耐心的智能导学，教师的工作重心将会更多地转向对学生的能力培养、素养培育、心理干预、人格塑造等，传统的课堂教学必将带来深度变革。

疫情期间，上海市依托上海微校平台等，推出了"空中课堂"，开展了大规模在线智慧学习，学生居家进行常态化在线学习和远程交互，颠覆了以往师生面对面课堂教学的形式。上海微校支持教师教学准备与实施，支持学生差异化、个性化学习，提高优质资源覆盖面，实现物理空间向网络学习空间虚实融合的转变，实现教育生态重构，建立人人皆学、处处能学、时时可学的泛在学习环境，适应信息化条件下的教与学需求，推动正式学习与非正式学习融合，实现有效支持个性化、适应性学习的智能化学习支持环境[1]。经历了这场大规模智慧学习之后，教育系统正在经历一场前所未有的变革，带来教学流程再造的契机。

（三）变革教育供给

在技术的支持下，传统优质教育资源的稀缺性将会得到缓解。教育供给侧改革将因为信息技术的支撑而取得突破。传统的名师名校资源将与现代高科技互联

---

[1] 张治. 教育信息化引领教育现代化[J]. 上海教育，2019(1).

网公司协同进化,教育将变得越来越廉价、越来越高效。而基于创新、实践和体验的教育资源将成为新的需求热点。教育从传统的知识供给转向创新供给,创客学习、STEAM课程成为人们教育追求的新热点,从而催生教育供给侧的改革。

教育资源供给将更加体系化、多样化、数字化、智能化、个性化。

第一,体系化。资源供给将把原来分散的、非系统的、个别化的、不连续的资源,整合成一个服务体系,更加体系化地支撑教育教学。从资源的样态和覆盖面来说,是全学段覆盖、全学科覆盖、全人群覆盖;从开发建设者的角度来看,所有的数字资源是基于顶层设计和全市优质教育资源,进行按章节、按课时、按教学进度的全系统开发;从分发方式来看,不仅通过传统的网络形式,还借助电视台、网络电视来推进全媒分发。

第二,个性化。满足个性化的需求,某种意义上来讲才是教育的本质特征。一方面,可以看到每个学生的学习认知规律本身是有差异的。既然存在差异,所以我们的资源设计就要个性化。我们经常会注意到,跟小学生讲两位数的加法,从个位数加起,他搞不懂"进制",但是换一种方式也许他就懂了。为什么要呈现颗粒化的资源设计?颗粒化的资源设计是为老师考虑的,也是为学生考虑的。每位老师的教学风格不同,优点、缺点也不同,而通过颗粒化的资源提供,打散知识点,使其变得更加细碎,老师可以设计属于自己的个性化资源。

第三,数字化。原来传统的媒体,黑板是一个载体、纸质的媒体也是一个载体。但是今天很多的教学资源,可以转化为数字化。以智能型数字教材为例,可以清楚地看到原来的纸质教材无法跳跃式、快捷式地搜索等,但把多媒体融入学生的学习包,可以把学生的学习痕迹、学习过程有效地记录在案,从而分析他们的学习逻辑,帮助我们不断优化教学。过去认为学生书包越来越重了,未来不用担心,因为数字化的资源用小小的U盘可以拷走大量的东西,并且可以进行有效检索和个性化学习。

第四,智能化。为什么要强调数字化资源具有典型的智能化特点呢?因为我们依托知识图谱,而知识图谱可以有几种来源。一种是专家结构。比如,物理老师依据其认可的知识图谱认为学生要学会某一个知识需要具备哪些知识支撑。但是这样的知识图谱,未必是学生认知事物的规律。我们今天关注知识图谱的同时,更应该关注学生的认知情感发展,比如学生在什么时候需要激励,什么时候需要鞭策,什么时候需要提醒,什么时候需要唤醒,什么时候学习启智。未来也许能够实现认知情感的智能化。所以从知识图谱到情感图谱,再到认知性图谱,将它们有机整合起来,可能为学生推送属于学生需要的、符合学生未来持续发展的资源。

第五,多样化。OECD 发布了《2020 年未来学校教育图景》,呈现了学校新的样态。第一个样态,强调学校的功能扩大。第二个样态,教育外包。从今天来,仅仅靠学校一方开发教育资源远远不够,应该建立众筹教育体系——学校、社会、学生自己都能够生成教育资源。

(四) 变革评价方式

教育信息化将在学习评价领域不断创新突破,基于综合素质的评价将贯穿在教与学始终。以高强度操练和博闻强记为核心的应试教育逐渐转向注重创新精神、实践能力和社会责任的综合素质培养,从而驱动育人方式转变。基于数据汇聚,我们不仅可以实时了解学生学了什么、学得如何,还可以发现学生的能力倾向和缺点劣势,从而为每个学生构建数字画像,实现大规模的因材施教,为办学改进、生涯规划、分类遴选、持续培养提供技术支持。个人的数字画像还可以汇聚成群体画像,实现政府的教育治理科学化。通过数字画像,构建覆盖全体学生的学习管理系统,能充分利用心理学、脑科学的研究成果,与学生的天性合作,突破动机鸿沟,帮助每个人成就精彩人生。

信息技术赋能的教育评价,助力综合素质评价走出实践困境,促进评价结果直接对学生成长过程、教师教学改进、学校和区域教育治理提供最客观、科学的依据。基于学生数字画像的综合素质评价将是"大综评",可视为大数据落地教育实践最重要的突破口,以综合评价"良药"治"五唯"顽疾,从根本上解决教育评价指挥棒问题。

(五) 变革教育治理

发达国家正全面推进基于大数据的教育数据挖掘与学习分析,以及教育精准治理和科学决策。构建"互联网＋"时代的教育治理体系,充分协调社会各方面的资源,构建家庭、社会和学校协同的教育场,同时,鼓励教育创新,给予学校创新更大的宽容度,构建强大的教育创新容错机制,促进办学方式、学习方式的多样性,这将成为教育治理转型的风向标①。

上海市宝山区正在构建人工智能教育大脑,整体框架就是基于多模态数据的实时感知,通过多智能算法,在多应用场景当中不断呈现多种功能。比如说教学场景中,包括优质教学资源推荐系统,答疑机器人、自适应学习方案等;管理场景中,包括走班排课、班级管理等系统;评价场景中,包括智能组卷、作业批改等。②"教育大脑"能够以技术推动课堂教学改革,优化数字课堂建设,推动个性化的教与学,使"数据驱动的大规模因材施教"成为教育现代化的新亮点。

---

① 张治.教育信息化引领教育现代化[J].上海教育,2019(1).
② 中国教育智库网.上海电教馆馆长张治:教育智能体,是人工智能时代的学校形态[EB/OL].https://xw.qq.com/amphtml/20210102A01FQF00/20210102A01FQF00,2021-01-02.

第二节 新技术赋能综合素质评价新发展

一、计算教育学崛起

教育学最早是学说,20世纪初随着实验心理学的诞生,基于实验的教育学开始出现。巴甫洛夫研究人是怎么学习的、怎么记忆的,提出"条件反射"理论。艾宾浩斯研究人的遗忘,加德纳研究多元智能,加涅研究学习等,他们从不同维度带领教育进入到实验教育学时代。

随着社会的发展,人们发现教育不是一个单一的事,需要跟其他的学科相融合,比如跟技术相融合,产生的教育技术学;跟法律、管理相融合,产生了各种各样的交叉学科。特别是20世纪60年代前后,融合教育学发展迅速,直到现在也没有结束。近年来,随着云计算、大数据、物联网和各种感知装备的人工智能的发展,人们发现各种各样的数据可以便捷地采集和分析建模。加上机器学习技术的进步,教育学进入到计算教育学时代,教育不再跟着感觉走,而是可以计算,可以精准建模,可以从计算中掌握教育规律。

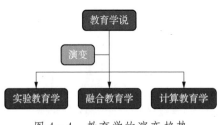

图4-4 教育学的演变趋势

国内外关于计算教育学的研究越来越多。资深学者拉斐尔·阿尔瓦拉多(Rafael Alvarado)和保罗·汉弗莱斯(Paul Humphreys)积极推动的第四类知识(未知的已知),即对人类未知而机器已知的机器认识论,基于计算教育学信息加工范式实现对教育现象与教学规律的真实认知与科学解释。大卫·拉泽（David Lazer）等人在《科学》杂志发文提出"计算社会科学"（Computational Social Science）概念，并列举一系列包括教育学在内的计算社会科学的重要领域，历经十年的研究探索与领域发展，计算教育学不断趋向成熟。同时当代社会每天线上线下的教学都产生海量教育数据，包括教与学及其交互数据与环境数据等，这些大数据资源给教育研究带来新的挑战，促使研究者躬身技术实践挖掘其背后的深层规律①，推进教育研究肩负人工智能时代的崭新"学术使命"与"实践责任"②。

计算教育学以信息时代的教育活动与问题为主要研究对象，通过量化教育各要素及要素间的互动过程，开展多学科交叉，解释教育现象与教育内在机制，揭示新时期教育复杂系统运行规律，服务人才培养模式创新，促进教育科学化，为实现教育现代化提供理论指导和技术支撑。③ 随着计算教育学的深入发展，教学将呈现四个特征。第一，未来的教学将是面对面学习和在线学习同时并存，互为补充的混合式教育模式，也称作融合式教育模式。第二，基本知识的传授将逐步被支持个性化学习的网上学习所替代④。第三，课堂不会消亡但是课堂将会成为应用互动、体验和探究学习方式，促进知识理解和应用的场所，因为具有网络学习所不可替代的功能，所以课堂没有消失，但是功能会发生深度改变。第四，学习将会打通课内课外，课前课中和课后，从而形成一个整体，这就是"互联网＋"时代的教育新常态，⑤所以未来的学习、未来的学校教育与社会教育、线上教学和线下教学都是一个整体。

二、教育评价的技术融合

计算教育学已经在教育很多领域有所应用与研究。在人才培养的个性化方

---

① 王晶莹,张永和,宋倩茹,等.计算教育学：研究动态与应用场景[J].开放教育研究,2020(4).
② 王晶莹,计算教育学：研究动态与应用场景,[J].开放教育研究,2020(8).
③ 刘三女牙,杨宗凯,李卿.计算教育学：内涵与进路[J].教育研究,2020,041(003)：152—159.
④ 同③.
⑤ 张治.在线学习成新常态,我们为什么还要去实体学校？[EB/OL].https://new.qq.com/omn/20201013A0GM2Q00.html,2020-10-13.

面,通过大规模智能化教育应用场景的构建与高质量学习交互数据的获取,从海量数据中去发现和揭示个性化教育服务生态系统内、外部各种元素之间的关系和规律,建立可计算、可控制的个性化教育服务模型,从而提供个性化服务。[①] 在教育管理的精准化方面,计算教育学将提升教育管理的动态监测与智能决策能力,增强对教育系统多层级、教育业务全流程、教育资源全生命周期的精准化管理,开展关于师生发展、教学过程、基础设施、教学资源、学校治理和区域教育投入及效益等全方位持续性监测,满足教育动态发展需求。[②] 在个性化学习诊断方面,计算教育学在线下线上、课内课外的教育大数据采集与分析的条件下,可以形成每位学习者的学习者画像,并根据不同学科或课程要求,比对由教学目标所形成的能力指标图,产生个性化的学习诊断报告,支撑各主体适时采取必要的支持或干预行动。

随着教育评价改革的深入,计算教育学在教育评价中显示出了强大的生命力,从数据思维与计算方法两方面提升对教育过程的建模、分析与评测能力,以实现对各种教育行为的科学化度量和评价。首先,利用大数据手段采集和汇聚教育主体的行为、心理、生理等多模态数据,挖掘学习成长特征、教学过程特征、教学质量核心指标、教师能力素养等测量数据与各类教育评估指标间的关联,建立基于大数据的教育过程动态监控与综合评估体系,再辅以大数据可视化手段进行多视角、多尺度的交互分析,促进教育评价从"经验化"向"科学化"转变。其次,采用大规模实时计算的方法,对教育全时空数据进行实时处理与动态分析,满足针对教育全过程开展建模分析的需求。利用感知计算、认知计算等各类计算智能方法,提升学习行为数据的表达与计算能力,增强数据驱动的学习分析与教育评价技术,建立基于多模态数据的教育评价量化分析模型,实现多维度、多层次的科学化教学评价。

三、综合素质评价与数字画像

计算教育时代,大数据开启了一次重大的时代转型,正在改变我们对学生评价

---

① 刘三女牙,杨宗凯,李卿. 计算教育学:内涵与进路[J]. 教育研究,2020,041(003):152—159.
② 同①.

的方式,由此产生的"数据驱动"评价方式,超越了传统的人为观察、记录和分析方式。主观评价导致的不公平,产生的结果偏差使"综合素质"内涵不明确、评价功能迷失、评价实施流于形式,缺乏有效的评价机制,妨碍了综合素质评价的顺利实施。因此,计算教育学将成为学生综合素质评价的新型革命力量。而大数据能成为学生综合素质评价的变革力量,关键在于大数据技术极大地提高学生综合素质评价的信度和效度。一是评价数据的可靠性提升评价结果的可信度;[①]二是评价过程的可行性、持续性增强综合素质评价的信度与效度。因此,计算教育时代的学生评价对学习者全维数据的需求不断增长,结合来自多个来源的数据已经成为教育研究的必要条件。教育评价是教育的关键环节,科学化一直是教育评价领域不断追求的目标。受传统教育模式影响和现实国情制约,当前我国教育评价仍然存在维度单一、手段不足、主观性强等问题,难以适应新时代以核心素养培养为代表的现代教育改革方向和趋势。随着大数据、物联网、人工智能等为代表的新一代信息技术与教育教学的不断融合,全方位、伴随性、实时化的教育大数据采集与分析正在成为现实,这为建立一套更为科学、完善的新型教育评价体系提供了新的助推器。

(一) 数字画像的相关研究

1. 数字画像。

至今为止,用户画像的研究涵盖了从传统行业到 Web 2.0 时代的社交领域与内容信息领域等多个领域。研究的核心目的都是为个性化服务提供支持。在商业领域,如张慷提出大数据平台通过数据形成手机用户画像,实现电信业务针对性营销;曾鸿等提出对新浪微博数据进行采集分析,构建用户画像模型,描述企业用户群体行为特征,为精准营销带来了可能;姜建武等提出了一种基于用户画像的智能信息推送方法,通过构建数学模型,研究基于用户画像的信息本体提取方法,采用事件描述法计算本体权重,以此构建用户画像,设计了基于用户画像的智能信息推送系统。在医疗领域,Mcgrail 等提出用户健康画像构建方案,通过跟踪社区老年人

---

① 杨鸿,朱德全,宋乃庆,等. 大数据时代学生综合素质评价:方法论、价值与实践导向[J]. 中国电化教育,2018,000(001):27—34.

使用医疗服务的行为,定位用户的身体特点和健康需求,针对用户特征为用户定向提供护理、治疗、保健等健康服务,进而为居民用户提供智能的社区服务。在金融领域,有学者提出通过分析网银用户的上网行为,建立金融领域的用户画像模型,根据用户在网银账户中发生的交易、购买等行为,建立信用模型。通过不同的行为所对应的得分加权,得到用户的信用画像,从而预测用户在财务管理、风险承受方面的能力,帮助金融企业定位用户。[①]

2. 数字画像的教育应用研究。

用户画像在教育中的应用并不陌生。在 2016 年底,果壳网、网易云课堂、中国大学 MOOC、网易公开课等知识共享平台联合发起的"2016 知识青年大调查"中,基于更新后的在线学习者群画像分析,验证出"在线学习进入百家争鸣时代,70%的在线学习者在过去一年中为在线学习付费,知识付费时代来临"的结论。也有互联网教育企业开发的系统利用云端运算整合服务,通过不断地完善学习者画像来进一步了解每一位学习者的学习需求和喜好,为学习者定制个性化的学习服务。[②]

在国外研究中,学者 Horning 最早在 1986 年利用画像作为评价不同教师教学效果的标准,其中包括教学行为、教学能力、教学态度以及教学效果。[③] 在画像模型构建方面,Mangalam Sankupellay 等研究者在昆士兰科技大学利用 STIMulate 支持学习者数学技能的开发项目研究过程中,通过访谈形式从学习者的学习态度和学习动机的角度构建用户画像。[④] 学者 Matti 提出了学习者感知模型,来探究影响学习者在线学习效果的关键画像标签特征。在画像的教学实践中,Heift 从个别化学习、自适应学习角度对学习者画像进行计算机支持第二语言学习的研究[⑤]。Phuong

① 关梓骜. 基于大数据技术的用户画像系统的设计与研究[D]. 北京邮电大学,2018.

② 南方都市报. 分享大数据时代下的在线教育[DB/OL]. http://news.163.com/17/0527/21/ CLFLRRDJ000187VE.html,2017-05-27.

③ Horning, A, S. The Computer's Persona: Evaluating the Teacher in the Box [J]. Educational Technology. 1986(12): 17-20.

④ Sankupellay, M., Mealy, E., Niesel, C., et al. Building Personas of Students Accessing a Peer-Facilitated Supportfor Learning Program [C]. Proceedings of the Annual Meeting of the Australian Special Interest Group for ComputerHuman Interaction. ACM, 2015: 412-416.

⑤ Heift, T. Learner Personas in CALL [J]. Caliao Journal, 2007,25(1). 1-10.

等人利用从学习策略和学习动机维度构建学习者画像并用于编程课堂中,来促进不同学习者提高编程能力。英美等国家的高等教育,已有相关研究通过记录学生在线浏览视频、阅读、访问图书馆等数据绘制用户画像,设置学习预警机制,提供及时干预,比如美国哈佛和麻省理工推出的大数据学习分析 EDX 平台等,呈现出四类学习者画像,注册学习者、一般学习者、获得证书者和积极学习者[①]。由此可见,国外研究者对学习者画像的应用探究已比较成熟,并且研究显示学习者画像在支持教学方面的潜力已比较凸显。

国内研究者主要侧重于学习者画像的研究,比如肖君开展学习者画像在开放教育领域内的应用研究。在学习者画像模型探究方面,陈海健等人从学习者的基本属性、知识点兴趣、学习者类型和学习风格偏好四个维度构建了学习者画像,并进行学习者个性化教学探讨。[②] 在教学实践研究方面,顾小清的研究团队分析了应用学习分析技术进行学习者画像的构建,对于促进学习支持方案的改进的重要作用[③];肖君等人对移动 MOOC 环境下的学习者画像进行了分析和应用研究[④];徐童通过收集用户在社交平台上所产生的大量社交协作行为记录,探索了基于主题敏感互动的用户兴趣画像研究[⑤]。除此以外,还有学者将用户画像技术应用在了数字图书馆为用户的书目推荐方面,通过整合用户的基本信息和用户的借阅信息,定位用户的书目偏好。许鹏程等人提出数据驱动下用户画像"数据化→标签化→关联化→可视化"的驱动主路线,将用户画像应用于数字图书馆的精准推荐、个性化检索、精准宣传以及参考决策中,以促进数字图书馆的知识服务升级。[⑥]

由此可见,基于大数据的学生画像已经在教育领域显示出强大的生命力,国内外学者已开始对学习者画像的建模、应用进行探索。但是,对学习者画像的构建流

---

① 王萍. 基于 edX 开放数据的学习者学习分析[J]. 现代教育技术,2015,25(04):86—93.

② 陈海建,戴永辉,韩冬梅,冯彦杰,黄河笑. 开放式教学下的学习者画像及个性化教学探讨[J]. 开放教育研究,2017,23(03):105—112.

③ 顾小清,刘妍,胡艺龄. 学习分析技术应用:寻求数据支持的学习改进方案[J]. 开放教育研究,2016,22(05):34—45.

④ 肖君,乔惠,许贞,徐颖. 泛在学习环境下基于活动理论的移动 MOOC 设计及实证研究[J]. 中国电化教育,2017(11):87—94.

⑤ 徐童. 社交协作行为中的用户建模及其应用研究[D]. 中国科学技术大学,2016.

⑥ 许鹏程,毕强,张晗,牟冬梅. 数据驱动下数字图书馆用户画像模型构建[J]. 图书情报工作:1—7.

程尚未形成统一的看法,也没有明确的构建流程研究来指导其他学者进行研究。而且,此类研究更多地侧重于在线教育或者基于学习成果评价的个性化教学,而将学生画像与综合素质评价结合的研究甚少。

一般认为学生画像的概念来源于用户画像,但其在教育领域早已有相关概念,如学习者建模、电子学档和学习仪表盘等。这类概念的共同点旨在反映学习者的行为特征和信息等(如表4-1所示)。

表4-1 学生画像及相关概念梳理

概念	功能目标	概念隐喻
电子学档①	收集反映学生学习过程、成果的整套材料	借助档案袋装载资料反映学习者的学习过程及其成果
学习者模型②	对学习者的属性特征进行描述或分析建模	借助模型表现构成对学习者数据的客观阐述
学习仪表盘③	支持学习者量化自我,实现自我监控	借助汽车仪表盘呈现学习者学习性能表现
用户画像④	通过抽象用户标签信息呈现用户全貌	借助绘画领域的画像,通过人像了解和细化用户特征
学生画像⑤	识别不同属性特征的学生群体,并标签化	借助人物画像呈现和刻画在线学习者特征

在理解以上概念的基础上,本研究认为学生画像的实质是,在分析学生学习数据的基础上,从不同维度全面、细致地对学生的信息全貌进行抽提和刻画的学生模型,通过反映学生的知识能力水平、行为特征、兴趣偏好和潜在需求等,为其提供精准的个性化服务。

---

① 祝智庭.现代教育技术——走近教育信息化[M].北京:高等教育出版社,2001.
② 马志强,苏珊.学习分析视域下的学习者模型研究脉络与进展[J].现代远距离教育,2016,(4):44—50.
③ 姜强,赵蔚等.基于大数据的学习分析仪表盘研究[J].中国电化教育,2017,(1):112—120.
④ Cooper A. The inmates are running the asylum:Why hightech products drive us crazy and how to restore the sanity[M]. Indianapolis:Sams,2004.
⑤ 陈海建,戴永辉等.开放式教学下的学生画像及个性化教学探讨[J].开放教育研究,2017,23(3):105—112.

在国外,有研究构建用户画像作为教学代理应用于教学设计。作为教学代理的用户画像既可以作为知识导师促进学生学习,也可以在学习过程中为学生提供富有情感、类似人类的互动,还能够为学生提供总结性描述。在国内,大部分研究聚焦于学生的交互行为数据,根据行为特征对学生群体进行划分,以支持个性化学习;也有研究对教师画像构建展开了研究,以支持精准教研。通过梳理文献可知,目前大部分研究主要关注学生的学习参与度、积极性和学习动机等特征,聚焦于浅层学生画像构建;较少有研究结合学习理论关注学生的能力或素养,并构建深度学生画像。

(二) 新技术赋能综合素质评价的思路与方法

笔者通过总结上海市综合素质评价工作的实践经验,针对现行模式的局限,结合信息技术的发展,拟构建一套更为理想的综合素质评价模型(如图4-5所示)。

将学生客观信息的采集范围扩大至课堂内和课堂外、正式学习环境和非正式学习环境、线下学习和线上学习,获取与学生综合素质相关的数据,形成系统、完备的学生大数据,整合并标准化能够反映学生综合素质的多方数据与信息,建立数学模型,开展大数据分析,对学生综合素质进行多维度、全方位的考查,形成基于大数据的学生个体和群体的综合素质数字画像。评价结果不仅服务于高校招生,还服务于学生生涯规划、教师因材施教、高中学校治理、政府教育区域治理,旨在充分发挥客观数据的价值,有效加强对学生各维度素质与能力的认知和评价水平,调动学生、教师、高中、高校、政府等各方启用综合素质评价结果,充分发挥评价的导向功能,促进学生全面发展与健康成长。

虽然笔者提出了一种基于大数据的评价模型,但是综合素质评价作为一项评价制度尚处在建设期,相关制度正在进一步完善,各地的实践处于探索阶段,大数据技术与教育评价深度融合还刚刚起步,数据驱动智能化教学决策,推进深度学习的未来才刚刚展开,因此,在这样一个阶段尝试推出一个统一的模型还为时尚早。有望达成一致的是在《教育部关于加强和改进普通高中学生综合素质评价的意见》等政策框架下采集数据,对学生进行综合评价,这代表了一种价值导向,重点在于三个方面。

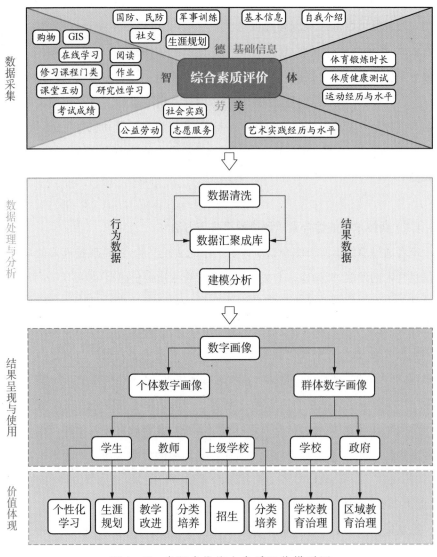

图4-5 多源多维综合素质评价模型图

其一,保证数据资源的质量。虽然过往已经针对学生的相关数据有了一定程度的收集与积累,但在收集过程中所提供的支撑有限,所以其中也不可避免地存在着诸如数据缺失、数据错误、颗粒度差异大等各种数据问题。

其二,相关模型的开发。为了更高效、准确地发掘学生综合素质的各个因素及其之间的关联，必然涉及数据挖掘模型的开发。在整个开发过程中除了整合多源数据，还需要进行深入的信息解读和信息提取，并在此基础上进行各类模型的拟合尝试与整合筛选。在这个流程中，源变量的加工衍生，模型有效变量的筛选变换，模型参数的设定调优，多模型之间的整合取舍等等都将面临业务层面和技术层面的双重挑战。

其三，研究本身所具有的挑战性。首先，学生综合素质体系的构建本身就是一个庞大的工程，学生综合素质的界定存在争议；其次，相比教育大数据这一概念的热潮，真正落脚于实践层面可参考的研究比较有限。

未来，大数据技术与教育教学的深度融合具有广阔的前景。由于，综合素质的评价是促进学生全面而又个性化学习，尽管个性化学习的需求是真实存在的，但是现有的技术和实践还没有办法充分满足。如何将人工智能及数据挖掘的潜在优势整合在教育信息技术的平台中，以面对个性化教育的挑战？这些技术也许还没有真正开发出来，这需要越来越多的教育专家和技术工程师一起努力。

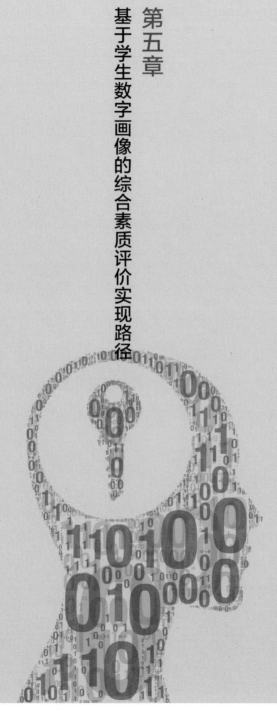

第五章

基于学生数字画像的综合素质评价实现路径

《深化新时代教育评价改革总体方案》强调要"改革学生评价""创新评价工具",为新时代学生综合评价提出了更高的要求。5G、人工智能等新一代信息技术的发展,在学生成长数据采集与分析方面为综合素养评价提供技术支撑。基于此,本章提出基于学生数字画像的综合素质评价,将理论与技术融合,构建智能时代综合素质评价架构,从数据采集、数据分析、可视化呈现三个步骤提出实现路径,以期通过技术赋能,破解学生综合评价实践困境。

第一节　基于学生数字画像的综合素质评价架构

2007 年,图灵奖得主、关系数据库的鼻祖 Jim Gray 提出了科学研究的第四范式:数据密集型科学发现(The Fourth Paradigm:Data-Intensive Scientific Discovery),科学研究范式从第一范式(实证范式)、第二范式(理论范式)、第三范式(计算范式)迈向第四范式(数据范式)。作为第四范式的教育大数据是教育数据要素的主体来源,发挥教育大数据的数据要素价值,有赖于海量教育数据挖掘而形成的数字画像往往需要根据画像应用目的、具体教育场景等方面进行数据采集、建模、分析及解释等,进而依据教育利益相关者的需求可视化呈现相关信息。因而,建模数字画像的维度不同,数字画像结果阐释的侧重点就有所不同。在本研究中,重点关注数字画像应用于学生综合素质评价的潜能,汇集多源多维多模态数据对学生进行全面客观、有据可依的综合评价,借助可视化的画像形式表征学生综合素质发展的情况,从而推动实现综合素质评价促进学生全面而健康发展的初衷。

从数字画像的构建流程考虑,本研究将基于数字画像的综合素质评价架构分为三部分,分别为指标体系层、数据实践层以及数字画像层(如图5-1所示)。数字画像构建的基础在于对画像标签的提取和识别,综合素质评价数字画像的标签定义来源于对综合素质评价的概念界定和综合素质评价指标体系的建立,清晰而可操作性强的评价指标体系才能高效地指导对教育环境中海量数据的挖掘分析。本研究综合考虑了核心素养及综合素质的定义和内涵,将二者所包含的维度及指标进行合理关联,构建核心素养视域下的综合素质评价体系,为后续数字画像的标签体系奠定基础。

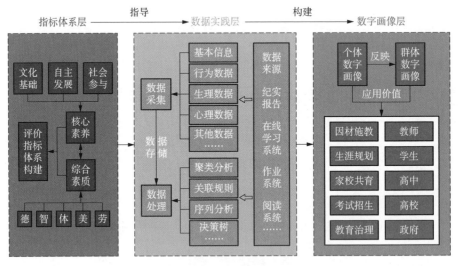

图5-1 基于数字画像的综合素质评价架构

数据实践层中,对数据来源的明确是第一步,纳入学生学习生活等多类场景中所应用的平台系统及相关材料的数据为评价学生各方面的发展提供了丰富的证据。随着教育现代化的不断推进,教育场景中所应用的技术设备越来越多元,这也使得对学生行为、生理及心理等类型的数据采集将更为便利,利用多类数据解释学生同一方面的发展将使得评价更为科学、可信。同时,机器学习、深度学习算法的发展,也为分析解释多源多维数据创造了条件,保障了画像构建的准确性和可靠性。

数字画像层是基于数据实践的结果对学生综合素质评价情况建模、可视化的过程。根据所构建的综合素质评价指标体系,与数据实践层所采集的数据建立起画像标签的映射关系,进而抽取标签,进行画像分析,呈现数字画像。从不同教育利益相关者的角度考虑个体数字画像和群体数字画像的应用策略,充分发挥基于数字画像的综合素质评价的价值和效用。

　　基于所提出的基于数字画像的综合素质评价架构,本章节分别探究了应用于数字画像的评价指标体系,从评价指标体系的构建原则、核心素养及综合素质的内涵阐述了核心素养视域下的综合素质评价指标体系的构建。对于数据实践层中多源多样的数据背景,本章提出了数字画像的数据模型,根据数据采集的难度对不同维度数据指标做出了分类设想。据此,在最后总结提出了基于数字画像的综合素质评价的应用策略,以更明晰展现数字画像应用于综合素质评价的价值与意义。

第二节　教育数据怎么来？——数字画像中的数据采集

一、综合素质评价指标体系与数据采集

（一）指标体系

核心素养作为国家课程理念设计及实施的基石，综合素质评价在中高考评价制度中是不容忽视的一极，两者都体现了学校教育功能和内容的要求，都体现出对教育质量的诉求。[①] 这表明两者的整合具有必要性和可行性，能够进一步丰富综合素质评价指标的内涵，从而使得各指标的具体表现或信息采集点更为清晰明确、可操作。在本文中，为了有利于数字画像的数据采集和形成，将核心素养评价置于综合素质评价的上位，详细分析了核心素养及综合素质相关政策文件及已有研究，结合综合素质评价、核心素养的内涵和外延，构建了如下综合素质评价的指标体系（见表 5-1），这同时也为本研究指明学生综合素质的数字画像指标设计和生成的基本思路。

表 5-1　核心素养视域下的综合素质评价指标体系

一级指标	二级指标	三 级 指 标
品德发展 A	国家认同 A1	A1.1 具有国家意识，了解国情历史，认同国民身份，能自觉捍卫国家主权、尊严和利益；A1.2 具有文化自信，尊重中华民族的优秀文明成果，能传

---

① 王鼎,任虹宇,王倩.综合素质评价结果有效性研究——基于学业成绩与综合素质评价指标的相关性分析[J].教育发展研究,2019,39(20):18—28.

一级指标	二级指标	三　级　指　标
		播弘扬中华优秀传统文化和社会主义先进文化;A1.3 了解中国共产党的历史和光荣传统,具有热爱党、拥护党的意识和行动;A1.4 理解、接受并自觉践行社会主义核心价值观,具有中国特色社会主义共同理想,有为实现中华民族伟大复兴中国梦而不懈奋斗的信念和行动
	国际理解 A2	A2.1 具有全球意识和开放的心态,了解人类文明进程和世界发展动态;A2.2 能尊重世界多元文化的多样性和差异性,积极参与跨文化交流;A2.3 关注人类面临的全球性挑战,理解人类命运共同体的内涵与价值等
	社会责任 A3	A3.1 自尊自律,文明礼貌,诚信友善,宽和待人;A3.2 孝亲敬长,有感恩之心;A3.3 热心公益和志愿服务,敬业奉献;A3.4 能主动作为,履职尽责,对自我和他人负责
	公民素养 A4	A4.1 能明辨是非,具有规则与法治意识,积极履行公民义务,理性行使公民权利;A4.2 注重仪表、举止文明,诚实守信、知错就改,朴素节俭、不相互攀比;A4.3 崇尚自由平等,能维护社会公平正义;A4.4 热爱并尊重自然,具有绿色生活方式和可持续发展理念及行动等;A4.5 具有以人为本的意识,尊重、维护人的尊严和价值
	学业表现 B1	B1.1 各科质量检测成绩;B1.2 各科平时作业表现;B1.3 学科竞赛参加情况;B1.4 养成阅读习惯,具备一定阅读量和阅读理解能力;B1.5 主动参与实验设计,能够完成实验操作
	学习情感 B2	B2.1 能正确认识和理解学习的价值;B2.2 具有积极的学习态度和浓厚的学习兴趣;B2.3 能自主学习,具有终身学习的意识和能力
学业发展 B	学习能力 B3	B3.1 能够对自身的学习进行多方面反思,发现自己学习的薄弱点;B3.2 能够合理规划自己的学习目标和进度;B3.3 具备良好的交流沟通能力,能够与他人友好协作;B3.4 具有良好的学习习惯,如课前预习、课后复习,独立思考,深入探究等
	信息意识 B4	B4.1 理解信息具有价值的概念,能够表达个人对信息的观点和评价;B4.2 能够整合信息,从而创新创造,并具备信息共享的意识;B4.3 具备信息道德意识,尊重知识产品,不传播虚假信息;B4.4 具备信息安全意识,培养识别网络黑客、谨防计算机病毒的能力
	科学精神 B5	B5.1 崇尚真知,能理解和掌握基本的科学原理和方法;B5.2 尊重事实和证据,有实证意识和严谨的求知态度;B5.3 逻辑清晰,能运用科学的思维方式认识事物、解决问题、指导行为;B5.4 具有问题意识,能独立思考、独立判断;B5.5 思维缜密,能多角度、辩证地分析问题,作出选择和决定;B5.6 能不畏困难,有坚持不懈的探索精神;B5.7 能大胆尝试,积极寻求有效的问题解决方法等
身心发展 C	珍爱生命 C1	C1.1 理解生命意义和人生价值;C1.2 具有安全意识与自我保护能力,避险和紧急情况应对能力;C1.3 养成健康文明的行为习惯和生活方式

一级指标	二级指标	三级指标
	健全人格 C2	C2.1 保持自尊自信、自立自强、乐观向上、阳光健康心态,合理表达、控制调节自我情绪;C2.2 能够正确看待挫折,具备应对学习压力、生活困难和寻求帮助的积极心理素质和能力
	自我管理 C3	C3.1 不过度使用手机,不沉迷网络游戏,不吸烟、不喝酒、不赌博,远离毒品;C3.2 能正确认识与评估自我;C3.3 依据自身个性和潜质选择适合的发展方向;C3.4 合理分配和使用时间与精力,具有达成目标的持续行动力等
	人际交往 C4	C4.1 能和他人建立温暖、友善的关系,能欣赏包容他人;C4.2 能够驾驭个人情绪,缓解、遏制冲突发生及控制冲突结果;C4.3 具有团队领导力
	体育表现 C5	C5.1 掌握适合自身的运动方法和技能;C5.2 体质健康监测达标;C5.3 积极参加体育活动,坚持每天锻炼
人文底蕴 D	人文积淀 D1	D1.1 具有古今中外人文领域基本知识和成果的积累;D1.2 能理解和掌握人文思想中所蕴含的认识方法和实践方法等
	审美情趣 D2	D2.1 具有艺术知识、技能与方法的积累;D2.2 能理解和尊重文化艺术的多样性,具有发现、感知、欣赏、评价美的意识和基本能力;D2.3 具有健康的审美价值取向;D2.4 具有艺术表达和创意表现的兴趣和意识,能在生活中拓展和升华美
	艺术表现 D3	D3.1 积极参与美育实践,如学校艺术节等活动;D3.2 掌握适合自身的艺术技能
实践创新 E	劳动意识 E1	E1.1 尊重劳动,具有积极的劳动态度和良好的劳动习惯;E1.2 具有动手操作能力,掌握一定的劳动技能;E3.3 在主动参加的家务劳动、生产劳动、公益活动和社会实践中,具有改进和创新劳动方式、提高劳动效率的意识;E3.4 具有通过诚实合法劳动创造成功生活的意识和行动等
	社会体验 E2	E2.1 在农业生产、工业体验、商业和服务业实践中,主动体验职业角色;E2.2 积极参与社会调查、研学实践、志愿服务和公益活动
	创新表现 E3	E3.1 具有好奇心和想象力;E3.2 思路活跃,具有较强的发散思维;E3.3 能够设计、开发制作创新成果或产品
	技术应用 E4	E4.1 理解技术与人类文明的有机联系,具有学习掌握技术的兴趣和意愿;E4.2 具有工程思维,能将创意和方案转化为有形物品或对已有物品进行改进与优化等

　　该评价指标体系以品德发展、学业发展、身心发展、人文底蕴及实践创新 5 个方面为基础,延伸出"国际认同"等 21 个二级指标,并进一步细化至"具有国家意识,了解国情历史,认同国民身份,能自觉捍卫国家主权、尊严和利益……"等 71 个三级指标。

(二) 指标体系的数据映射

依据《深化新时代教育评价改革总体方案》，结合上海市实践方案，设计出基于数字画像的综合素质评价分层示意图，底层是从各类学生学习和成长过程记录系统中抽取的学生成长数据；第二层是学生成长数据分析映射的学生各种素养；第三层是最终指向的综合素质评价的各评价维度。（见图5－2）

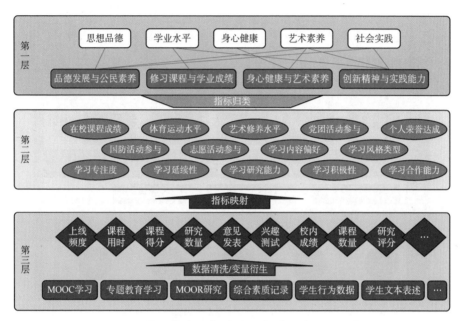

图5－2　基于数字画像的综合素质评价分层示意图

多一把尺子育人，丰富评价指标体系。教育评价事关教育发展方向，有什么样的评价指挥棒，就有什么样的办学导向。围绕新时代学生评价要求，坚持五育并举，进一步丰富评价指标体系，经过"研究—实践—验证"等多轮提炼，形成评价指标体系，从多个方面促进学生德智体美劳全面发展。

二、综合素质评价 MIPAL 数据模型

(一) MIPAL 模型

基于上述评价指标体系，提出德智体美劳（Morality、Intelligence、Physical

Education、Art 和 Labor)五育 MIPAL 模型(如图 5-3 所示)。该模型包含综评五育场景元元数据模型和元数据模型,元元数据模型所包含的数据要素将供特定场景元数据模型继承和扩展,具体分为五育共性必选指标、五育共性可选指标和五育拓展指标,其中五育共性必选指标是现在能够采集到并在上海市的初高中综合评价中应用;五育共性可选指标是具备相关技术就可采集、现在条件好的学校已装备的可采集的数据,如学生的心理数据和生理数据;五育拓展指标是通过未来(三五年后)发展起来的采集技术支持的,如隐私性生物特征数据——人脸数据、指纹数据、声纹数据、虹膜数据等。

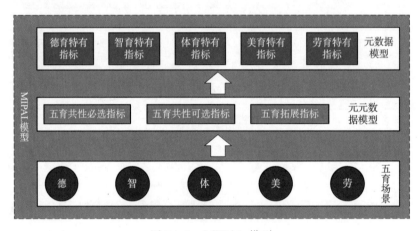

图 5-3　MIPAL 模型

(二) 必选指标

必选指标来源于广泛应用的电子综合素质评价纪实报告,依照评价指标体系,对电子纪实报告包含的观测点,进行数据量化转变,从而使得相应行为表现观测点能够构成数字画像的数据来源,形成相应的数据标签。

如国家认同的一级指标品德发展维度(见表 5-2),可从纪实报告中学生参加国防、民防的项目次数,累计时长,以及参加党团活动的次数、级别、所担任的角色,被评为优秀营员等情况来体现。同时也可发现,在国际理解这一二级指标下,目前的综合素质评价纪实报告尚无合适的数据指标能够映射至该维度,表明现有的综合素质评价确实尚有缺失,还有较大的发展进步空间。

表 5-2　品德发展维度数据采集必选指标

一级维度	二级维度	必 选 指 标
品德发展	国家认同	1.参加国防、民防相关项目次数;2.参加国防、民防相关项目累计时间(课时);3.参加国防、民防相关项目获得奖项(级别)次数;4.参加国防、民防相关项目获得奖项级别;5.参加党团活动次数;6.参加党团活动级别;7.参加党团活动时角色;8.军事训练等级;9.农村社会实践等级;10.被评为优秀营员情况;11.被评为积极分子情况;12.思想政治三年学习平均分;13.思想政治等级考试级别
	国际理解	综合素质评价纪实报告尚无合适的数据观测点可体现
	社会责任	1.先进个人荣誉称号获得次数;2.先进个人荣誉称号获得级别;3.违纪违规次数;4.违纪违规处罚类别;5.犯罪记录情况
	公民素养	1.志愿服务(公益劳动)次数;2.志愿服务(公益劳动)累计时间(课时);3.志愿服务(公益劳动)达标情况;4.获得表彰次数;5.获得表彰级别

在学业发展维度,可以从学生基础型课程的各学科成绩、等级考试获得的等级、拓展课程参加次数及课时长、研究型课程(课题/项目)总天数等方面予以说明。

在身心发展维度,可以从学生体质测试分数、体质各维度趋势正向发展情况、参加体育比赛项目次数及级别、参加体育比赛项目获得名次、体育特长项目次数及等级等方面提取相关数据。在人文底蕴维度,可以从学生语文、历史、艺术各科课程分数、艺术各科课程技能测试情况、参加艺术活动项目次数及级别、参加艺术活动项目获奖名次、参加市级学生艺术团队次数及考核情况等方面进行评价。

在实践创新维度,考虑的则是学生的各类实践活动和创新表现,从纪实报告中的研究性学习专题报告调查内容撰写情况、课题持续时间、课题采访(请教)过的重点对象人数、研究性学习专题报告指导教师评语等级、报告曾获得奖励级别、参加科技活动项目次数及级别、参加科技活动项目获得名次/等第、创造发明项目数量、创造发明项目所属专利类型、参加市级青少年科学研究院(含市级专业分院)/青少年科学创新实践工作站次数等方面可以提取数据。

(三) 可选指标

可选指标基于目前已在部分学校使用的各类学习平台系统,例如作业系统、阅读系统、研究性学习系统、MOORs在线学习系统、实验系统平台以及智能录播系统等,分别依据平台中学生的细粒度行为表现,如操作时长、操作次数、操作完成率、操作正确率以及与他人在线互动情况等方面,具体结合相应数据归类到具体的表现中。

如在学业发展维度(见表5-3)的学业表现中,作业平台系统中的学生完成作业总时长、参与作业次数、按时提交作业比例、提前提交作业时间的均值与标准差等可被归为作业的参与投入情况;学习情感中,学生在阅读平台与他人交流的次数、分享相应作品的情况、积极回答他人问题的次数等可被划分为学生的阅读态度等。

表5-3 学业发展维度数据采集可选指标

一级维度	二级维度	可 选 指 标
学业发展	学业表现	1.作业完成总时长;2.参与作业次数;3.按时提交作业比例;4.学生完成作业的次数及比例;5.完成作业频率的均值与标准差;6.作业提交的频率;7.不同难度的题目的有效作答时长;8.不同难度的题目的作答结果;9.不同难度的题目的完成比例;10.学生笔记撰写内容质量;11.学生课题讨论内容质量;12.学生多元智能测试结果;13.学生阅读评测等级;14.MOORs课程完成率;15.学生课程证书数量;16.师生互动中的提问与回答的质量……
	学习情感	1.给他人点赞数;2.学生阅读分享次数;3.学生阅读交流次数;4.课堂学生和同学间交流频率;5.课堂学生和老师互动频率;6.学生课题分享次数;7.积极回答同学问题次数……
	学习能力	1.学生成果展示次数;2.学生提问质量;3.实验报告撰写质量;4.实验操作流畅度;5.错题订正次数及结果;6.学生朗读水平;7.学生回答问题次数……
	信息意识	1.学生搜索资源次数;2.学生点赞资源次数;3.学生收藏资源次数;学生阅读材料搜索次数;4.拓展资源的学习及课后反馈次数;5.学生资源访问次数;6.学生资源访问频率;7.学生资源访问平均时长……

在品德发展维度上,可以通过志愿者服务系统中学生志愿者服务评价、志愿者服务类型,以及德育管理系统中学生眼保健操/课间操得分、值日卫生得分、仪容仪

表得分等方面进行数据提取。

在身心发展维度中,可以通过学生体质健康系统中学生睡眠质量指数、学生跑步速度、学生运动耐力等级、学生体格测量分数、学生体脂率、学生健康行为得分等方面予以评价。

在人文底蕴维度,可以通过学生浏览艺术网页次数及时长,参观博物馆、艺术展览馆打卡次数,制作微信推文、电子海报数量、学生视频拍摄时长及类型,学生视频获赞次数,学生演讲/辩论次数,学生演讲/辩论获奖等情况衡量。

在实践与创新维度,可以从实践/劳动场地对学生的评价、学生技术应用类型、学生产品制作的认可度等方面对学生进行评价。

(四) 扩展指标

扩展指标是从面向未来新技术的教育应用角度考虑,遵循相关数据伦理道德标准的规范及原则下,利用可穿戴设备,对如人脸数据、声纹数据、虹膜数据、指纹数据等身心数据的采集,从数据的多模态出发构建学生更为全面、立体的数字画像。

以身心发展这一维度为例,可采集学生对如用水情况、绿化保护情况、垃圾分类情况、每天步行以及用餐情况进行相应的数据采集以说明学生珍爱生命的表现;在健全人格方面,从学生每天的情绪平均指数、帮助他人次数、帮助他人类型等观测点予以表现;在体育表现中,则可以从学生每天锻炼的时长、锻炼的类型、地点等方面进行描述。

在品德发展维度,可以通过学生参加党团活动等的情绪情况、参观红色基地的次数及时长予以说明。

在学业发展维度,可借助如眼动技术、脑电波技术、血氧指数等,采集学生课堂情绪指数、注意力集中时长、对学生课堂话语的分析(师生、生生)、学生作业/考试纸笔撰写工整度等方面进行采集。

在人文底蕴维度,可以从学生参观艺术展览等场馆的心率水平、参观艺术展览等场馆投入度、制作艺术类产品的投入度(注意力集中度)等方面观测。

在实践创新维度,可以从作品制作时长、创作时信息搜索策略识别、技术使用熟悉度(时长)、学生参与大扫除等集体活动积极程度等方面加以阐明。

表5-4　身心发展维度数据采集扩展指标

一级维度	二级维度	拓展指标
身心发展	珍爱生命	1.学生用水流量情况;2.学生爱护绿化情况;3.学生参加学生合理分类垃圾次数;4.学生每天的行走步数;5.学生饮食健康级别……
	健全人格	1.学生每天的情绪平均指数;2.帮助他人次数;3.帮助他人类型……
	自我管理	1.电子设备使用时长;2.电子设备访问页面类型……
	人际交往	1.学生在校与人交往密度;2.处理团队纠纷情绪控制指数……
	体育表现	1.学生每天锻炼的时长;2.学生每天锻炼的体育类型;3.学生锻炼的地点类型……

三、数据采集工具

教育大数据采集的广度和深度的拓展需要构建丰富的数据采集手段和采集方式。目前,教育大数据的采集手段主要有通过与屏幕交互操作读取数据的屏读;用于监测人体运动、身体、睡眠等状况的可穿戴设备;通过仪器设备对记录在纸质材料上的图像进行数字化识别的手段;通过射频、红外线、定位系统等传感设备将物品与互联网连接的物联网感知技术;传统的填报方式的纸质化数据采集;实时课堂教学实况录制,后台对录制内容进行数据化转化;甚至可以利用跨系统的爬虫技术对海量互联网数据进行抓取,通过跨平台的 API 数据交换技术实现数据资源的共享。

1. 屏读。

我们几乎每时每刻都在使用屏幕,信息的载体从纸转移到屏幕,不知不觉中我们已经进入了屏幕阅读的时代,你可以"读"手机、电脑或者其他屏幕。在过去,我们的"读书"行为通常会基于纸质书或者黑板上的内容。现在,电子产品日益普及,信息传输的方式日益多元,我们可以通过手机、电脑等各种屏幕,读不一样的内容,它们的传达形式可能是文字,也可能是动画、流媒体、3D影片,甚至可能是虚拟现实或增强现实。屏幕是滚动的,信息不断地涌现在眼前,认知方式也发生变化。当学生在读屏幕时,屏幕也在解读他。读什么?读他的眼球运动、表情变化、手指在屏幕上的动作。屏幕"读"的是学生学习过程中的各种动作,目的是开展针对学习行为的大数据分析,从而更加了解学生,因材施教。屏幕背后的大数据采集是非侵入性的,是在自然状态下进行数据采集。通过这种方式收集的数据才更加真实,更容易显露真实的规律。

2. 可穿戴设备。

可穿戴技术(Wearable Technology)是指利用可直接穿戴在用户身上或嵌入用户衣饰或配件内的设备(如智能手环、谷歌眼镜)开展数据采集的技术。通过可穿戴设备,可以实时记录和存储学习者个体的生理状态(如体育锻炼数据、睡眠数据、心率等)和学习行为数据,例如,在学生的语音指令下,集成了麦克风、耳机以及微型摄像头的谷歌眼镜可以进行拍照和视频,从而实现及时保存教师板书内容的功能。

3. 图像识别。

图像识别是指对特定物理图像进行目标检测,以识别各种不同模式的目标和物体的技术。作为人工智能的重要研究领域之一,图像识别在教育领域有广泛的应用,如网评网阅技术、点阵数码笔技术和拍照搜题技术等。[①] 网评网阅技术是指一种基于电子扫描技术和计算机网络技术的先进、科学、高效的自动阅卷方法,是将多年来人工阅卷积累的丰富经验与现代信息技术相结合的产物。相比传统的人工评阅方法,网评网阅技术能够极大地降低广大教师的工作负担,支持更为精准科学的教育教学评价。[②]

4. 物联网感知。

物联网感知(IOT Awareness)是指基于现有和正在发展中的可互操作的信息通信技术,通过互连(物理和虚拟)事实来实现测评特定对象的一种全球性基础设施或技术增强型解决方案。由于互联网的普遍性,学校和学术机构正在寻求将物联网感知纳入教育活动,以解决教育部门的各种模式、目标、主题和观念问题,最终

---

① 邢蓓蓓,杨现民,李勤生. 教育大数据的来源与采集技术[J]. 现代教育技术. 2016,(8): 8.
② 柴唤友,刘三女牙,康令云,张雅娴,李卿,刘智. 教育大数据采集机制与关键技术研究[J]. 大数据. 2020,(6): 12.

使学生、教师和整个教育系统受益。教育领域现有的物联网感知采集手段主要包括物联网感知技术、可穿戴技术、非接触式感知技术、校园一卡通技术和多模态融合技术等。物联网感知技术一般是指被用于物联网底层（即物理世界中发生的具体物理事件）感知信息的技术。在教育领域主要指多媒体信息采集技术。通过多媒体信息采集技术，多媒体计算机系统中的主机能够随时采集各种多媒体外接设备的状态（视频或音频）信息，从而为相关（教学）设备的准确调整提供信息支撑。

5. 填报数据。

填报数据具有主观性、传统性特点，随着信息技术的发展，数据采集方式也更加多样化，但要想一切数据都通过平台或者技术终端来解决是不现实的，日常的教学和管理过程中，每位教育工作者都会碰到大量的填报数据，因此数据来源要平台、终端、物联网等，以及主客观数据采集相结合。例如，生涯规划有很多心理学量表，客观去测量它很难，但是做一个问卷的映射是相对容易的。将采集到的填报数据利用大数据技术进行分类，汇入到模型中进行分类分析。

6. 视频录制。

视频录制是指从计算机硬件终端和计算机窗口环境录制视频内容的方法或手段。典型的录制数据采集模式包括通过捕捉摄像头、摄像机、数码相机、硬盘录像机等硬件视频，以及可录制计算机视窗内容的游戏视频和电影视频等对数据进行收集。目前，视频录制手段涉及的教育数据采集技术主要有视频监控技术和视频录播技术等。视频监控技术是指借助视频监控设备检测、监视特定物理区域，实时展示、记录现场图像，或支持搜索和展示历史图像的技术。在教育领域中，该技术可用于监控校园环境，提供校园安全的数据信息。例如，一些企业开发的校园网格化监控系统可实现实时监控校园环境的目标。视频录播技术一般是指可在教师现场授课的同时，自动生成课堂教学的直播视频，并完整录制教师授课全过程的技术。该技术可记录整个教学过程，可以进行人的表情识别、眼动，甚至采集学生的手写信息。例如，国内一些公司开发的便携录制广播视频工具，可以实现基于无线摄像机拍摄整个场景的目标。

7. 跨系统的爬虫技术获取。

如何从海量的互联网在线数据中，快速、高效地发现与学习者相匹配的数据？

利用爬虫技术可以解决此类问题。网络爬虫是一种按照一定规则自动抓取互联网信息的程序或脚本。随着网络的迅速发展,互联网成为大量信息的载体,通过网页的链接地址寻找网页,从网站某一个页面读取网页内容,找到在网页中的其他链接地址,然后从这些链接地址寻找下一个网页,所以一直循环下去,直到把这个网站中的所有网页都抓取完毕。教育系统中的跨系统爬虫技术对数据的获取,是借助爬虫技术对各类教育教学平台中的教育数据进行有效提取,并用此技术帮助教育者快速高效地从互联网上获取信息,丰富学生数字画像。

8. 跨平台的 API[①] 数据交换。

数据交换技术主要关注数据是如何在发送方、中间环节、接收环节之间实现数据通信的,而跨平台 API 数据交换则是一些预先定义的接口在不同的应用之间进行数据共享互通。在各个学校和各教育信息系统建设过程中,由于缺乏统一的规划和标准,造成出现各种信息系统之间的异构性和封闭性,从而系统之间不能进行信息共享,形成了一个个信息孤岛。为实现平台之间的信息和数据交换,利用跨平台的 API 技术使各应用系统与数据交换中心相连,达成数据的交换与共享。

---

① Application Programming Interface,应用程序接口。

第三节 教育数据如何用？——着眼于综合素质评价的数据建模分析

随着我国教育改革的不断深入，以及物联网、大数据、云计算和人工智能等高新技术的迅猛发展，对教育的影响日益深刻，大数据建模技术及数据可视化与教育领域的深度融合也已成必然趋势。

2020 年 10 月 13 日中共中央、国务院印发了《深化新时代教育评价改革总体方案》，方案要求改革学生评价，促进德智体美劳全面发展：树立科学成才观念、完善德育评价、强化体育评价、改进美育评价、加强劳动教育评价、严格学业标准；坚持以德为先、能力为重、全面发展，坚持面向人人、因材施教、知行合一，坚决改变用分数给学生贴标签的做法，创新德智体美劳过程性评价办法，完善综合素质评价体系；利用人工智能、大数据等现代信息技术，探索开展学生各年级学习情况全过程纵向评价、德智体美劳全要素横向评价；完善评价结果运用，综合发挥导向、鉴定、诊断、调控和改进作用。[①]

一、数据建模导向

以"基于学生数字画像的综合素质评价平台"为基础，着重从学生数字画像的

---

① 中共中央、国务院. 中共中央　国务院印发《深化新时代教育评价改革总体方案》[EB/OL]. http://www. gov. cn/zhengce/2020-10/13/content_5551032. htm,2020 - 10 - 13.

内涵和外延入手,通过智能可穿戴设备与物联网相结合,围绕每位学生"五育"并举,即德育品行、学业水平、身心健康、艺体素养、社会实践活动的综合素质全面发展,动态汇聚多源多维度结构化和非结构化学生学习行为及成长轨迹的过程性、全方位海量数据进行无感知采集。同时将数据采集埋点范围扩大至课堂内外、线上线下学习、正式和非正式学习环境、学习活动和生活表现等多个视角。[①] 采用 xAPI (Experience API)国际标准的教育数据规范结合 JSON 格式[②],把采集到的海量数据记录、储存到学习记录储存区 LRS(Learning Record Store)中;然后经数据提取清洗、数据建模分析、建立学生个性化标签指标体系和数据模型等一系列大数据挖掘技术处理,为每位学生勾画出全面、真实、可信、立体与动态的"学生个体和群体数字画像";同时构建基于学生数字画像的综合素质评价体系,以实现"学生数字画像"建模技术和"学生综合素质评价"业务应用场景的双重价值融合。

为了更好构建学生数字画像,就必须要深入研究教育数据建模技术。教育数据建模分析的目标是为了寻求教育规律性的把握;为了寻求学生成长、学习、发展等各种各样学习行为相关因素之间的关联性;为了预测将来趋势;为了对将来的因果展开探索。

"数据取之于业务,用之于业务。"基于学生数字画像的教育数据建模应建立在促进教育教学与学生学习业务需求的应用场景之上。在进行教育数据建模之前,首先要考虑使用哪些学生特征变量和指标体系来建立数据模型。这需要从数据逻辑和业务逻辑两个方面来综合分析:数据逻辑是以数据的原始性、完整性、集中度、相关度、以及安全性等角度来考虑;而业务逻辑则因用户特征变量源于海量数据,所以,数据在采集时会产生与业务层面相关的逻辑。在构建用户特征变量时,业务逻辑应优先于数据逻辑,业务逻辑是从实际学习和生活中自然产生,数据建模的结果应反馈到实际中去。

基于学生数字画像的教育数据建模业务应用场景按使用对象可分为七个层面:学生、教师、家长、学校、上级学校、学术研究机构、政府(详见表 5-5)。

---

① 张治,戚业国.基于大数据的多源多维综合素质评价模型的构建[J].中国电化教育,2017(9).
② 薛树树,方海光,张鸽,等.基于 EML 和 xAPI 标准的智慧课堂学习活动分析模型及其应用研究[J].中国教育信息化,2019(2).

表 5-5 教育数据业务应用场景分类

序号	使用对象	目标
1	学生	1. 帮助学生真实地了解自我，明晰自身的优势特长、发展短板和薄弱点； 2. 个人生涯规划，找到适合自己成长的方式； 3. 核心素养提升，充分激发学习潜能； 4. 学业水平诊断，自适应学习。
2	教师	1. 发现每个学生的闪光点，挖掘其特长； 2. 科学和理性地对学生的学业状况等核心素养进行及时准确地综合评价； 3. 探索数据驱动的因材施教，为学生量身定制教学方案，设计个性化学习路径。
3	学校	1. 实现人才培养多元化、精准化、个性化的新型教育模式； 2. 开展基于数据的教学管理，"备课—教学—练习—考试—评价—管理"教学流程智能化； 3. 优化校园安全管理，关注学生的高阶认知、元认知、身心健康等综合评价，持续跟踪早期发现学生存在的风险，并进行实时预警和提前干预。
4	家长	1. 了解孩子的发展状况； 2. 协助老师挖掘孩子潜能，培养孩子特长； 3. 辅助孩子成长和生涯规划。
5	上级学校	1. 辅助上级学校遴选出符合自身要求的学生； 2. 全面了解学生的综合素质； 3. 为学生发展和分类培养提供依据。
6	学术研究机构	1. 智能教育规划； 2. 发现教育教学和学生身心发展规律； 3. 正确处理数据信息安全与创新发展。
7	政府	1. 辅助政府科学决策，指导教育事业科学发展； 2. 加强综合素质教育，培养学生成为面向未来、负责任的数字化学习者； 3. 普惠教育资源，促进教育公平。

综合素质评价的目的，是为了更好地发现问题和解决问题，促进学生全面发展。利用教育大数据建模，构建学生数字画像，我们要坚持三个导向：问题导向、目标导向和效果导向；同时，要坚持这3个导向的有机统一。

问题导向是从当前存在的问题出发，思考工作切入点，明确目前哪些地方做得还不够好，需要着手解决的；目标导向是从将来出发，谋划长远和整体的工作思路，强调下一步应该做什么；效果导向是关注究竟做得怎么样。把问题、目标、结果三者和相应的行动主体结合起来理解与把握：谁设定问题、谁界定目标、实现谁的结果。坚持这 3 个导向的有机统一,就是要把问题、目标和效果三个方面统筹进行思考和行动,以问题为出发点、以目标为行动方向、以效果为检验综合素质评价工作成效的落脚点。

教育大数据建模,要立足于教育学立场。教育活动注定具有充满价值性、复杂性、创造性和不确定性等特征。大数据可能无法解释"为什么会这样"等价值性问题,也可能没办法依据教育学以及教育实践的特点和发展规律,提出"怎么办"等对策和建议。教育的许多问题不能简单地通过数据来解决,应该充分考虑到所需采集数据涉及的个人隐私问题,以及伦理道德问题,并制定和完善相应的法律法规及具体制度。

二、数据建模架构

目前,教育领域中大数据的应用主要有两大方向:教育数据挖掘和学习分析。[1] 教育数据挖掘是综合运用数学统计、机器学习和数据挖掘的技术与方法,对教育大数据进行处理和分析,通过数据建模,发现学习者学习结果与学习内容、学习资源和教学行为等变量的相关关系,来预测学习者未来的学习趋势。学习分析是近年来大数据在教育领域较为典型的应用,测量、收集、分析和报告有关学习者及其学习情景的数据集,以理解和优化学习及其发生情景。学习分析可以评估学习者的学习行为,并为学习者提供人为的适应性反馈。学习分析一般包括数据采集、数据存储、数据分析、数据表示和应用服务五个环节。

我们采用 xAPI 国际标准数据规范并结合 JSON 格式,紧紧围绕学生德智体美劳全面发展,通过物联网、无感知动态采集多源多维、结构化和非结构化、线上线下、课堂内外学生现实学习行为及成长轨迹的过程性、多视角海量数据,获取能映射学生综合素质相关的数据模型,形成系统、完备的学生成长大数据[2],记录并储存到学习记录储存区(LRS)中。经多学科领域数据挖掘,抽取清洗、整合分析、数据重

---

① 徐鹏,王以宁,刘艳华,等.大数据视角分析学习变革——美国《通过教育数据挖掘和学习分析促进教与学》报告解读及启示[J].远程教育杂志,2013.
② 张治,戚业国.基于大数据的多源多维综合素质评价模型的构建[J].中国电化教育,2017(9).

构、多种数据分析模型，及算法训练和不断调整优化，如决策树构造、规则归纳、人工神经网络、基于实例的学习、贝叶斯学习、逻辑编程、统计算法等[①]，构建学生知识、学习动机、元认知和态度等个性化特征标签指标体系。从教育数据挖掘中寻找新的模式，开发新的算法或新的模型，在学习分析中应用已知的预测模型[②]，来预测学生未来的学习行为，并及早发现潜在的风险，以便提前预警和干预。教育大数据建模将实现面向过程的学习分析和教育服务监控；实现学生综合素质评价研究和教育大数据应用的双重价值融合；实现大数据挖掘技术支持下的评价变革愿景[③]，最终构建从数据生产到应用服务，产生的数据再回流到生产流程的闭环过程（如图5-4所示）。

学生数字画像的数据建模是基于 xAPI 标准规范并结合 JSON 格式，动态汇聚多源多维度结构化和非结构化的学生学习行为及成长轨迹海量数据，将学生客观信息的采集范围扩大至课堂内外、正式和非正式学习环境、线下和线上学习、学习活动和生活表现等多个视角，获取能映射学生综合素质相关的数据，形成系统、完备的学生成长大数据，储存到一个国际标准的学习记录储存区 LRS（Learning Record Store）。整合并标准化能够反映学生综合素质的多源数据，再对此海量数据进行提取清洗、整合分析，通过采用 Friedman 检验算法、分类、聚类等算法进行数据建模等一系列大数据挖掘技术处理后，得到事实标签（用户属性、行为事实等），再进行建模分析，得到模型标签（偏好、兴趣、活跃度、满意度、风险等），再通过切片、机器学习模型、自然语言处理进行模型预测，得到预测标签（概率、需求、能力等），建立学生标签体系；以大数据技术为支撑，面向新生代的学习者，将科学决策思维、综合素质评价与在线学习行为和学习结果数据相整合，通过对多个维度的结构化数据和非结构化数据的获取和处理，实现面向过程的学习

---

① C. Romero, S. Ventura, Educational data mining: A survey from 1995 to 2005 [J]. Expert Systems with Applications, 2007, 33: 135－146.

② Bernadette Adams, Marie Bienkowski, Mingyu Feng, Barbara Means, Learning Analytics, Enhancing Teaching and Learning Through Educational Data Mining and Learning Analytics: An Issue Brief [M]. Washington: U. S. Department of Education Office of Educational Technology [M], 2012.

③ 张治. 大数据背景下普通高中综合素质评价研究[M]. 上海：上海教育出版社出版，2018.

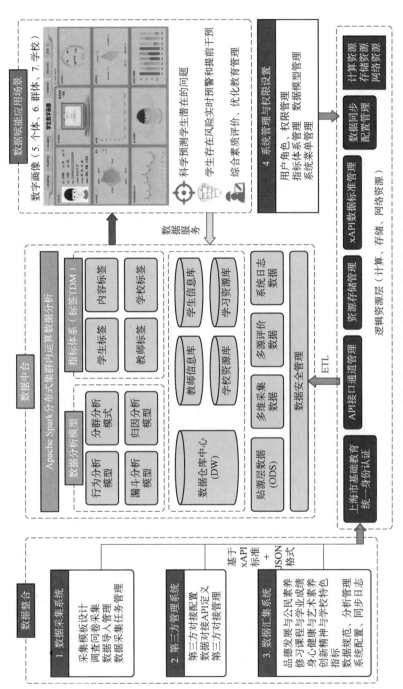

图 5 - 4 基于学生数字画像的数据建模整体架构

分析和教育服务监控,实现学生综合素质评价研究和教育大数据应用的双重价值融合,最终实现技术支持下的评价变革愿景。

三、模型构建

构建教育数据分析模型是教育数据大脑中的核心,是为了了解学生及其在特定学习环境中的表现,重点关注提高学生的"五育"核心素养,帮助学生提高学习效率和成功率[1],充分激发其学习潜能和自适应学习能力,对其可能存在的问题及风险提早预测和干预;评估课程管理系统内的学生学习情况并提高教学质量;评估不同类型的适应性和个性化特征。用于从数据仓库嵌入式生态系统的数据中提取多个数据视图,包含多种模式、对应关系和趋势的数据视图可以成功地解释为有价值的业务数据知识。[2]

数据分析模型依赖于算法(如:弗里德曼(Friedman)双向秩方差分析检验算法、分类、聚类、朴素贝叶斯、神经网络、逻辑回归和遗传等),我们应根据业务需求,选择适合的算法,对模型不断训练与优化调整,例如,归类学生群体可以利用分类、聚类;学生学习情况分析可以利用聚类、相关算法;学生学习内容推送可以利用时间序列、回归算法;学生满意度调查可以利用分类、聚类、回归算法。

算法确定后,可通过各学科领域的数据分析工具(如:Python、Spark 等)进行数据建模分析,设定参数验证特征变量是否满足算法要求,训练测试结果是否能够解决业务需求。通过数据分析引擎开发的预测模型提供各种自动化和教育干预,跟踪学习目标的进度来帮助学生,从而推动学生取得成功。例如,当学生学习成绩下降或者缺课一段时间可能表明"危险行为"时,学生将收到警示信号,同时还会针对

① George Siemens, Dragan Gasevic, Caroline Haythornthwaite, Shane Dawson, Simon Buckingham Shum, Rebecca Ferguson, Erik Duval, Katrien Verbert & Ryan S. J. d. Baker, Open Learning Analytics: an integrated & modularized platform [C], John P. Campbell, Peter B. DeBlois, and Diana G. Oblinger (2007), EDUCAUSE Review, vol. 42, no. 4 (July/August 2007): pp. 53 - 54.
② Ben Kei Daniel, Big Data and Learning Analytics in Higher Education[M], ISBN 978 - 3 - 319 - 06519 - 9 ISBN 978 - 3 - 319 - 06520 - 5 (eBook), Library of Congress Control Number: 2016947402: ⓒSpringer International Publishing Switzerland 2017: p. 36.

不同内容、学习路径、老师或同学的建议或策略来帮助他。

大数据分析模型方法有很多,我们常采用的有关联分析模型、预测分析模型、聚类分析模型、分类分析模型等,具体模型介绍如下:

1. 关联分析模型:通过关联分析对学生的作业完成效果进行数据挖掘,建立学生与学生之间、学生与作业之间、学生与成绩之间的相关性分析。

2. 分类/聚类分析模型:分类分析模型是可按照事先已知的用户特征属性标准来为数据进行划分分组;聚类分析模型是机器学习中非监督学习的范畴,探索和挖掘数据中的潜在差异和联系,事先并不知道具体的划分标准,要通过算法进行分析数据之间的相似性,把相似的数据特点放在一起,如 K 均值聚类算法是最常用的聚类算法。

3. 预测分析模型:即趋势分析模型,我们可通过这个模型很好地预测学生未来的发展、未来的成绩趋势,评估可能存在的问题与风险,及早预警和干预。预测分析模型又可分为:(1)趋势外推预测方法;(2)回归预测方法;(3)卡尔曼滤波预测模型;(4)BP 神经网络预测模型;(5)时间序列预测分析等。

学习分析引擎目标是建立预测分析模型。在获取相关学习环境中产生的海量数据后,这些数据的真正威力在于派生出能够预测将来发生的事件的模型。有许多技术和方法可以用来创建这些预测模型,而选择最合适的方法取决于它们所处的环境。预测的可能解决方案有两大类:统计推断和机器学习。在这两种情况下,目标都是利用收集到的证据来推导预测未来事件的模型。例如,线性回归是最简单的预测模型之一,以目标导出因子$\{f_1, \cdots, f_k\}$的线性组合,估计因子 f_{k+1} 的值。由因子的线性组合导出的直线使所有数据点的差平方和最小。如果因子 f_{k+1} 是明确的,再使用一种称为 logistic 回归的变量。

数据分析模型并不是无所不能的,一个好的数据分析模型,除了分析算法之外,还要遵循一定的业务场景规则,以及与之相匹配的数据源。学生在学习和生活中,所有的行为皆有数据,所有的数据都可以被采集。获取数据要减少人为干预,让学生成长数据在自然状态下获取,避免功利化的博弈,杜绝数据造假行为。整合并标准化能够反映学生综合素质的多源数据,建立学习分析模型,开展大数据分析对学生综合素质进行多维度、全方位的评价,形成基于大数据的学生个体和群体的综合素质数字画像。例如,某学校学生每天从进校门口到放学离开学校的在校一天学习成长轨迹数据的采集(如图5-5所示)。

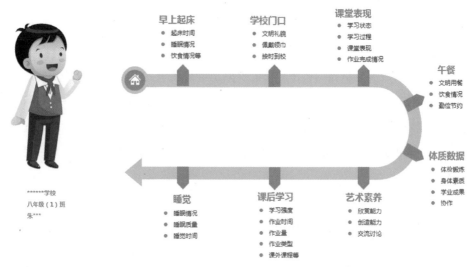

图5-5　基于学生数字画像——朱**同学学习成长轨迹一天的数据采集

作为父母,每位家长都急切地想了解孩子每天在学校课堂上的"倾听、朗读、发言、合作"等方面表现如何、是否踊跃举手发言等。为解决家长们关心的问题,我们在上海南桥小学通过"魔法棒"对学生每天在智慧课堂上各学科上课时的表现情况进行实时数据的无感知采集,并通过机器学习弗里德曼(Friedman)双向秩方差分析检验算法进行分析。例如:语文学科老师按如下四个评价维度(倾听、朗读、发言、合作)在智慧课堂上实时给学生以1—5颗星进行课堂表现评价,每天进行四个维度评价数据的记录和积累,星级评价的规则为:1="极差",2="差",3="一般",4="良好",5="优秀"。然后每月月初为上个月的22天课堂评价进行月总评,最终得到12行4列的数据。由于4次数据具有相关性,因而利用Friedman检验法进行多相关样本差异性的非参数检验进行分析差异关系,检验:"不同学生在课堂上的表现差异是否足够显著?"(样本数据采集详见表5-6)。

表 5-6 学生课堂表现样本数据

用户名	年份	月份	发言	合作	朗读	倾听
朱＊＊	2019	1	4	2	3	3
		2	2	1	3	4
		3	1	2	4	3
		4	3	1	2	5
		5	1	2	3	2
		6	4	1	2	3
		9	1	2	5	3
		10	3	2	2	4
		11	3	2	3	4
		12	2	2	4	3

假设不同学生每天在各学科课堂上的表现存在差异,观察该学生矩阵的秩 R_i,检验的假设如下:

$$H_0: M_1 = M_2 = \cdots = M_k (所有学生的位置参数相等)$$

H_1:至少一个 M_i 与其他不同(不是所有学生的位置参数都相等)

检验统计量如下:

$$Q = \frac{12}{bk(k+1)} \sum_{i=1}^{k} \left(R_i - \frac{b(k+1)}{2} \right)^2 = \frac{12}{bk(k+1)} \sum_{i=1}^{k} R_i^2 - 3b(k+1)$$

其中,b 代表学生数量,k 代表同一个学生的观察数量。首先看分析结果是否呈现显著性,即 P 值情况。若检验结果中的概率值小于 0.05,认为不同学生的表现是有显著差异的。由于是非参数检验,平均值受极端值的影响较大,所以如果 P 值呈现出显著性,可通过中位数对比分析,来进一步定位评价同一个学生在一段时间内的表现。

同时,结合美国普渡大学的课程信号灯 SSA 算法预测模型再进行数据分析解剖,为教师提供课堂教学评价的科学依据,能清楚地了解学生的课堂表现真实情况,进而做出合理及时的过程性评价,使教学反馈更加及时和准确;同时可及时科学预测学生潜在风险,对分值在 3 和 4 的表现及时给予"黄灯"预警,并提前干预和纠正;对及少数课堂表现极差、表现分值在 1 和 2 的高危学生,可向其家长及相关老师不断亮起"红灯",实时警告。

例如:朱＊＊同学 2019 学年语文课堂表现数据挖掘分析(如图 5-6 所示)。

通过智慧课堂教学场景数据采集和大数据分析预测后,可直观看到 2019 年 10 月份朱同学语文课堂表现中倾听分值为 2,为此被亮起"红灯"警告;发言和合作分值分别为 4 和 3,被亮起"黄灯"预警;朗读分值为 5 亮起"绿灯"表扬。

通过大数据挖掘分析后发现对那些学习成绩优秀的学生,可增强他们的课堂教学互动性,能让学生们争先举手抢答问题,他们的学习兴趣和积极性被充分调动了起来,课堂学习气氛的激发使得他们情绪高昂,让智力活动呈现最佳状态;对那些曾经被提前亮"黄灯"预警干预的学生,在获得老师和家长的共同指导纠正后,有 85％ 的学生会在课堂上表现得更好;而对那些直接被亮"红灯"实时预警的学生,即课堂表现极差、处于高危群体的学生,即便收到了实时预警,他们在课堂表现上也不会有太大改观。由此也可以看出,提前预警对学生的学习成长生涯十分重要;同时也可减轻老师负担,让老师从部分重复性工作中解放出来,把更多时间和精力投入到提升课堂教学水平、探索多元评价方式等核心工作中。

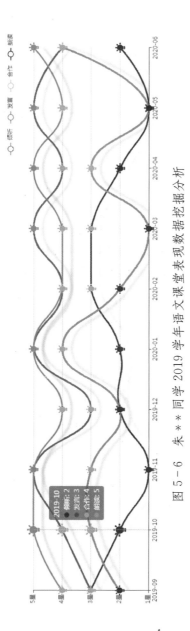

图 5 - 6 朱＊＊同学 2019 学年语文课堂表现数据挖掘分析

第四节 数字画像如何画？——综合素质评价的可视化呈现

"学生数字画像"是由学生特征标签指标体系构成,标签(Tag)是对学生的特征进行抽象的分类,是根据学生学习成长轨迹海量数据建模分析而来的高度精炼的特征标识。比如:用户的年龄、性别、地区等即一个个标签。标签值(Tag Value)即标签实际值,是某一标签所包含的具体内容,其特点是符合 MECE 分类原则①,也就是能够不遗漏,不重叠的将问题进行分解,有技巧的不断分类,分出的结果完全不一样,穷尽所有的可能性。例如,标签"性别",其标签值根据 MECE 分类原则可分为"男"、"女"、"未知"。这些特征在数据中具有一定的通用性和价值。为此,在数据建模分析和统计指标时,使标签与学生群体信息更加贴近就显得尤为重要。学生标签体系的建立,一定程度上需要人工的总结与概括,结合数据和学生生活信息,有目的性的总结,完善标签体系的基本构成,使标签体系满足制度规范。学生数字画像标签指标体系大致可分为学生基本信息、德育品行、学业素质、身心健康、艺术素养、社会实践活动,及各学校的特色指标(如图 5-7 所示)。

根据学生数字画像的业务需求,分析学生基本信息和学生行为信息,最终是为了提供数据服务,所以要站在应用场景上去定义学生的标签体系,根据自定义的规

---

① Mutually Exclusive Collectively Exhaustive,中文意思是"相互独立,完全穷尽"。

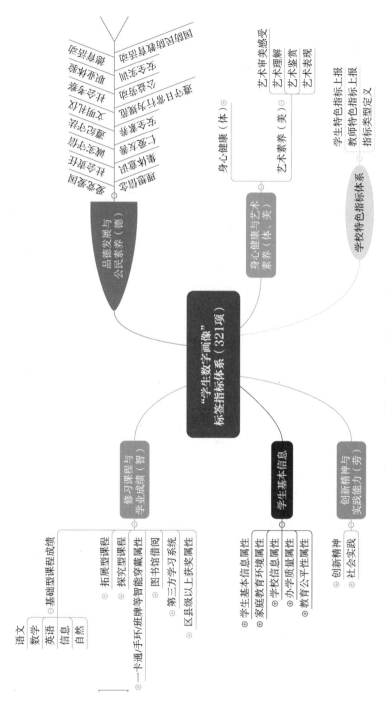

图 5 - 7 "学生数字画像"的标签指标体系

则生成相应的学生标签。标签需要进行文本分词处理、词频统计、分类聚类、生成标签表,使每个标签都有最终的用途。每个标签的产生和消失都有一定的原因,所以标签需要生成规则,需要定义权重,需要更新策略,需要定期维护与优化。通过优化学生标签的类别和内容,完善给学生打标签的规则,将学生的所有标签综合在一起勾画出科学、真实、规范的"学生数字画像"标签体系(如图5-8所示)。

例如:学生经常上网阅读电子书,那么可根据学生网上电子书阅读的频率和时长等历史记录数据,通过数据模型算法分析出该学生是否为"电子书阅读学习爱好者",把所有像这种具体的标签汇聚并呈现出来,就是一个鲜活的学生数字画像。

多维度画像呈现。通过数据建模分析了解学生及其在特定学习环境中的表现,重点关注提高学生的学习效率、学习成绩和成功率,及提早预测存在的风险;评估课程管理系统内的学生学习情况和改进教学质量;评估不同类型的适应性和个性化特征。应用在大数据分析的可视化技术主要包括文本的可视化、网络的可视化、时空数据可视化、多维数据可视化等。数据的可视化领域的发展由于商业、科研、公共管理等领域的助力,一直处于良好发展的态势,已经面世的侧重于不同可视化目的的软件工具数量众多,并朝着更好的用户体验发展。一般而言,我们常应用折线图、柱状图、饼图、气泡图、雷达图等可视化图表,具有目标明确清晰易懂的优点(如图5-9所示)。

通过大数据分析,综合素质评价结果能够可视化表达,每一位学生、每一个学习群体都有一个数字画像,能够将评价结果更加形象、简洁地展现出来。以上海市高中名校慕课平台中的具体应用为例,学生的课程学习情况、学习倾向可通过图表的形式呈现。

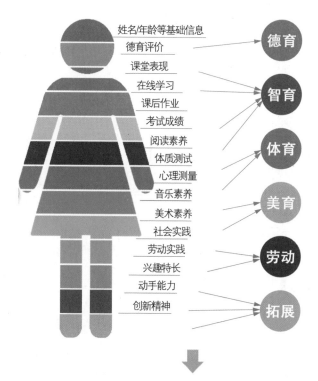

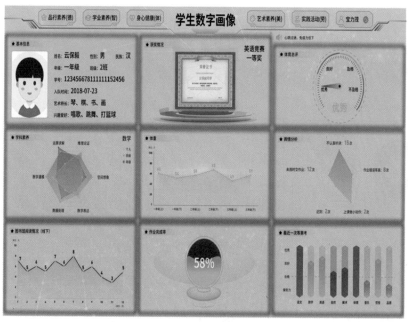

图 5-8　学生特征标签体系

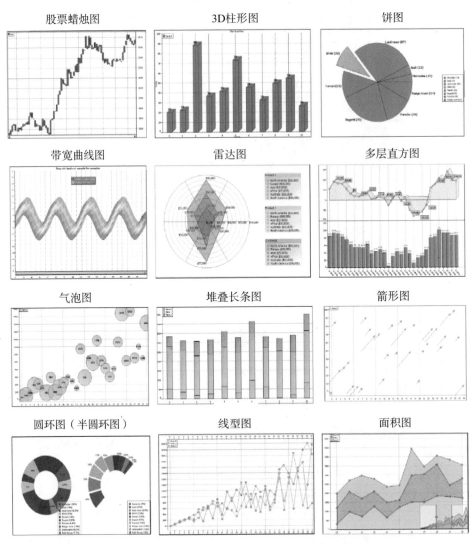

图 5-9 数据可视化基本图表汇总

第六章
综合素质评价中的数据治理

综合素质评价是新高考改革的牛鼻子,具有明显的重要性、严肃性和高利害性,记入综合素质评价的相关数据必须保证真实性、客观性,同时,学生隐私保护、数据安全等必须得到有效保障。而数据治理就是从技术和机制上对教育数据进行规范。基于数字画像的综合素质评价,将学生线上线下成长数据记录下来,作为映射学生综合素质发展状况的"数字凭证",但数据的价值性、真实性以及隐私数据保护都有很多细节问题需要解决,比如,教育数据采集和更新机制、教育数据采集标准、教育数据安全与伦理管理办法等,为了保障教育数据应用于各个环节的规范性,需要开展数据治理。

第一节　教育类数据的特殊性与应用逻辑

一、特殊性

(一) 数据采集过程中的伦理争议

有学者根据来源和范围的不同,把教育大数据分为六类:个体教育、课程教育、班级教育、学校教育、区域教育和国家教育;把教育数据分为四个层次,分别是基础层(存储国家教育基础数据)、状态层(存储教育设备、环境与业务的运行状态数据)、资源层(存储各种形态的教学资源)和行为层(存储教育用户的行为数据)。从实践上来看,基础教育类大数据仍在围绕"学校-教师-学生"展开,最后再通过学校串联成网络。

数据的颗粒度越小,包含的隐私信息就越多。例如,当前的无纸化考试以及网上评阅已经大大降低了搜集和评估学生学习成绩的成本、电子监控技术已经能降低学生作弊的概率,并维护课堂纪律;视频录制技术能够帮助学生查疑补缺,与线下课程形成互补;数码笔技术可以帮助教师在评阅学生作业时,同步采集学生笔迹并登录成绩;人脸识别技术能够采集学生在课堂上的微表情,即时提供学生对教学内容的理解程度,检查学生注意力是否集中,帮助教师以最快的速度调整教学节奏。

但这其中也催化出较多的伦理争议。在非教育领域,例如医学研究和公共服务中,广泛采用的是泛知情同意(broad consent),它是指在采集数据时事先获得受试者的同意,尤其是要告知受试者,采集数据在未来会用于特定的研究。因而,在真正使用这些数据用于研究时,不必再次征得受试者的同意。泛知情同意的原则有利于信息数据的二次利用,在保护受试者权益的同时,尽可能减少研究者的负担,加快伦理审查,提升整体的社会福利和效率。目前,美国普渡大学开展了"课程信号"项目,利用课程学习预警平台,采集大量学生课程学习过程数据,通过预测算法分析课程通过的成功率。但由于未成年人的特殊性,教育类大数据采集中的伦理争议比医学数据的更为复杂。首先,如果是评价类数据的采集,例如学习成绩、体育素质等,虽然不会出现较大的争议,但是传统的数据采集方式已能基本应对,并不需要规模化使用大数据技术。其次,真正将利用到大数据核心技术的领域以行为层数据为主,例如人脸识别、微表情捕捉等。这些技术将有可能侵犯到未成年人的隐私边界。即使未成年人的监护人已签署知情同意书,也不代表未成年人内心会接纳这种技术,并认可这种技术赋予自己的判断。例如,当人脸识别技术判断学生上课思想不集中时,其判定依据是否会得到学生本人的认可?不可否认,若未成年人处于认知能力的增长期,还不具备完全的自我意识,那么这些大数据技术在一定程度上或许能够帮助未成年人提高课堂效率,纠正不良习惯;但未成年人虽处于青春期却已具备基本的人格,那么人脸识别技术的应用将会侵犯未成年人的隐私。与此同时,学校和教师的权利有可能产生扩张。退一步说,第一批个人数据被使用的未成年人将成为"小白鼠",这本身就是一个极具争议的伦理问题。综上所述,若不进行科学的研判,大数据技术的应用反而会衍生一些师生矛盾和家校矛盾。在未进行科学研判的情况下,如果这些前沿技术投入使用,其实践效果需打上问号。

另一方面,在医学中有相应的伦理审查,但是对教育大数据技术的使用仍缺少相关约束。什么指标可以通过大数据技术采集,什么指标不允许采集,什么指标在采集之后必须严加保密,什么指标可以在脱敏之后有条件地进行传递和分析,事前是否需要进行伦理审查,事后是否能够及时调整并纠正等,这些问题都未经过非常详细的讨论。

(二) 数据整理、加工和传递中的安全风险

和其他类型的大数据一样,教育大数据同样面临着安全风险。由于大数据平台的建立需要基于存量数据和流量数据两方面,存量数据是打造信息一体化平台的基础,而新增的流量数据则是当前大数据技术的具体体现。因此,教育大数据的安全风险也主要体现在这两个节点中。首先,从存量数据来看,目前我国各级教育部门和各类学校已或多或少地建立了学籍管理系统、教务管理系统等,积累了大量的学生入学、课程选择、课程研读、毕业等数据。但问题是,这些系统需要通过统一的数据格式、加密标准和数据接口来打通,从而逐步实现一体化。打破制度壁垒是实现数据一体化的必要前提,这样能使不同平台的用户做到数据共享。因此在数据共享和传递的过程中,存在一定安全风险。如果数据通过无线网络传输,容易被拦截,一旦加密标准被破解,会造成大量隐私信息泄露;而如果通过内部网络传输,可能遭到病毒或黑客的攻击。

其次,从流量数据的角度来看,在利用传感器和人脸识别等技术采集数据时,会发生数据泄露的风险。例如,在疫情期间,许多学校和公共场所在入口处安装了人脸抓拍的测温设备,而抓拍下来的人脸轮廓和体温数据则直接在安装于入口一侧的屏幕终端上投放。不可否认的是,这种技术有助于加快对大体量人群的体温监测速度,免去按个排队接受额温枪测温的困扰。但是另一方面,这套体系只负责测温,而难以做到即时追踪和定位。一旦出现体温异常的情况,目标往往已经走远,或者瞬间淹没在人海之中。最后,监控人员还是要依靠手机和无线网络来传递捕捉到的人脸和体温数据,然后再去追踪,这极大地增加了隐私信息暴露的风险。更不用说,有些监控终端直接安装于公共场所,个人隐私数据泄露的风险更大。

(三) 数据使用和分析中的规模经济问题

在大数据的使用和分析过程中,规模经济的作用至关重要。在城市里(特别是

东部沿海地区的大城市),利用大数据手段构建"学校-教师-学生"三级评价体系的条件是相对比较成熟的,相关硬件的成本能够通过集聚的人口和经济规模来分摊。另一方面,在这些地区,由于人力资本外部性比较强,大数据系统的建立者、数据管理者和数据使用者都能以较低的成本来掌握大数据系统的运用,并能从数据中汲取信息,产生政策建议,并有针对性地来实施改进教育质量。相比之下,在中西部地区和广大农村地区,由于学生、教师的分布比较分散,构建大数据的硬件设施的难度较大,也不容易被经济规模所分摊。

更重要的是,欠发达地区的人力资本外部性不足,数据管理者本身缺乏大数据的相关知识,掌握的成本和难度也比较高。虽然近年来,许多农村地区铺设了电信基站,点对点的沟通成本大幅下降。但需要注意的是,城市地区的相关沟通成本下降得更多。相对而言,城市学生与农村学生的差距被进一步拉大了。城市学生相对接近大数据技术,从而得益于这些技术。上海市黄浦区甚至已经建立幼儿健康监测平台,利用大数据技术来获取幼儿日常体质健康数据,实现幼儿健康的"个性化定制"。上海市中小学校普遍引入诸如 3D 打印、人工智能、物联网等核心技术,打造 VR 课堂,并利用数据一体化平台将上述前沿技术串联起来。相比而言,农村地区的学生接触这些前沿技术的案例并不是没有,但是和城市区域相比有待加强。这就意味着,由于大数据等技术的作用,城市和农村之间的教育不平等是被拉大,而并非缩小了。因此,在广大农村地区是否存在实现教育大数据的可行性存在一定的争议。

二、应用逻辑与制约机制

IBM 将数据治理定义为一种质量控制规程,在管理、使用、调整和保护信息的过程中,考虑严谨和符合伦理的因素,需要具备 5V 的特点:Volume(大量)、Velocity(高速)、Variety(多样)、Value(低价值密度)、Veracity(真实性)。国际数据治理研究所(DGI)的定义是指数据管理中决策权和相关职责的分配。数据治理起源于企业管理,而现在大数据治理的概念主要基于政府视角。

全球数据治理框架是一个联结体,囊括地方、国家、区域和国际层面的法规、协议、公约和标准。现存框架仍存在较大分歧,使全球数据治理标准不够明确,客观上对新技术的发展和应用造成一定阻碍。因此,需要寻找一个能基本满足各方要求的新框架,既能与现有体系相结合,同时具备较强的灵活性和兼容性,以促进创新和竞争。

从国际经验来看,日本是最早开始重视教育、开始教育数字化的国家之一。早在 1949 年,日本教育智库——日本国立教育政策研究所成立于东京,主要通过教育信息和数据的采集、分析,在教育大数据基础上从事基础理论与实际应用相结合的研究,兼顾制定教育远景规划,为教育研究和决策提供有效支持。截至 2018 年 11 月,日本国立教育政策研究所共发布研究项目、座谈会、科研资助及部门报告等 1450 项,为日本内部教育事业的发展,提供了诸多关键性引领。此外,2008 年,日本国家统计中心负责的 e-Stat 投入使用,目的是收集散布在各部委独立运行的网站上的统计信息,并以易于使用的形式提供作为社会信息基础设施的统计结果,为公众提供一站式、可视化的获取官方教育统计数据的渠道。

在政府数据开放方面,英国则是先驱者。1993 年英国成立了高等教育统计局(HESA),系英国高等教育数据领域权威性机构,负责收集、分析及传播高等教育信息,在确保英国高等教育数据的精确性和连贯性方面起到了关键作用。2010 年,英国顺应互联网趋势,上线了开放政府数据平台(data. gov. uk),为社会公众提供包括教育、商业等 12 类开放数据。截至 2018 年 11 月,共发布数据集近 45 000 条,其中教育类数据集 1 380 条,涉及学生、培训、资格认证与全国统一课程等。

2002 年,美国成立了第一个官方教育智库——国家教育科学研究所,主要职责是在全国范围内开展教育数据统计、教育研究和教育评价,旨在将先进教育经验在全国范围内传播和推广。同年,美国制定了《教育科学改革法》,以立法的形式明确指出,所有教育改革与决策必须有实证数据支持,以此确立了教育数据的战略地位。2009 年,美国政府正式启用开放数据平台(Data. gov),是国际上第一个可自由获取政府数据的开放式数据共享平台。该平台提供包括教育在内的 14 个主题数据,截至 2016 年 5 月,共汇聚 325 个大型教育数据集,涉及人口统计、学习成绩、校园安全等信息。

（一）教育大数据是一种新的思维方式和路径

教育学以及教育研究和实践活动注定拥有充满价值性、复杂性、创造性和不确定性等特征。在教育研究和实践活动中，数据科学或者说大数据虽然可以通过数据告诉人们教育中的某些现象和问题是什么，教育的现状和状态怎么样，但是无法解释"为什么会这样"等价值性问题，也没办法依据教育学以及教育实践的特点和发展规律，提出"怎么办"等对策和建议。此外，教育研究和实践有其自身的特点，并非所有的教育研究和实践中的问题都能通过数据来解决。

因此，应立足于教育学立场，将大数据视为一种新的思维方式和路径、研究范式和方法、实践工具和手段，促进教育的研究实践和改革发展。

（二）科学、合理地应用教育数据

大数据在教育中的应用带来了新的机遇和研究范式。但是，对于大数据在教育中的应用，我们要持理性和谨慎的态度。大数据是教育或社会科学研究所面临的一个新的境遇和背景，但它同时还面临大数据的低密度价值、研究伦理问题、个人隐私和数据安全等挑战和不足，在看到大数据巨大价值的同时我们还应该看到其缺点和局限。

所以，在教育研究和实践中要科学、合理、客观地应用大数据。一方面，要分析大数据在教育中的应用路径和方式框架及其具体体现和要求。教育等社会科学研究与自然科学及计算机工程等领域的科学研究各有特点，各不相同，所以，我们应该有区分地、理性科学地进行分析，并根据不同的情景和需求运用不同的方式框架。另一方面，结合大数据应用与教育的路径构建相关的保障性体制和机制。美国 STEM 教育监测指标体系就比较合理地考虑了各监测指标的实际情况和特点，很好地对各指标的数据情况进行了具体分类，并建立了相应的收集机制，这些环节都值得我们进一步学习和借鉴。

（三）构建和完善教育监测指标体系

《国家中长期教育改革和发展规划纲要（2010—2020 年）》指出："要构建国家教育管理信息系统，推进政府教育管理信息化，积累基础资料，掌握总体状况，加强动态监测,提高管理效率,为宏观决策提供科学依据。"教育政策的顺利实施,有赖于完善的数据收集管理系统,以达到通过有规律地提供关于政策或项目执行情况的信息反馈来监测政策或项目过程的目的。因此,数据对于教育政策的监测和评估至关重要,应该加强教育监测与督导评估中的数据信息建设和分析,加紧建设国家教育大数据信息中心或者数据库,对我国当前各级各类教育数据和信息进行分门别类,完善各级教育监测指标体系相关数据的收集、分析、处理,构建我国的教育大数据收集机制。

(四) 建立健全教育大数据应用的相关技术平台和体制机制

尽管近几年来人们对大数据的作用和应用很热衷,也很重视,但是,由于大数据的应用特别是在教育中的应用历史比较短暂,所以,大数据应用于教育的相关各项体制和机制都不是很健全,对教育中大数据相关研究的支持力度和资源配置也有待加强。国家和地方各个层面应该制定大数据教育应用的远景规划,并尽快出台实施细则,以指导各级各类教育机构推进大数据教育应用。另外,在进行大数据教育应用规划时,应该充分考虑到所需采集数据涉及的个人隐私问题,以及由大数据应用造成学生活动透明化所带来的伦理道德问题,制定和完善相应的法律法规及具体制度。

首先,相关技术和平台建设方面。与美国等发达国家大数据相关技术成熟度和数据调查统计平台的完善度相比,我国当前的教育数据信息系统和平台构建还不是很完善,各类大型的教育数据调查和统计较少。

大数据相关的技术资源也比较薄弱,区域间技术资源分布不均,很多地方教育机构缺乏必要的大数据应用的基础设施建设。例如,某些学校没有学生信息系统、在线教育平台,也就无法为教育数据挖掘和学习分析提供基础数据。

因此,一方面我们要利用诸如云计算和区块链等先进的信息技术,实现大数据应用相关的技术资源的获得和提升;另一方面,要实施各类大型教育数据调查和统计,构建比较全面和系统的教育数据库,为大数据在教育中的应用奠定技术和平台基础。

第二节　基于数据中台的教育类数据治理

舍恩伯格[①]指出，大数据是人们在大规模数据的基础上可以做到的事情，而这些事情在小规模数据的基础上是无法完成的。大数据是人们获得新的认知、创造新的价值的源泉；大数据还是改变市场、组织机构，以及政府与公民关系的方法。目前，大数据在计算机软件科学、商业、政务管理等领域的应用已经相对广泛且卓有成效，然而，大数据在教育领域，尤其是基础教育领域的应用性质则显得更为特殊，针对教育大数据治理和应用的方法论暂未形成共识。

一、教育类数据中台的数据治理功能

数据中台是实现组织数字资产化管理的重要管理理念和技术支撑系统，数据中台是集数据采集、清洗转换、合规治理、智能分析为一体，最终通过开放服务 API 把数据以服务方式提供给各类业务系统使用，从而提升业务对技术需求的运行效率，持续促进业务创新。我们对比分析了国内当前主流的数据中台提供商的技术架构，这些架构经过几年的发展，既有竞争的个性化也有通用性，但最终逐步走向统一，开始大同小异。综上，通用的数据中台一般可分为四个服务单元：元数据处

---

① 维克托·迈尔-舍恩伯格（Viktor Mayer-Schönberger）是《大数据时代》一书的作者，被誉为"大数据之父"。

理服务、数据资产管理服务、数据分析服务、数据开放服务,总体架构图如图6-1所示。

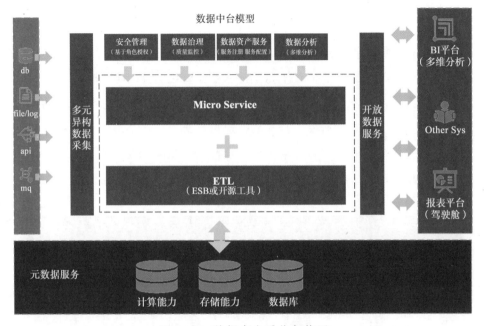

图6-1 数据中台总体架构图

数据中台的整体架构的四个层面:

(1)元数据处理服务。这一层是工具平台层,是数据中台的底层基础和支撑体系,基于存储计算技术,包含多个数据存储、计算框架,主要解决多源异构的各类数据的采集、存储、计算等问题。

(2)数据资产管理服务。这里主要通过数据管理的相关能力和中间件实现数据的资产管理。在这个层面实现统一的数据标准,尤其是编码库、代码库,包含子集、映射关系、构建主题式数据仓库,以实现数据资产化为主要目的。

(3)数据分析服务。架构在数据资产管理服务基础之上,为业务部门所需要的数据分析提供稳定、高质量的跨主题数据资源。同时应该能够具备支持自然语言处理、机器学习建模能力、"智能标签+动态知识图谱"能力等多个易用的数据挖掘工具集,提供管理驾驶舱服务。

（4）开放数据服务。将数据资产管理服务、数据分析挖掘服务的数据处理和分析结果通过 API 方式对外提供，形成以业务为导向的服务资源目录，真正实现数据驱动业务，促进业务发展的数字化战略目标。

（一）元数据处理服务

工具平台层是数据中台的载体，包含了大数据处理的基础能力技术，包括数据采集、数据存储、数据处理、数据分析等计算组件和安全组件，还包括一系列的工具系统，例如离线实时数据研发工具和数据通讯工具等。这个层面可以基于开源 Hadoop 生态体系构建，也可以寻求主流的云服务提供商，数据中台使用的大数据技术架构是复杂多样的，能适配国际、国内多种主流大数据技术平台。

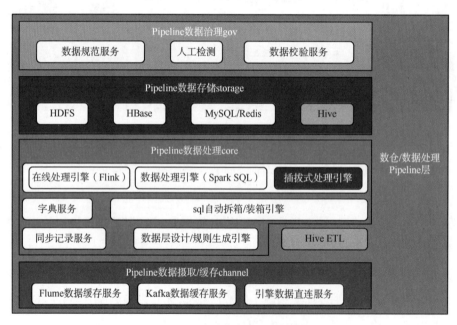

图 6-2　元数据处理业务模型

数据中台涉及的数据种类繁多、容量巨大，而且需要满足用简单配置的方式实现多源异构数据自动接入到数据中台，还需要定义数据采集标准、技术方式，因此我们需要建设基于统一模型的 Pipeline 数据融合引擎。数据融合引擎的底层技术一般基于 Spark RDD 的全内存并行计算,支持跨源数据融合分析处理。该引擎需支持多数据源、跨数据源的数据接入与融合,数据源一键式配置,数据全自动化拉取,并且支持毫秒级预览查看,适用于数据探索与挖掘分析场景。数据融合引擎基于 Pipeline 式数据流的方式将 ETL 流程拆分成多个中间节点,每一个节点完成一项数据处理工作,并且是交互式响应操作,用户在使用过程中只关心一进一出,使用简单、无需技术功底,执行流程通过简单的连线做到了充分的自定义,并且提供多种执行计划,可以对数据进行各种实验,更富有探索性。异构任务执行引擎可以起到承上启下的作用,有效解耦隔离不同的数据源。同时,任务执行引擎支持多种异构任务,如 MapReduce、Spark、R、Python 等,以适应不同技术团队的数据开发需求。

数据中台还需要有基于多租户的异构工作流调度引擎,因为数据中台管理整个组织的全域数据和业务流程,从工作流调度的角度来讲,单个业务流程是一个有向无环图 DAG(Directed Acyclic Graph)[①],这些业务流程往往由不同的业务部门(租户)负责,每个业务部门的业务流程都有自己的优先级配置,所以多租户模式下的多 DAG 调度技术在多工种协同场景下显得尤为重要。多个租户存在资源共享的情况下,异构工作流调度引擎需要兼顾不同租户之间及租户内部的多个 DAG 之间调度的公平性,通过异构任务执行引擎提交和获取任务执行状态,以最大限度地提升技术平台资源利用率为主要目标。

这里重点强调一下 ID-Mapping 服务,这个是解决异构数据源并实现数据流动和价值的重要手段,也是中台组织最重要的业务活动。一般我们会采取强大的图计算能力,自动高效的将关联数据映射为统一的身份 ID,也就是 One-ID 的概念,这将帮助我们大幅度降低处理数据的成本。

(二)数据资产服务

数据中台建设的成功与否,与数据资产化战略是否得以在组织内落实,是否有序管理数据资产有直接关系。数据中台是需要全新的中台组织来保障持续运营,如果没有适合的数字资产管理服务系统,难以实现这一目标。

---

① 在数学,特别是图论和计算机科学中,有向无环图指的是一个无回路的有向图。

数据资产管理服务能帮助组织合理评估、规范和治理数据资产的同时,发挥数据资产的价值,并有效促进数据资产的持续增值。因此我们需要建立统一标准的数据治理体系,数据治理是数据中台建设过程中基础且重要的环节,数据治理核心要素就是数据标准和数据质量。

(1) 数据标准管理一般基于行业实际需求,参考国标数据元与编码标准建设,包括数据接入标准、命名标准、数据格式标准、数据安全标准、资源管理标签等多个方面。

(2) 数据质量稽核,通过数据质量管理工具从数据的完整性、一致性、唯一性等多个层面对数据进行全面稽核和预警。做到事前质量检查、事中运行监控、事后归纳总结,结合系统提供的全方位评估来提高数据质量。

数据资产服务有效实现数据全生命周期的管理:采集、清洗、融合、分析挖掘、应用、归档、销毁等。流程中每个步骤都要有对应的工具,这些工具包括数据模型设计与开发、数据 ETL(包括可视化工具与脚本工具)、工作流调度等,并通过一些智能化的方式帮助数据开发人员快捷地完成数据开发任务,进一步降低数据开发成本。

(三) 数据分析服务

数据挖掘分析服务需要为组织业务的分析需求提供稳定、高质量的跨主题数据资源和易用的分析工具集。这里我将重点分析标签工厂的作用。

标签工厂可以帮助我们屏蔽底层复杂的数据框架,更加友好的面向业务部门的使用需求,能为业务部门包括数据分析师提供友好的交互界面,帮助他们完成标签的全生命周期管理,标签工厂一般包含底层的标签计算引擎和前端的标签配置管理门户两大部分。

标签的计算引擎一般基于元数据服务模块的 Spark、Flink 等大数据技术框架,充分利用机器学习、深度学习、深度迁移学习等技术,实现对分词词性标注、命名实体、情感分析、文本分类等。可快速从文档中抽取出知识,构建各种实体、映射关系,实现基于语义的深度理解并将信息知识化,支撑机器智能决策。

数据分析服务应该提供前端管理门户,方便实现数据预处理、模型训练、模型评估、模型预测、模型发布、模型管理、任务管理,以及任务监控等管理,并通过拖拽组件的方式实现建模,降低建模的技术门槛。基于机器学习的数据分析挖掘帮助业务部门快速便捷地构建起基于动态知识图谱的智能标签管理能力。动态知识图谱对所属业务领域的数据进行分类、关联而构成的知识网络,用于支撑复杂的分析场景、知识发现与知识挖掘。其核心是构建了"实体——关系——标签"三个业务要素,其中实体包括:人、事、地、物、组织等进行连接与关联,实现关联访问与挖掘的效果。

(四) 开放数据平台服务

开放数据平台服务可为组织搭建统一的数据服务门户,可以有效帮助组织提升数据资产的使用效率和价值,同时也提高了数据的有效性、安全性和可靠性。该服务帮助组织提供一套通过管理界面就能实现的配置化的方式,做到数据 API 的创建、注册、发布、管理与运维。利用数据服务网关提供安全、高效、稳定的数据通道,包括服务监控、流量控制、用户鉴权、黑白名单等多个功能,并且提供负载均衡能力、多协议转换能力,加强原有 API 的服务能力。最后,按业务梳理数据资源目录结构,在资源目录中分类展示数据中台中可用的数据服务,让数据使用者可以有序的、清晰的浏览数据服务目录与详情,并申请与订阅数据资源。数据开放服务是数据资产对外输出的唯一出口,也是数据驱动业务的直接通道(见图 6-3)。

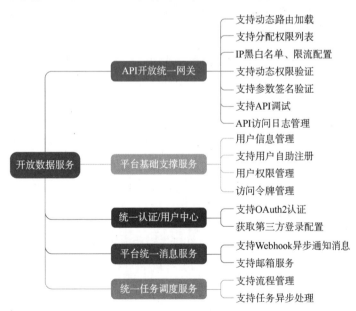

图 6-3 开放数据平台服务功能框架

因此我们说数据中台不仅仅是一套产品或者工具，数据中台更多是管理模式，需要我们打造适应数据中台运行的中台组织来保障数据中台的持续运行，并通过数据中台打造数据生态。后面也将具体介绍数据中台在教育行业数据生态的现状和发展实践情况。

（五）数据中台的建设建议

教育信息化 2.0 中"一个大平台"的核心就是教育生态，而生态的核心是数据开放平台。

为了充分发挥上海教育大数据中心的价值，让数据流动起来、把数据管理起来、把数据用起来，需要开放市级平台的数据给教委职能部门、区教育局、学校、幼儿园等各类教育单位（简称教育组织）使用，实现数据交换和互通，构建上海教育信息化的生态。

这将是全国第一个教育大数据开放平台，申请主体是教育组织，可以使用的数据范围也会严格限制在教育组织有权限读取和维护的范围，所以本身不会有法规风险，但是通过这个开放平台构建的教育信息化生态圈却真正地激活了教育数据的价值，也极大方便了教育组织的自建系统的便捷性，同时更加有利于市级平台及时获取教育组织的实时数据。

上海教育大数据中心开放平台（以下简称"开放平台"，建议使用域名：OpenAPI. sh. edu. cn）开放丰富的上海教育大数据相关的服务端接口能力，通过开放平台的接口给各类教育组织提供数据开放能力，方便这些组织规范、高效地开发和使用各类应用。

开发者可以借助开放平台的接口能力，实现信息系统与上海市教育大数据中心的集成打通。教育单位可以选择由企业内部的开发者进行开发，或者由教育单位授权定制服务商进行开发。

数据产生者或维护者拥有数据接口的使用权限和申请开放平台开发者账号的资格。账户必须实名制审核，对应组织机构代码证为识别码，不同的功能使用不同的授权 Token[1]，并严格区分数据读写两大类权限。不允许第三方机构直接获取数

---

[1] Token 是用户的访问令牌，承载了用户的身份、权限等信息，一般作为邀请、登录系统使用。

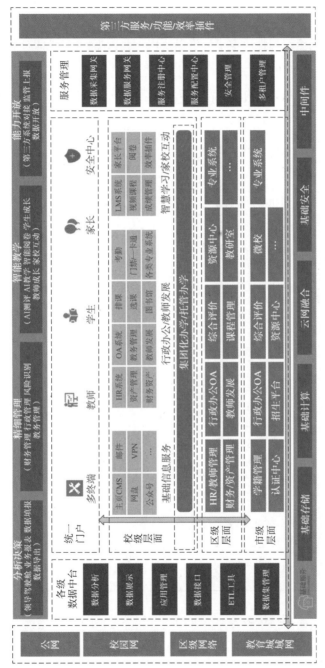

图 6 - 4 上海教育信息化 2.0 建议全景图

据使用权,只能由教育组织使用第三方应用并自行申请开放平台接口,实现第三方系统的对接。

所有数据对应的组织属性决定了谁可以使用这些数据,通过上海市教育统一身份认证可实现所有用户的对应关系。

初期可以就以下信息集合构建上海市开放数据平台(见表6-1)。

表6-1 上海教育大数据开放数据平台能力提供

序号	数据集类型	可提供接口	备注
1	教育组织管理	组织架构列表查询 组织架构修改	
2	招生管理	招生结果读取	
3	学籍管理	获取学籍变更信息 学籍信息维护	学习只能维护学籍副号、班级等个人信息
4	教师信息管理	上传教师信息 获取教师信息 修改教师信息	
5	教师培训	获取培训信息(计划、成绩) 上报校级师训信息 上传教师数据	
6	学生综合评价	读取综评结果 上报综评结果 xAPI接口	xAPI埋点方式读取各种学习过程数据
7	资源平台(微校)	开通功能在线申请 获取课程信息 上传课程 上传课程班信息 获取学习结果	
8	资产管理	固定资产查询 固定资产上报	
9	学生数字画像	xAPI接口 获取学生数字画像	

基于学生数字画像的学生综合评价是一个全新的课题,为了更好地描述学生的综合评价,我们往往需要收集大量学生行为数据,并进行清洗加工、标签化,最终形成学生的数字画像。这些基础学生行为数据大致分为德、智、体、美、劳、社交、家

庭等方面的数据集,涉及众多非标准的系统,是一个典型的多元异构数据采集。收集到这些数据后的标签化处理及构建计算模型也是巨大的挑战。画像结果如何反馈给学生、教师、家长,从而实现综合素质评价和因材施教是个难题。

我们刚好可以使用前文描述的教育数据中台架构来有效解决这个复杂的问题。元数据服务帮助我们解决多元异构数据的采集;数据资产管理服务帮助我们做好对采集到的数据的资产化管理,特别是通过 ID-Mapping 解决异构数据之间的统一 ID 映射和关联,快速实现海量数据和分析目标之间的数据项目匹配;分析服务引擎通过机器学习,帮助我们更加精准地标签化数据,通过可视化的方式给我们展示学生数字画像。

最终我们通过数据开放接口,在学生本人强授权的前提下,为教学系统和各类应用系统提供数字画像的数据服务。这将会极大地提高数据自动化收集和自动化处理的能力,开放平台也更加有利于数据发挥价值。

(六) 教育数据中台的未来趋势

数据中台的建设不仅仅是技术,更多是管理方式的改变,需要配套的中台组织来保障数据中台的持续发展,中台组织除了要有具备丰富行业经验的技术团队,还要有一套健全的、经受过大量项目沉淀与检验的产品与工具,数据中台的最终效果和建设成本既取决于工具的自动化、智能化程度,更依赖中台组织的有效运行。

未来通过人工智能技术来优化和改造数据中台,进一步加强标签工厂的自动化和智能化也将成为重要的趋势。人工智能技术可以自动分析源业务系统间的数据依赖关系,智能推荐主数据、数据标准、数据治理建议,还可以自动生成脚本等。

基于教育数据中台的教育行业也会形成一个全新的教育信息化生态圈,同时,随着 5G 网络的发展与普及应用,物联网智能数据采集成本也将大大降低,这些智能设备的数据可以通过 IoT 传感器将数据上传至数据中台。随着教育信息化程度越来越高、数据处理与分析技术越来越成熟,教育行业将逐步实现一切业务数据化,利用各类感知数据来描述物理世界,构建智能认知引擎,并形成决策辅助工具。这也将促进教育信息化 2.0 目标的全面达成。

总体而言，教育大数据中台将会朝着数据更多样、底层更智能、上层使用更加简单、应用更丰富的方向发展，我们期待的基于数据的学生画像也将推动教育改革，实现大规模因材施教的教育公平。

二、教育类数据治理的配套标准与机制

随着大数据技术在教育领域的深入应用，教育大数据支撑下的学生画像及其对个性化学情诊断、精准化学习干预和精细化校园管理的支撑已成为教育信息化的重点关注内容。学生成长数据是基于学生在学习和生活中产生的，并基于教育主题采集到的全量数据。它在教育信息化推进过程中，存在教育系统数据互通低效、协同困难和拓展受限等诸多问题。学生成长数据的标准化对于解决上述问题具有基础性和引领性作用，对于规范教育信息化相关产业发展也有现实意义。应在国内外教育大数据的相关政策法规的基础之上，形成学生成长数据相关标准的设计框架，围绕现实需求，设计面向学生用户的教育大数据标准体系。

三、数据的技术安全保障

数据流一般包含几个方面：数据采集、数据存储、数据处理、数据可视化。教育大数据关系着学生、家长、老师、教育机构、政府部门等方方面面，每一个数据流环节都需要做好严密保障和规划。

（一）数据采集阶段：隐私保护

数据采集是信息安全的源头，由于涉及多方面、多人员协同合作，容易成为敏感信息泄露的源头。因此，数据采集环节须增强主体的隐私匿名意识，一方面降低数据主体的录入顾虑，一方面加大他人非法访问和窃取敏感信息的难度。

要在数据真实性和隐私匿名性中间获得平衡。数据真实是教育大数据建设的基础和关键，失真的数据过多将增大后期数据挖掘的难度，得出有失偏颇的结论，误导决策者。为解决这一问题，首先，可将数据按不同场景进行标准化、垂直化、专

业化分工,使采集工作有条理、碎片式分布在采集者手中,最终汇总成完成的用户画像。教育大数据按场景可分为家庭背景、个人信息、课堂表现、课后练习、考试成绩、师生评价和课外活动等,每个环节由不同人次负责信息的采集、录入和真实性保障,专业化分工有助于提升工作效率,优化采集流程,同时为信息安全性提供了一定保障。其次,信息采集时,可综合运用各种现代技术工具,如电子问卷系统、OCR图片识别、AI人工智能等技术,丰富数据采集维度,提升数据真实性。最后,在数据采集的过程中直接加密,避免在公开终端暴露数据,以保障数据主体的隐私性。

(二)数据存储阶段:可靠存储

数据存储有多种介质,传统介质如硬盘、磁带、光盘等,优点是可见、便携、分布式存储,缺点是数据不互通,每次使用需单独提取,且容易损坏。现代常用介质是云存储,分为公有云和私有云,公有云的优点是相对便宜、操作方便(由公有云公司负责运维),缺点则是存在数据安全隐忧,"云"的所有权不完全等同于系统平台上数据的所有权。私有云顾名思义,是为一个客户单独使用而构建的,客户拥有基础设施,并可以控制在此基础设施上部署应用程序的方式,是客户的私有资源。主要问题是前期投入大,需购置各类设备,雇佣专门人员进行运维,费用昂贵,此外若集中在某地建设数据中心,也存在被集中攻击的风险。最新的数据存储技术是区块链,无论是区块数据还是状态数据都是由区块链节点使用和储存的,区块链节点是一个程序,允许数据在电脑、虚拟机等媒介上存储,而多个节点通过网络的方式进行链接最终形成了完整的区块链网络。区块链数据存储被认为具有去中心化、安全性高等特征,主要问题是专业化程度较高,对操作人员的计算机能力要求较高。

"鸡蛋不放在一个篮子里",做好数据备份是教育大数据在数据存储环节需遵循的一大规则。教育数据具有数量大、种类多、多元性等特点,需采取数据加密、访问控制等手段进行隐私保护,确保数据不被攻击篡改。

(三)数据处理阶段:安全检索

数据处理是教育大数据的核心环节。首先需对数据进行清洗梳理,剔除异常数据,其次要通过数据挖掘、学习分析等技术,对原始数据进行分类、标签、关联聚合等操作,构建标准化数据超市,方便用户提取,最后目标是能通过已有数据识别关键规则,甚至进行预测,从而为决策者提供重要依据和支撑。

这一环节数据安全的潜在卡点在于数据分发和挖掘环节。教育大数据不只是一个人或一个单位的数据,需群策群力,发动广大人民群众,尤其是高校老师和研究人员的智慧,共同分析。必须构建完善的数据提取规则,保证只有获得授权的人员,才能从数据库中提取信息,进行处理,同时数据处理者需签署保密协议,提前约定好违约风险和惩罚措施。当然,数据处理者最好只能在某一平台上进行数据处理,使数据用的起、带不走,这是较佳的风控策略。

(四) 数据可视化:访问控制

数据可视化是教育大数据的成果展现,也是过程监督。可视化的路径包括课题研究成果、研究论文发表、大厅可视化数据展板等。该环节的特点是结果显性化,过程在前期数据处理的"黑匣子"里。需重点关注结果的技术处理,如匿名或以序号替代人名展示变量,以保护学生对成绩的敏感心理;对研究工作者而言,需重点关注科研成果的版权问题,防止冒名顶替和抄袭行为,建立健康可持续的智力成果产销存机制;对政府机构而言,数据可视化是报告,也是重大决策的潜在萌芽地,应建立严密的防火墙和访问权限制度,保障安全检索的同时尽可能便利决策人员。

教育可视化不仅是二维图表数据,更应该是落地于课堂、校园、社会的改进措施和项目,最终目的是促进教育领域生产力的发展,为国计民生产生正向效益。这一层面而言,教育数据应尽可能做到社会共享,开放给各类感兴趣的人员,尤其是创业机构。教育大数据从源头上应该海纳百川、有容乃大,从过程中开放共享、互通有无,形成良好的数据循环机制,最终反哺社会,创新教育发展,促进各地区教育资源的公平化。

总体而言,技术层面上,教育大数据是一项系统的、复杂的、包容的、严谨的信息系统,可采集各种形式的教育数据,用于深度数据挖掘和使用。隐私保护、可靠存储、安全检索及访问控制等是顶层设计时技术安全领域的核心原则。

第三节　数据保真与可信

　　教学评价重点任务是搭建可信评价和立体化评价的教育应用场景。将可信评价和立体化评价功能应用到教育新场景中,可验证是否解决了传统教学评价的缺点,是否体现出了教学评价的多元性,增强了教学评价的客观性、公正性和有效性,并在理论和实践的不断迭代中完善立体化评价功能。图6-5呈现的是基于区块链的可信评价、立体评价和教育应用场景之间的关系。

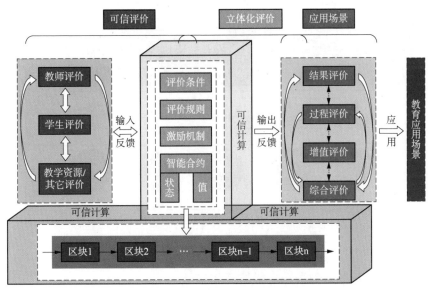

图6-5　可信评价、立体化评价和教育应用场景之间的关系

一、可信智能服务系统

基于图6-5的理念,开发出一套适用于学生综评的可信评价与立体化评价的可信智能服务系统,该系统适用于学生多模态全要素综评数据的获取、上链、共识等处理。首先,拟建立链下中心化应用服务系统对外提供访问接口,同时能够依据综评教育原则管理获取用于上链的多模态全要素学生综评数据、选取数据上链方式等。其次,拟开发面向学生综评的区块链平台,使得市、区、校作为参与节点,通过多方共识的设计,对综评数据快速达成共识,并依据不同场景需求,通过智能合约获取需求结果。该系统的研究方案如图6-6所示。

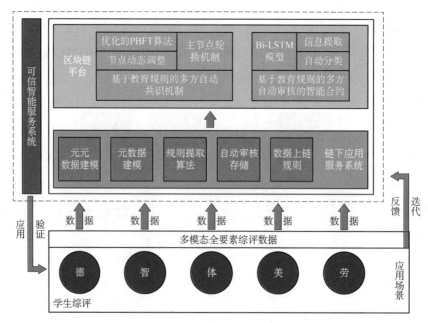

图6-6 可信智能服务系统研究方案图

二、可信的多模态全要素综评数据可信获取

可信的多模态全要素综评数据可信获取是基于学生综合素质MIPAL模型,建

立基于规则的链下数据自动审核算法,为可信数据上链做好充足的准备。

学生综评数据由于场景的不同,会使得数据具有多模态和动态的特点,同时用于评价学生的全要素数据也要保证其真实可靠性。因此,首先可以利用链下中心化的分级(市、区、校三级)审核系统对综评数据进行链下自动审核并分类存储,其次依据综评需求确定数据上链方案。

教育场景的规则会随着需求变化,直接修改软件系统中的业务会导致成本过大。链下数据自动审核主要采用基于规则的算法,规则提取算法如下:

(1) 设置教育场景类集合 $Y=\{y_1, y_2, y_3 \ldots y_n\}$;

(2) 令 $R_{x,y}=\{\}$ 为初始规则集合,其中 x 为综评数据,y 为场景,每学习到一条符合条件的规则 r,就会连同数据和场景信息,添加到规则 R 中;

(3) 设 E 为训练集,集合 $A=\{(A_{(1,y_n)}, v_1), (A_{(2,y_n)}, v_2), \ldots, (A_{(n,y_n)n}, v_n)\}$,A 代表 Y 类中不同类的规则的属性和值,如 $A_{(n,y_n)}$ 代表某场景中的数据,v_n 代表对该数据约束的值,可能是时间、等级或评价等;

(4) for $y \in Y_{i=\{1,2,\ldots,n\}}$

while 符合条件

$r=(E, A, x, y)$,符合条件的规则所带信息

$E=E+E_r$,Er 为新增 r 的记录

$R=RV_r$,添加到规则集合 R 中

end while

以上规则的提取算法保证了在教育多个场景下,审核和存储的数据具有可信性。同时,这批数据会依据价值、容量、格式、时效、隐私等参数设置设计教育数据上链的三种规则策略,涵括自动选取内容存证、哈希存证、链接存证、隐私存证和分享隐私存证等方式上链存储。

三、面向综评的可信服务教育共识机制

面向综评的可信服务教育共识机制的形成首先需要建立教育组织结构与区块

链拓扑映射模型,其次是要依据教育规则优化 PBFT 共识机制算法①。

(一) 教育组织结构与区块链拓扑映射模型

区块链作为一种分布式系统,需要保证系统内的所有节点{市、区、学校、其他利益相关者(如高等学校、发证机构等)、家长等不同层面}达成一致的状态共识。市、区、学校的教育层级结构和学生、教师、家长、其他利益相关者等多角色身份映射到区块链平台 P2P 网络中的模型如图 6-7 所示。

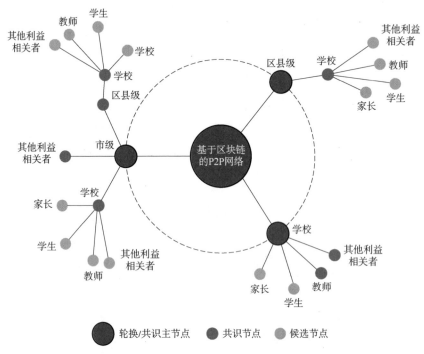

图 6-7　多角色身份组织机构映射到区块链平台 P2P 网络模型

因此,共识算法作为区块链技术的重要组成部分之一,会直接影响到区块链系统的性能和可扩展性。通过学生综评治理规则构建可信共识机制和算法,由特定

---

① PBFT(Practical Fault Tolerance,实用拜占庭容错)共识机制算法可以在少数节点作恶(如伪造消息)的场景中让分布或系统能够达成共识,确保消息传递过程中的防篡改性、防伪造性、不可抵赖性。

的可信的授权节点在链上达成共识,能够有效连接各教育角色间的可信互通并提升共识效率。

(二) 优化的 PBFT 共识机制算法

PBFT 算法是用于实现分布式系统中各节点状态的一致性,它的任务是解决系统中可能出现的拜占庭将军问题[①],同时保证各节点能够按照既定顺序执行客户端请求。针对教育本身的特点,本项目部署的是联盟链系统,为使 PBFT 算法更好地应用于该系统,提出以下优化思想。

(1) 按教育规则引入主节点轮换机制,将节点分为共识节点和候选节点两类,其中主节点属于共识节点一部分,共识节点负责完成系统共识,候选节点不参与共识,只保存结果。直接由主节点对共识结果进行判定,简化了原 PBFT 中两两交互达到复杂度为 $o(n^2)$ 的确认过程,从而提高了共识的效率。

(2) 主节点确认过程,集合 F 内的节点 i 以三元组形式构成 (y_i, r_i, o_i),该三元组将作为节点类别的判定。其中 y_i 表示的是某种教育场景,r_i 表示的是某种场景下的规则,o_i 表示的是某种场景下对应的活动。交互中,共识机制首先根据教育规则 r_i 在某个教育场景 y_i 某次活动 o_i 中判定节点 i 的类别 $C(y_i, r_i, o_i)$,并广播至各节点,各节点将根据广播结果轮换节点身份。

共识节点是共识过程的执行节点,它的可靠性直接决定了系统可信共识的达成。因此,依据教育规则引入主节点轮换共识机制,通过对节点的动态调整,大大提高了共识的执行效率和各节点的可靠性。

四、面向综评的可信智能服务

面对综评的多个教育场景,部署在区块链上的智能合约需满足不同教育场景下学生综评可信规则并自动分类,智能合约的特征信息包括学生综评服务对象、场

---

① 拜占庭将军问题(Byzantine failure),是由莱斯利·兰伯特提出的点对点通信中的基本问题。含义是在存在消息丢失的不可靠信道上试图通过消息传递的方式达到一致性是不可能的。

景信息、活动事件、综评规则等。

（一）学生综评可信通用规则

教育场景丰富多样，固化的软件系统中的业务和处理逻辑已不能应对这种丰富多样带来的多样化规则。综评五种场景驱动下的可信规则，在元数据模型的约束和扩展下，研究场景下多样化的数据特征，如数据处理难度、复杂性、体量、模态、速度、价值和真实性等，采用基于规则的算法构建变化的学生综评可信规则，可较好的支撑链下中心化的分级（市、区、校三级），审核系统对综评数据进行链下自动审核并分类存储，从而使得审核和存储的数据具有可信性。

（二）智能合约的自动分类算法

面对不同的学生综评服务需求时，本研究使用 Bi-LSTM 模型对智能合约进行有效信息的提取实现自动分类；对于因教育规则变化而导致不可使用的智能合约，可以通过主控智能合约的设置来决定生效合约。Bi-LSTM 编码模型如图 6-8 所示，该模型可以捕获较长距离的依赖关系，在训练过程中能够将不重要的信息筛选出并遗忘掉，这可以对智能合约快速捕获和提取有效信息，实现智能合约的高效分类，以快速匹配不同教育场景的执行需求。

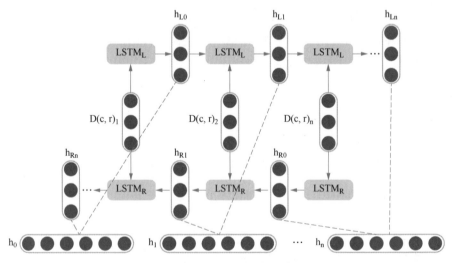

图 6-8　Bi-LSTM 编码模型

智能合约自动分类模型主要采取以下做法。

（1）词向量的转换，任意一个智能合约 D，由源码 c 和规则信息 r 构成，表示为 D(c,r)，利用向量化文本工具 Tokenizer 将智能合约转化为序列化的向量。

（2）利用 Bi-LSTM 模型训练序列化的向量并打上预测标签，根据预测标签去比对区块链中存在的智能合约并进行内容差异对比，选取相似度最高的智能合约，并得到智能合约文本中的关键特征，提高合约分类效率和分类的准确性。

（3）智能合约全局特征在全部的关键特征表述完以后，将 D 作为最终信息输入到 Softmax 分类器中，并将其投影到目标分类中。

利用 Bi-LSTM 神经网络从源代码和教育规则两个角度进行分类，通过对关键特征的捕获和提取，得到完整的特征集，使得智能合约能够高效地执行分类。

五、应用场景案例

学生综评是教育应用场景之一，构建可信的教育应用场景的智能服务系统就是支撑可信评价与立体化评价的教育应用场景构建的关键技术基础。智能服务系统包括链下数据采集、链上处理和链下保存，链下通过多种方式采集（视频、文本、传感器、定位系统等），通过基于规则的链下数据自动审核算法筛选上链数据，链上在共识机制和智能合约的作用下，自动匹配不同教育场景的执行需求，链下保存各阶段的执行后数据，从而体现出可信评价和立体化评价的教育应用场景，其业务流程图如图 6-9 所示。

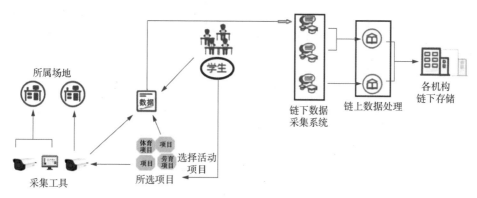

图 6-9　业务流程图

以上业务流程通过以下实践创新(一级维度)应用场景案例和身心发展(一级维度)应用场景案例进行介绍。

(一)实践创新(一级维度)应用场景案例

表6-2 实践创新(一级维度)应用场景案例

二级维度	内容	链下数据采集	数据采集要求	链上处理/链下保存
劳动意识	日常劳动——1.学校的劳动;2.家务劳动	在学校场地,利用"摄像头+人脸识别"技术,确认学生的身份。摄像头采集学生的脸部数据和行为数据(躯体动作和行为数据),将数据实时传输至链下系统数据库,行为数据可分析学生在劳动中的积极表现程度,进行打分;家务劳动中,学生带上手环,通过手环采集学生的行为数据,通过行为数据分析学生的劳动积极程度。	1. 在劳动开始时间和结束时间,摄像头进行脸部数据采集。 2. 在劳动时间段内,行为数据采集的指标包括劳动的强度等。	链下中心化应用服务系统通过基于规则的链下数据自动审核算法筛选上链数据,将数据生成对应的哈希摘要,在自动分配的主节点共识下上链,其他从节点依据共识规则同步数据,最后根据某学生的请求,调用智能合约,自动生成某学生需求的劳动证书,同时链下保存结果数据。
社会体验	学校与社会公益劳动——1.养老院服务活动;2.马路帮扶活动;3.有困难学生帮扶活动;4.有效公益宣传活动	通过"智能手表+无线通信"技术,随时监控学生的行为场景,人脸识别技术可以确认学生的身份,采集对应学生的行为数据,进入链下系统数据库。	1. 摄像头采集分析学生身份。 2. 记录学生帮扶次数和帮扶种类。 3. 记录学生公益宣传次数和项目。	
创新表现	科技活动——1.参加不同项目级别的科技活动;2.创造发明项目;3.参加市级青少年科学研究院(含市级专业分院)、青少年科学创新实践工作站活动	在科技活动中心,"摄像头+大数据人脸识别"技术识别学生的身份,采集学生的脸部数据和行为数据(躯体动作和行为数据),将数据实时传输至链下系统数据库,行为数据可分析学生在科技活动中的角色、地位和表现,进行打分。	1. 摄像头采集分析学生身份,并确定活动时间。 2. 采集行为数据确定创新活动中的参与程度,包括角色、地位和表现。 3. 结果数据确定学生创新成果并给予奖励。	

二级维度	内容	链下数据采集	数据采集要求	链上处理/链下保存
技术应用	技能活动精工实习——制作铁锤、斧头等	在规定场地，利用"摄像头＋人脸识别"技术，确认学生的身份。摄像头对学生进行实时监控，防止作弊。在规定时间内学生制作完成的手工艺品，放置于摄像头下，签到退出。摄像头将采集到的手工艺品的数据及个人信息输入链下系统数据库。	1. 摄像头采集分析学生身份，并确定活动时间。 2. 采集行为数据确定技能活动中的熟练程度。 3. 结果数据确定学生技能活动成果并给予奖励。	

（二）身心发展（一级维度）应用场景案例

表 6-3　身心发展（一级维度）应用场景案例

二级维度	内容	链下数据采集	数据采集要求	链上处理/链下保存
体育表现	日常健身活动——长跑健身，锻炼打卡	在规定的运动场地，通过北斗卫星定位系统进行实时定位和距离计算，以及时间分析，实时传输至链下系统数据库。开启手机前后摄像头，防止通过相关交通工具作弊。	1. 手机摄像头每隔 30s 一次人脸识别，防止作弊。 2. 定位系统采集出发位置及终点，进行距离分析和时间分析。 3. 结果数据记录打卡次数。	链下中心化应用服务系统通过基于规则的链下数据自动审核算法筛选上链数据，对数据进行分析，可将学生体育达标数据，生成对应的哈希摘要，在自动分配的主节点共识下上链，其他从节点依据共识规则同步数据，最后根据某招生学校的请求，调用智能合约，自动生成某学生体育达标的各项检测数据，该数据形成的学生个人画像供需求方直观参考，同时链下保存结果数据。
	球类运动——篮球，排球，足球类活动项目	在比赛场地，装备相当数量的监控，事先采集学生的人脸数据，采用防止高空抛物的千里眼追踪技术，通过物理传感器，采集球进时发出相关的信号及人脸识别技术，分析击球者，并将数据实时传至链下系统数据库。	1. 摄像头采集分析学生身份，并确定活动时间。 2. 传感器采集进球次数、时间和进球人脸，分析每 5 分钟内的进球次数、进球距离等。 3. 分析结果评出球类运动明星。	

二级维度	内容	链下数据采集	数据采集要求	链上处理/链下保存
	陆上体能运动——单杠、双杠，引体向上、仰卧起坐	采集学生的人脸数据，通过监控系统利用人脸识别技术识别学生，防止作弊。利用头戴式传感器捕捉学生的头部，和手腕式传感器记录动作完成度，并将学生的动作和标准动作进行比较，符合规范的动作记入成绩，并将数据实时传至链下系统数据库。	1. 摄像头采集分析学生身份，并确定活动时间。 2. 传感器采集学生动作，系统分析每个动作的规范性，并记录有效成绩，对不规范的动作通过传感器实时发出预警信息。 3. 分析结果评出陆上体能运动明星。	
	水上体能运动——游泳	通过智能穿戴设备（智能手表＋人脸识别＋定位系统）识别学生身份。采集学生身份和游泳距离数据，并将数据实时传至链下系统数据库。	1. 智能穿戴设备实时采集游泳姿势的规范性、游泳距离和时间。 2. 系统分析游泳姿势的规范性和速度，评出水上体能运动明星。	

本研究技术成果可应用服务于德、智、体、美、劳五种综评场景。五种场景的数据和应用分析具有各自的特点，传统的教学系统无法较好的通过各种教学活动保留和应用来自五种场景的数据，并有篡改的可能性。基于区块链对可信数据的研究，通过德、智、体、美、劳五种场景下多方参与的数据协作机制，构建基于区块链的五种场景下的数据上链和开放的标准规范，跨部门多层级协作共识机制以及多方审核面向业务协作的高效智能合约，建立面向学生综评的可信智能服务系统，开展面向学生综评的可信服务。

第七章

多维度学生数字画像构建实证研究

教育评价本身不是目的,最终将指向人的发展。教育评价改革就是发挥评价杠杆作用,让教育回归自然,发展天性。与以往不同的是,新一轮教育评价改革立足全行业数字化转型时代背景,突飞猛进的信息技术与教育深度融合,为教育评价发展带来了更广阔的想象空间。如何用技术趋利避害支撑教育评价改革,让教育回归育人初衷,这是我国走向教育强国的"生长点",也是新时代赋予的新命题。本章将前文理论研究应用于真实的学校教育场景,利用"基于数字画像的综合素质评价框架",在德智体三个评价维度开展探索与实践,开展了作业、阅读、在线教学等场景的数据分析,丰富智育评价;开展了体质健康数据、心理健康数据分析,丰富体育评价;探索了人的属性特征数据分析,丰富德育评价。本章的研究逻辑是以数字画像为依据,映射学生德智体发展情况,同时融入增值性评价、发展性评价理念,在25所中小学的日常教学中践行"以评促学",初步形成了一些可资借鉴的方法和路径。本章进一步总结实践经验,尝试提炼形成面向学生未来发展,尤其是对创造能力、高阶思维能力的新型评价体系和育人模式,促进综合素质评价向深、向细、向实发展。

第一节　基于运动和生活数据的学生体质健康画像构建与应用

身心健康是学生成长与发展的基石。由中共中央办公厅、国务院办公厅印发的《关于全面加强和改进新时代学校体育工作的意见》,提出"推进学校体育评价改革",要求"改进中考体育测试内容、方式和计分办法,科学确定并逐步提高分值",为今后加强和改进相关工作指明方向。随后,相关部门密集出台要求和通知。2021年6月3日,教育部印发《关于做好中小学生定期视力监测主要信息报送工作的通知》要求"每年每所中小学需进行 4 次视力检测,填报的数据明确需要增加屈光度"。9 月 3 日,教育部就《关于全面加强和改进新时代学校卫生与健康教育工作的意见》答记者问提到,将修订《中小学生健康体检管理办法》,将脊柱健康检查纳入中小学生体检项目;把新时代学校卫生与健康教育工作列为政府政绩考核指标、教育部门和学校负责人业绩考核评价指标。可见国家对中小学生体育和健康发展要求提到了新的高度。上海市积极推进中小学生体育和健康工作,2019 年上海市教委等八部门联合发布《综合防控儿童青少年近视实施方案》,设定防控目标,到 2030 年,小学生近视率下降到 38%以下,初中生近视率下降到 60%以下,高中阶段学生近视率下降到 70%以下。2020 年初上海市教委等六部门共同联合出台了《上海市中小学体育工作管理办法》,提出了在办学过程当中,要实施"兴趣化、多样化、专项化"的体育教学。2021 年上海市教委发布通知,9 月起上海市小学每天一节体育课,初高中逐步增加课时。2021 年 9 月,《上海市体育发展"十四五"规划》把提升青少年体育素养水平放在"头条"位置,特别强调"深入推进体教融合,努力开创青少年体育事业发展新局面"。

一、体质健康画像构建

学生体育健康数字画像通过校园内的应用创新和系统优化,对日常体育课程以及成长体质检测数据实现从云到端的多方位立体化、长期化的采集,分别通过"运动参与""运动结果""运动项目""体质健康"等方面的视角,科学地对学生进行体育与健康的多角度、个性化的评价,建立可追溯的学生体育健康数字画像管理体系,帮助教师掌握真实可靠的体育健康信息,并进行可视化分析,为各学校开展体科融合素养教育的教学教研提供有力的数据支撑。

第一,落实儿童青少年近视防控。教育部《2022 年工作要点》提出了"实现儿童青少年总体近视率比 2021 年下降 0.5 到 1 个百分点"的指导意见。体质健康画像利用智能设备精确、快速筛查,强化学校对于近视防控的动态评估能力,对于学生视力情况进行建档立案,跟踪历史检出率、新发近视率等数据,通过大数据分析,发现各学校在"防近工作"中的薄弱环节与问题,制定精准化防控方案,评估区域近视防治效果和趋势,同时为学生近视患病、发病、恢复等研究提供支撑,推动青少年近视防控工作取得实质性成效。

第二,落实儿童青少年肥胖防控。为落实学龄儿童、青少年肥胖防控,控制学生肥胖发生、发展,体质健康画像根据国家教委与卫健委相关标准,对各校学生的BMI、体重、高腰围等数据进行长期跟踪,及时了解学生肥胖相关健康情况,监测儿童青少年超重肥胖,为学校膳食方案提供数据支撑与结果验证。实现个体数据分析并制定对应运动处方,引导学生从小养成健康生活习惯,锻炼健康体魄,预防肥胖等疾病,遏制超重肥胖率,促进儿童青少年健康成长。

第三,落实早期脊柱健康筛查防控。根据国家卫生健康委、教育部联合印发的《中小学生健康体检管理办法(2021年版)》,脊柱侧弯纳入每学年或新生入学体检内容并将脊柱弯曲异常筛查结果纳入学生健康档案。人工智能(AI)、大数据等新技术通过每学期快速筛查,动态监测学生脊柱健康状况,实现早期发现,早期干预。

第四,提升家校一体化共育管理水平。体质健康画像可以支撑教育行政部门、学校领导、教师与家长齐抓共管"以体育人"的新格局,利用大数据平台实施体育家庭作业制度,重点评价学生体育锻炼行为与习惯的养成,实现对日常锻炼情况的过程性评价。通过开展智能化与自主常态化体质健康测试,不断积累学生体质健康数据形成大数据库进行分析,调整体育教学内容与时长分配,提高居家体育作业设计水平。结合在校、居家真实运动场景,打通线上线下运动训练通路,提高体育家庭作业质量,辅助家长提升家庭教育指导能力,进而提升学生体育成绩,实现区域学生体育与健康水平的整体提高。

第五,提升区域体育及健康教育智能化、数字化水平。体质健康画像实则为基于人工智能设备及大数据系统的体育智能评价,能够支撑教师因材施教与学生个性化发展,促进体育教学、评价、研训等方面的信息化水平的全面提升,实现体科结合、体教融合、以体育人。

(一) 学生体质健康数据采集及处理流程

在全面实施素质教育的当下,青少年体育评价也必将是个全方位立体化体系。

构建基于大数据技术的学生体质健康综合评价模型(如图7-1),采集学生课堂内外、正式和非正式学习环境等多场景下的体质健康数据,以获取丰富多维的体育数据,形成系统、完备的学生体质健康大数据。

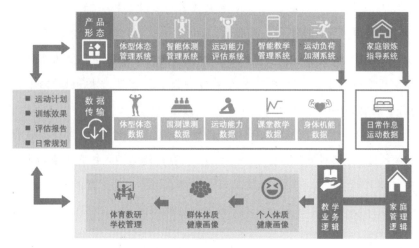

图7-1 基于体质健康画像的评价系统构建

智能体育模式以学生体质健康画像为核心,以管理后台、体育教学助手、体育家校通为具体应用形式,从智能体育测评、体育教学管理和学生体质健康家校共育三个维度,实现了学生体型体态管理、运动能力评估系、智能体测、智能体育教学、课堂运动负荷监测、家庭锻炼指导等六个功能。

1. 学生体质健康数据采集。

(1)智能体测管理系统

通过深度相机、高速摄像头、红外感应等设备,对学校的操场和体育测试用具进行智能化改造,针对体育老师在国测和课测中的痛点,实现便捷的操作、高效的运行、数据流转自动化、对学生的体能成长情况进行画像智能分析。

学生从入校到毕业的日常测评数据、国家体质健康测试一站式解决,系统中有50个体育项目作为数据采集点,包括"智能肺活量""智能体前屈"等成绩分值自动换算,全方位关注学生的体育测试数据。

通过AI计算智能硬件,结合应用图像识别、人体姿态、动作跟踪、运动轨迹分析等领先的人工智能算法,服务于学校的整体智能解决方案。智能体测包括包含学生国家体质监测所需要的肺活量、身高体重、坐位体前屈、跳绳、立定跳远、实心球、引体向上、仰卧起坐、50/800/1000米/50米＊8折返跑等项目。

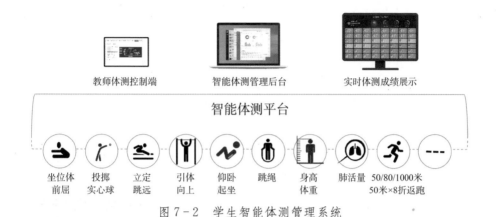

图 7-2　学生智能体测管理系统

智能测试终端实现学生信息自动认证、智能识别和计算、语音提示、测试数据上报等功能;教师控制端实现学生测试项目管理,学生成绩确认,现场情况监控等功能;展示大屏显示当前已测未测情况,以及学生现场成绩和实况查看;体测平台实现设备管理,学生信息管理,成绩管理及数据分析。

该系统的特点是,第一,融合多种 AI 算法:AI 图像识别技术,进行人脸、人形和物体的识别、分析及跟踪,支持高速、多人的场景,分析人体关节模型和运动轨迹;第二,满足多场景体育测试服务:支持日常体育教学、训练、测试考核,项目满足体育中考、国家学生体质健康测试、青少年运动技能等级测试等各种场景及要求;第三,全流程自动化:学生信息自动认证,自动发令计时、自动识别计算、数据自动上传;第四,测试过程更加公平公正:违规动作实时检测,测试公平公正,测试过程视频保存,可追溯回放;第五,部署快捷易用:移动化部署 Pad 操作,学生身份数据对接,测试结果实时上传。

（2）视力健康检测

通过智能视力健康检测设备对学生的裸眼视力和屈光度进行筛查,检测数据自动上报,自动生成数据报表和报告,对学生数据进行跟踪建档。该检测的特点是,第一,左右眼裸眼视力检测。采用人工智能技术,学生人脸认证,自动识别测试者登录,自助化检测。采用手势跟踪,符合常规检测习惯,自动记录检测结果,自动上传数据;第二,左右眼屈光度检测。秒出结果,通过人脸识别认证,操作简便,无需眼视光专业人员;第三,视力健康数据管理。测试数据自动上传,方便管理老师学生的个人信息。

(3) 体型体态管理系统

OVI 3D体态仪有100多个基础参数指标,包括具备"体格测量""体型测量""身体姿势"等百余个数据点数据收集,以便更客观判断学生的体形健康程度,关注生长发育规律,检测肥胖,推断体态、病痛根源等问题(见图7-3)。

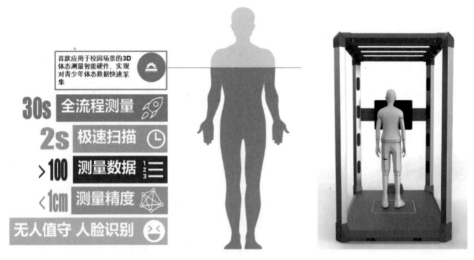

图 7-3 学生体型体态管理系统

体姿健康管理为学生们建立监测、干预、评估的闭环系统,每个循环周期一般为3个月—6个月,针对学生的评估结果制定个性化脊柱健康管理方案。监测内容分三个部分:

一是体型指标,主要包括:身高、体重、BMI、颈围、胸围、腰围、臀围(精细化测量还包括臂围、腿围等)。

二是体姿指标,包括:头颈前伸、双肩高差、髋前上棘高差、髋前后上棘偏差、双腿长差、人体左右倾斜、胸椎后凸角度。

三是脊柱左右侧弯。

基于筛查结果,形成三档干预意见,继续保持、运动矫正、就医复查。筛查评估结果及干预意见以报告形式发送家长,形成家校共同干预管理。在此基础上,建立学生脊柱健康管理服务系统,引入专家脊柱健康知识讲座,建立专家知识库,提供专家解答,形成脊柱健康知识普及,疑难问题解决,脊柱健康系统管理的科学体系,帮助学生、家长、教育工作者建立脊柱健康的科学观念,帮助学生形成良好的体姿习惯,呵护青少年健康成长。

(4)运动能力评估系统

"身体素质"是人体在运动过程中所表现出的力量、速度、耐力、柔韧、灵敏、协调及平衡机能能力的总称,它反映了人的身体适应性[①]。学生在灵活性、稳定性以及在动作控制方面存在个体差异,根据功能性动作系统评价原理(Functional Movement Systems,简称 FMS),每个健康的学生在开展训练前,需要先进行功能性动作检测。

图 7-4 运动能力评估系统

(5)智能教学管理系统

该系统为教师专用手机端软硬件一体化产品,教师可以在该程序上查看课表、考勤记录、课测项目记录、计时功能、学生信息查看功能、成绩录入功能。该终端同

---

① 袁尽州,黄海.体育测量与评价[M].北京:人民体育出版社,2011.

时具备防眩光功能,更友好于户外使用,若使用电子墨水屏作为显示载体,平均可超长待机15天。

图7-5　智能教学管理系统

（6）运动负荷加测系统

2020年发布的《中国儿童青少年体育健康促进行动方案（2020—2030）》提出了优质体育与健康课程的要点：时长上,每节体育课的运动时长不少于课时长75％;强度上,平均运动心率达到140—160次/分钟;运动安排上,体能训练10分钟左右,技能练习20分钟左右,实现"运动密度"和"运动强度"均达标[1][2]。借助手环对学生运动情况进行量化,结合教师的"智能教学管理系统",让体育课没有降低"教"的要求,更重视"教"的效果。

（7）家庭锻炼指导系统

该系统是立足于学生、服务于家长及学校的重要一环,以家长为中心,建立学生"全日制"的健康监测管理。通过"家庭指导系统"和"智能教学系统"的打通,教师可利用数据对学生进行运动干预,后台设置学校、教师、家庭的双向反馈通道,数据信息快速处理,家长可以被实时通知到学生的体育单项报告、成长轨迹报告、综

---

[1] 苏坚贞,季浏.基于中国健康体育课程模式的"运动密度"概念探析[J].首都体育学院学报,31(5).
[2] 新华网.《中国儿童青少年体育健康促进行动方案（2020—2030）》发布[EB/OL].http://www.xinhuanet.com/sports/2020-12/13/c_1126854297.htm,2021-05-19.

合分析报告，家长也可以一键分享，并获得学生的各项分析和运动建议。

图 7-6　家庭锻炼指导系统

2. 体质健康数据清洗与整合。

《普通高中体育与健康课程标准（2017 年版 2020 年修订）》提出以多元学习评价体系激励学生发展，明确了学生体育学分评定的标准，体能模块和运动技能模块的学分评价打破了过去的单一评价方式，采用定量评价与定性评价相结合、过程性评价与终结性评价相结合的方法，评价重点从考核运动技能掌握转移到强调运动技能运用能力[①]。以评促教、以评促学，评价更多是为了给学生起到激发、引导、反馈、优化等作用。借助信息技术手段，对多种情境下获取的学生体育与健康数据予以综合评价，如校内外锻炼情况、体育课程情况、运动技能水平、体质体能水平等，构建新时代学生健康评价模式，更为全面立体地刻画学生情况。

具体到可采集的体质健康数据点，主要包括体育数据和健康数据（如图 7-7 所示）。体育数据分成结果数据和过程数据。结果数据主要以体育测试成绩为主，包括每年一次的国家青少年体质健康测试、体育课程要求的每学期课程测试，课程数据通过教师助手直接入库。过程数据覆盖体育课堂和课后家庭活动；体育课堂通过智能设备采集学生的运动内容、时间、强度等；课后活动以家庭作业的形式通过

---

① 中华人民共和国教育部.普通高中体育与健康课程标准（2017 年版 2020 年修订）[M].北京：人民教育出版社，2020.

智能小程序采集。健康数据以"校园卫生平台＋智能设备"的方式覆盖,学生体检数据可以自动转化入库;基于学生日常医疗档同步的医疗健康数据等。

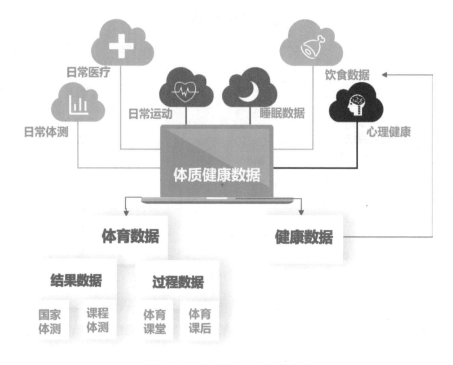

图 7-7 体质健康数据采集点

学生体质健康数据的采集需借助于外部设备,如 3D 传感器、终端记录器等,其采集、传输、记录等不可避免受限于物理或技术的约束,导致数据质量良莠不齐。为了提升数据质量,需要采取一些数据清洗及处理手段,如:进行数据预处理和校验,去除重复或冗余信息;设定数据类型和大小区间,保证数据合法性;取短时间内重复记录的最后数值,或者多次训练的平均值,确保学生数据的唯一性;筛查事实标签数值的最大值、最小值和平均值,保证数据的全面性等。

(二) 评价指标体系设计

《普通高中体育与健康课程标准(2017 年版 2020 年修订)》将体育与健康学科核心素养分为运动能力、健康行为和体育品德三个维度,其中运动能力是身体活动的基础,是体能、技战术能力和心理能力等在活动中的综合表现;健康行为是增加身心健康和适应外部环境的综合表现;体育品德是在体育运动中遵循的行为规范及价值追求和精神风貌。① 通过文献检索,以《普通高中体育与健康课程标准(2017年版 2020 年修订)》中身体形态、身体机能、身体素质三方面为基础,以《总体方案》和中小学生体育育人目标为方针,在锻炼习惯、生活方式、测试内容、测试方式以及计分办法中,确立逾 100 个可直接度量的具体指标,构成中小学生体质健康评价结构特征指标。

1. 学生体质健康画像框架。

体质健康画像主要分为四大部分:人群特征标签、健康行为标签、运动能力标签以及心理特征标签。基于原始数据首先构建的是事实标签,事实标签既可以直接获取,如从数据库直接获取(如姓名、学号等);也可以通过基础处理后获取,如对数据进行简单的统计处理,可以了解数据分布情况进而构建高级标签。学生体质健康画像的重点是构建模型标签,该过程需要使用机器学习和自然语言处理技术。整个画像框架的构建路径从抽象到具体主要分为高级标签、模型标签、事实标签和原始数据四层。

2. 指标体系定义及其采集点。

遵循学生体质健康画像构建路径,逐步细化构建学生体质健康画像的评价指标体系,同时明确体系中相关维度的具体数据采集点。在该指标体系中,共构建了4 个高级标签、12 个模型标签、24 个事实标签(见图 7 - 8)。

(三)学生体质健康画像建模

1. 学生体质健康分析。

体质健康分析由日常信息、运动能力、心理健康这 3 大块组成,并共同构建一个打分体系。运动能力层的分值由两级打分过程构成(如图 7 - 9 所示)。

---

① 中华人民共和国教育部.普通高中体育与健康课程标准(2017 年版 2020 年修订)[M].北京:人民教育出版社,2020.

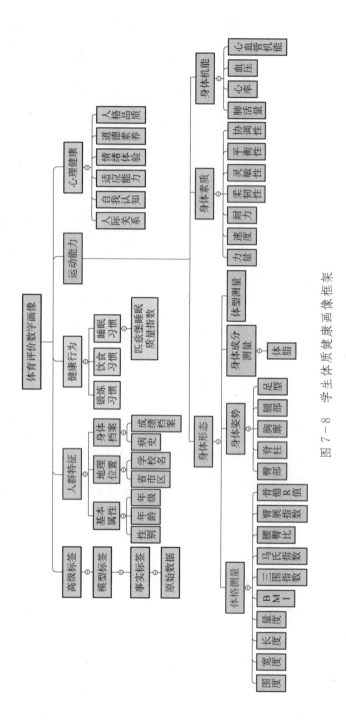

图 7 - 8　学生体质健康画像框架

表 7-1　学生体质健康画像的评价指标体系及数据采集点

高级标签	模型标签	事实标签	原始数据
人群特征	基本属性	性别	男/女
		年龄	精确到 0.1 岁
		年级/学号	统一数据格式
	地理位置	省市区	统一数据格式
		学校名称	统一数据格式
	身体档案	校医病史	日常就医档案
		成绩档案	日常运动成绩
健康行为	锻炼习惯	锻炼习惯	喜好、目标、频率
	饮食习惯	饮食习惯	喜好、频率
	睡眠习惯	睡眠习惯	作息时间、运动实施
运动能力	身体形态	体格测量	身高和体重
			两肩高、肩宽、臂长(大小臂)、腿长(大小腿)、躯干长
			胸围、腰围、臀围、腿围(大小腿)、踝围
			三围指数、马氏指数、腰臀比、臂展指数、骨骼 R 值
		身体成分	体脂
		体型测量	肌肉分布情况
		身体姿势	颈部侧倾、骨盆侧倾、驼背、高低肩、脊柱侧弯、腿型 X/O/XO/足型
	身体机能	身体机能	肺活量
			血压
			心血管机能
			心率
	身体素质	速度	50 米跑
		耐力	耐力跑(10 分附加)
		柔韧性	坐位体前屈
		协调性	一分钟跳绳(20 分附加)
		平衡性	力量/立定跳远
		力量	仰卧起坐/引体向上(10 分附加)

高级标签	模型标签	事实标签	原始数据
体育品德	体育道德	体育道德	文明礼貌、尊重他人、胜任角色、责任担当
	体育精神	体育精神	勇敢顽强、积极进取、挑战自我、顽强拼搏、追求卓越
	体育品格	体育品格	遵守规则、服从裁判、公平竞争、正确对待胜负

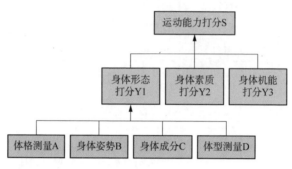

图 7-9　学生运动能力打分过程

通过第一级打分得到身体形态、身体素质、身体机能 3 个维度的分值,分别标记为 Y1、Y2、Y3。第二级打分是学生运动能力的整体量化指标,它是综合前述 3 个维度来获得的综合分值。其中,A、B、C、D 均是多维向量,每一维表示一种身体的基础指标(比如三位指数、体脂率等)。

2. 学生体质健康相关分析。

以学生体质健康画像为基础,探究学生体质健康问题非常具有现实价值和意义,它可以帮助我们了解学生"健康行为"和"运动能力"的关系、"心理健康"和"运动能力"的关系、"心理健康"和"健康行为"之间的关系等。基于学生体质健康指标体系,获取两组数据,第一组是 BMI 马氏指数和骨骼 R 值的数据,第二组是对应的力量、速度和耐力的数据。

通过对画像中各个模块的建模,继而发现模块间的相关性规律。用于学生体质健康数据分析和课程推荐的一般是底层标签,基于事实标签、模型标签开展进一步的深度建模,进而得到更高级的标签,最终构造出整个健康指标。

(四) 体质健康画像的可视化呈现

学生个体的体质健康画像共由 4 个高级标签，12 个模型标签，24 个事实标签组成。经过数据处理分析后，主要处理成三大部分内容呈现：3D 模型图、数据分析图以及综合雷达图。

1. 3D 模型图：综合情况。

通过可旋转模型可以直观看到学生多角度的体型体态，同时包含：基本属性标签、地理位置标签、健康行为、运动能力，以及心理健康等维度。

除了对整体身体状况的预览，还有针对学生整体和部分情况排名的文字描述，例如："该学生身体机能优异，基本动作能力完成情况良好，日常有较好的作息和饮食习惯，但是运动习惯、爆发力、耐力训练有待提升，腰围超标准 10 cm；另外，医学指标中视力情况不佳，左右眼视力差 400 度，应改善用眼习惯；同时有脊柱侧弯和高低肩症状，应协同引起重视，否则会影响身体机能水平。"（如图 7 - 10 所示）

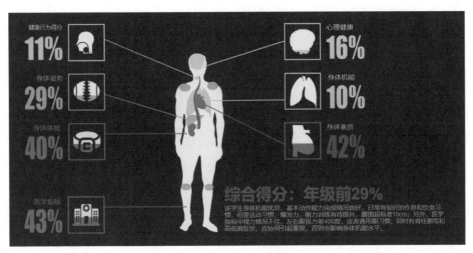

图 7 - 10　综合情况

2. 线性分析图：发展趋势。

通过线性分析图可获得学生身体各个指标数据的"偏移差值"，来衡量身体姿势、身体成分、身体体格、身体体型等重要部位指标的健康偏差度；"指数分析"针对学生的睡眠质量指数、三围指数、马氏指数、臂展指数、骨骼 R 值等指数标准进行分析;"趋势折线图"是对学生的身体体格和体型进行多次测量后,各个细分指标随着身体生长发育的周期规律表现。(如图 7 - 11 所示)

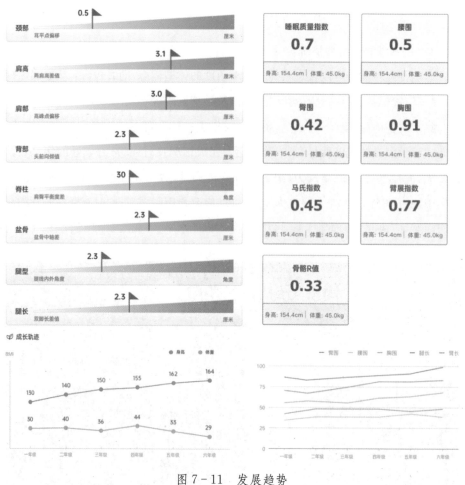

图 7 - 11　发展趋势

3. 综合雷达图: 能力特长。

雷达图是展示学生在模型标签如锻炼习惯、饮食习惯、睡眠习惯、体格测量、身体姿势、身体成分、体型测量、身体素质、身体机能、人际关系、自我认知、适应能力、情绪体验、道德素养、人格品质等 15 个维度以及在学校同年龄段的分布排名情况。(如图 7 - 12 所示)

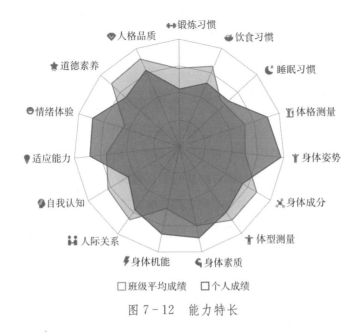

图 7 - 12　能力特长

二、体质健康画像的应用

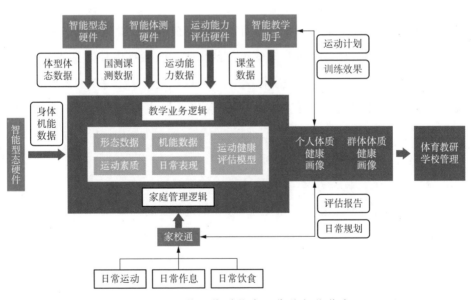

图 7 - 13　基于体质健康画像的智能体育

(一)综合体质健康检测,建立多元学习评价体系

基于学生体质健康数据的分析与诊断,针对地区、学校、年级、班级、学生薄弱项,完善学生运动评价,以运动评价来促进学生多场景锻炼。

学生可以通过智能设备全面了解自身身体的健康发育情况,输出的健康画像可以发现问题、定位问题,同时还可以得到体态纠正建议和训练方案。例如基于体型数据推荐学生运动类型(下肢长利于长跑,臂长身高比值大利于游泳),注重学生运动专长的培养,奠定学生终身体育的基础[①];根据胸、腹、臀、腿推荐不同的减重计划;患有某些疾病的学生避免参与不利于其健康的运动形式,而推荐有助于康复的其他运动;针对近视率高发的学生群体,结合个体矫正方案,每月甚至每周都可以智能自助测试自己的视力情况,帮助学生全方位提升身体状况,从而实现身心状况的自我认知、自我纠错、及时验证的矫正路径。

通过校园内的应用创新和系统优化,对日常体育课程以及成长体质检测数据实现云到端的多方位立体化、长期化的采集,分别通过"运动参与""运动结果""运动项目""体质健康"等方面的视角,科学地对学生进行体育与健康的多角度、个性化的评价,建立可追溯的学生体育健康数字画像管理体系,帮助教师掌握真实可靠的体育健康信息,并进行可视化分析,为各学校开展体科融合素养教育的教学教研提供有力的数据支撑。利用智能设备可以自动完成体育和健康数据的采集。同时,智能化的操作可以提升采集数据的频次和时间跨度,数据内容更多,范围更广,跨度更长。构建"一人一档"的数字化学生档案,跟踪记录学生完整的体质健康状况及运动能力表现,加强学生健康管理,开展健康评价,为长期数据跟踪分析各群体的特征特点制定提升对策,提供充分的数据依据,实现为宝山区推进体育教育平台"数据驱动""平台聚力"赋能的目标。

(二)运动处方个性化定制,重视每个学生的进步发展

教师可利用数据对学生进行运动干预,利用系统中学校、教师、家庭的双向反馈通道,对学生课内外体育活动进行记录、分析、诊断和管理,基于此为学生提供适

---

① 季浏. 我国《普通高中体育与健康课程标准(2017年版)》解读[J]. 体育科学,2018(02).

合其运动能力和运动强度的指导，让学生体验更加科学合理的体育锻炼活动，给予个性化运动方案。针对不同学生身体素质及健康状况的个体特点，基于频率（Frequency，每周运动次数）、强度（Intensity，费力程度）、时间（Time，持续时间或总时间）、方式（Type，模式或类型）四项维度，通过人工智能算法，尊重个体差异，为每一位青少年提供一份符合其特性的运动处方，辅助教师查缺补全，高效自动化地推进体育分层教育，提升体育教育整体水平以及每个学生的综合能力素养。

对学生体质健康进行综合全面评价，可以为学生个体提供适切合理的运动处方建议，同时帮助学校将学生健康监测情况与学校体育教育发展有机结合，为课程规划与设计、上课指导与优化等提供支持，进而构建学生健康体测、教师课堂教学、课外体育活动三位一体的学校体育教学模式。①

（三）智能体育教学管理，强化学科学习的目标意识

《教育部等五部门关于全面加强和改进新时代学校卫生与健康教育工作的意见》中指出，建设全国学生健康管理信息系统，建立健全学生健康电子档案，与卫生健康系统有关数据互通共享。利用智能设备可以实现自动完成体育和健康数据的采集。同时，智能化的操作可以提升采集数据的频次和时间跨度，数据内容更多，范围更广，跨度更长。构建"一人一档"的数字化学生档案，跟踪记录学生完整的体质健康状况及运动能力表现，加强学生健康管理，开展健康评价，为长期数据跟踪分析各群体的特征特点制定提升对策，提供充分的数据依据。

在当前学校体测工作中，体育课程测试和国家青少年体测环节占据了体育教师三分之一至二分之一的有效时间，这个环节是学生体质健康状况的快照，是体育工作的起点也是体育工作的评价依据，但不会对学生身体健康产生直接促进作用。压缩测试的单次时间并增加测试频次是提升教学效率的最有效途径。通过建立学生自助式测试设备和测试环境，加强了学生测试频度，也拓展了测试内容维度。

借助体质健康画像可以帮助区域教育者进一步实现体育教学的教学监督、评

---

① 朱文胜. 体育教学"三位一体"模式论[J]. 辅导员：中下旬（教学版），2010(18).

估、指导；帮助学校实现体质健康、运动负荷、体育课堂的可视化管理；帮助体育课教师指导锻炼，促进学生自我锻炼，实现体质健康管理、运动负荷检测，以及有针对性地开展课后体育作业布置、运动技能提升、专项体能增强、形态矫正等。同时，可将体育教师从繁重冗余的简单工作中解放出来，由操作者变成观察者与工作流程的优化者，能把更多精力用于提升体育教学。通过年级、班级数据分析，体育教研组内各位老师取长补短；通过学生个人分析，把学生做跨班级、年级的排列组合，避免千篇一律且没有效率的课程内容，做到分层分级。此外，数字画像可以支撑体育教育资源的自适应推送。体育教育资源包含基础运动技能、体能及专项运动技能等，在推进实施体育新课标的同时，结合人工智能与信息化技术，因人而异地推送给学生健康知识、基本运动技能和专项运动技能。

(四) 家校共育共同成长，线上线下学习深度融合

基于学生体质健康画像可以让教师、家长共享学生体质数据，实现校内校外协同治理，家校共育为学生健康茁壮成长保驾护航。在家庭，通过微信小程序，推送学生体质健康报告给家长，用详实的数据和形象的展示方式，使家长充分了解孩子的真实状况，引起家长的兴趣；开通在线咨询服务，不仅解答家长的困惑，也为家长照顾、引导孩子指明了方向；体育家庭作业则帮助孩子建立终身运动的习惯。而体育教研组的老师们精心挑选的视频，不仅有标准的示范动作，还有亲子互动环节，使家长深入参与其中，共建家校互育的健康环境。

青少年体质健康发展指的是生理、心理以及社会适应三个方面的良好状态。各种数据在青少年体质健康综合评价系统的输出与输入，通过在青少年健康体育综合评价系统的各个子系统之间相互影响与作用，从而使得系统不断发展与进化。最终，体育评价使学生更了解自身体育状况，能引导学生参与体育活动从而提高身体素质，而后续跟踪环节的完善，可使儿童青少年的体质健康获得更好的发展。

学生体质健康状况的改善和提高不是家庭或者学校单方面推动的，而是需要双方协同联动来发挥最大效应，以体质健康画像进一步增强家校互通的效率无疑是技术时代下的一个优化解。

宝山区体质健康发展指数包含了国家青少年体测、近视防控筛查和青少年体姿三部分。学生样本覆盖小学一年级到高中三年级，共22所中小学，总计47 435份样本，其中男生占比53.1%，女生占比46.9%；小学生占比69%，中学生占比16%，高中生占比15%；监测项目包括裸眼视力、屈光度、体重指数（BMI）、肺活量、50 M、坐位体前屈、一分钟跳绳、立定跳远、一分钟仰卧起坐（女）、引体向上（男）、耐力跑、颈部前伸、双肩高差、脊柱弯曲、胸椎后凸等15个项目。

表 7-2　体质健康监测内容及对象

年级\项目	身体形态	身体机能	身体素质						视力		体姿			
	BMI	肺活量	50 M	坐位体前屈	跳绳	立定跳远	引体向上/仰卧起坐	耐力跑	近视	屈光	颈部前伸	双肩高差	脊柱弯曲	胸椎后凸
一年级	✓	✓	✓	✓	✓	✗	✗	✗	✓	✓	✓	✓	✓	✓
二年级	✓	✓	✓	✓	✓	✗	✗	✗	✓	✓	✓	✓	✓	✓
三年级	✓	✓	✓	✓	✓	✓	✓	✓	✓	✓	✓	✓	✓	✓
四年级	✓	✓	✓	✓	✓	✓	✓	✓	✓	✓	✓	✓	✓	✓
五年级	✓	✓	✓	✓	✓	✓	✓	✓	✓	✓	✓	✓	✓	✓
六年级	✓	✓	✓	✓	✓	✓	✓	✓	✓	✓	✓	✓	✓	✓
初一	✓	✓	✓	✓	✗	✓	✓	✓	✓	✓	✓	✓	✓	✓
初二	✓	✓	✓	✓	✗	✓	✓	✓	✓	✓	✓	✓	✓	✓
初三	✓	✓	✓	✓	✗	✓	✓	✓	✓	✓	✓	✓	✓	✓
高一	✓	✓	✓	✓	✓	✓	✓	✓	✓	✓	✓	✓	✓	✓
高二	✓	✓	✓	✓	✓	✓	✓	✓	✓	✓	✓	✓	✓	✓
高三	✓	✓	✓	✓	✗	✓	✓	✓	✓	✓	✓	✓	✓	✓

1. 视力健康指数。

视力健康指数的评价依据是"视力"筛查标准和"屈光"筛查标准。"视力"筛查标准：根据《儿童青少年近视防控适宜技术指南（更新版）》《标准对数视力表》（GB11533—2011）检查远视力，其中，视力 4.9 为轻度视力不良，4.6≤视力≤4.8 为中度视力不良，视力≤4.5 为重度视力不良。"屈光"筛查标准：根据散瞳后验光仪测定的等效球镜（SE）度数判断近视度数，可以将近视分为近视前期、低度近视、高度近视三类。(1)近视前期：−0.50D<SE≤+0.75D(近视 50 度以下)；(2)低度近视：−6.00D<SE≤−0.50D(近视 50—600 度之间)；(3)高度近视：SE≤−6.00D(近视 600 度以上)。

（1）视力和屈光监测整体情况

本次青少年视力监测为科学规范开展近视防控工作，筛查分布于上海市宝山区跨 12 个年级（小学一年级到高中三年级）共 22 所中小学，总计 40 382 份样本，其中男生占比 53%，女生占比 47%，小学生占比 72%，中学生占比 15%，高中生占比 13%；监测项目包括青少年"裸眼视力"和"屈光度"的程度判定。

表 7-3　各年级视力和屈光监测人数及学校分布

测试人数	裸眼视力	屈光度	样本分布
一年级	2 669	2 653	
二年级	2 688	2 647	
三年级	2 716	2 702	
四年级	2 649	2 639	藻北小学、行知中学、通河中学、淞谊中学、月浦新村第三小学、泰和新城小学、宝山区实验小学、宝山区盛和中心校、宝山区大华第二小学、上海大学附属实验中学、祁连镇中心校、美罗家园第一小学、罗南中心校、罗南中心校（美兰湖分校）、罗静中心校、菊全学校、华东师范大学附属杨行中学、海滨第二中学、顾村中学、宝山中学、宝山教育学院实验学校
五年级	2 473	2 467	
六年级	1 306	1 303	
初一	1 098	1 097	
初二	1 054	1 053	
初三	939	939	
高一	959	959	
高二	914	914	
高三	772	772	
总计	20 145	20 237	

（2）视力和屈光监测各学段情况

全区学生的整体视力正常率为 32.56％，"裸眼视力"监测整体"视力不良"率为 67.44％，屈光度监测整体"屈光不正"率 67.6％；小学生是"裸眼视力"中"轻度不良"和"中度不良"的高发群体，分别高达 18.52％和 21.2％，也是"屈光度"中"近视前期"的高发群体，筛查阳性高达 41.94％，说明有近 20％的学生虽然裸眼视力正常，但是存在近视高危因素；初中生虽然视力占比只有 17.2％，但是是"屈光度"中"低度近视"（$-6.00D < SE \leqslant -0.50D$（近视 50～600 度之间））的高发群体，筛查阳性高达 79.75％；高中生是"裸眼视力"中"重度不良"的高发群体，高达 72.36％，这部分群体近视度数较高，除远视力差外，还可能常伴有夜间视力差、飞蚊症、漂浮物和闪光感等症状，并可发生不同程度的眼底改变，特别是发生视网膜脱离、撕裂、裂孔、黄斑出血、新生血管和开角型青光眼的危险性增高，严重者导致失明。

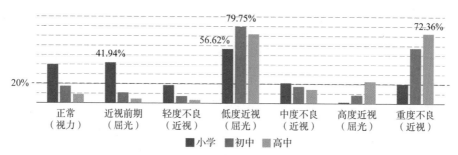

注 1：小学　小学生群体正常视力占比不足一半，轻度近视占比近 20％，生理性轻度近视超过一半。
注 2：初中　初中群体超过半数的重度不良近视，同时屈光度显示有近 80％的学生都存在低度近视。
注 3：高中　高中群体重度不良近视高发，达到 72.4％，屈光度 72.3％存在低度近视。

图 7-14　视力和屈光监测各学段情况

（3）视力和屈光监测各学段男女生情况对比

女生在小学、初中和高中阶段的"裸眼视力"和"屈光度"表现都弱于同龄男生，特别是初中男女生的"裸眼视力"正常率，男生比女生高出 5.73％。

2. 体测指数。

根据 2014 年教育部印发的《国家学生体质健康标准（2014 年修订）》版本为指导，对学生全年龄阶段体测进行评价。

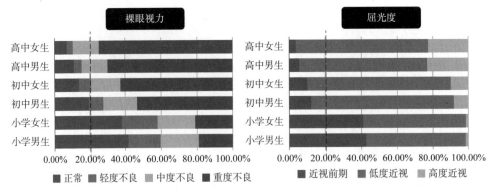

注1：近视前期　小学生的近视潜在发生率近50%，说明有近一半的学生存在近视或近视风险。
注2：低度近视　轻度不良主要高发在小学男女生中，高中阶段有超过一半的学生已经发展成中度、中度不良。
注3：高度近视　屈光高度近视已纳入病理性近视范畴，高发于高中生，初中生也有近10%的学生比例。
注4：中度、重度不良　高中、初中和小学的女生重度视力率均高于同龄男生，初高中重度不良率直线上升。

图7-15　视力和屈光监测各学段男女生情况对比

表7-4　单项指标与权重

测试对象	单项指标	权重（%）
小学一年级至大学四年级	体重指数（BMI）	15
	肺活量	15
小学一、二年级	50米跑	20
	坐位体前屈	30
	1分钟跳绳	20
小学三、四年级	50米跑	20
	坐位体前屈	20
	1分钟跳绳	20
	1分钟仰卧起坐	10
小学五、六年级	50米跑	20
	坐位体前屈	10
	1分钟跳绳	10
	1分钟仰卧起坐	20
	50米×8往返跑	10
初中、高中、大学各年级	50米跑	20
	坐位体前屈	10
	立定跳远	10
	引体向上（男）/1分钟仰卧起坐（女）	10
	1000米跑（男）/800米跑（女）	20

注：体重指数（BMI）＝体重（千克）/身高^2（米^2）。

（1）学生体测整体情况

本次国家青少年体测从身体形态、身体机能和身体素质等方面综合评定学生的体质健康水平，体测分布于上海市宝山区跨 12 个年级（小学一年级到高中三年级）共 22 所中小学，总计 36 724 份样本，其中男生占比 53%，女生占比 47%；小学生占比 53%，中学生占比 25%，高中生占比 22%；监测项目包括体重指数（BMI）、肺活量、50 M、坐位体前屈、一分钟跳绳、立定跳远、一分钟仰卧起坐（女）、引体向上（男）、耐力跑等 9 个项目。

从总体得分情况来看，整体分数不高，体测总平均分为 66.86 分，小学阶段的整体分数高于高中阶段，最低的为初中阶段的整体分数，其中初中男生的平均分数只有 64.1 分；各个阶段的女生平均得分均高于同龄的男生，其中小学女生分数最高，平均达到了 69.93 分。

从总体优秀率来看，各个阶段的学生优秀率都远低于国家规定的 25% 以上的优秀率，小学阶段的女生优秀率最高也只有 2.61%。而初中男生的整体身体素质需要格外重视，其成绩不及格率达到了 33.55%。

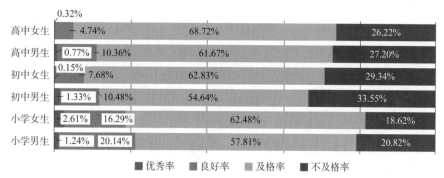

图 7-16　各学段总体水平等级比率柱状图
注：优秀率均未达到国家规定的 25% 以上的标准。

（2）体重指数（BMI）监测

体重指数（BMI）监测分布于上海市宝山区跨 12 个年级（小学一年级到高中三年级）共 22 所中小学，总计 5 715 名学生样本，其中男生占比 53%，女生占比 47%；小学生占比 53%，中学生占比 25%，高中生占比 22%；监测指标包括"正常"、"低体重"、"超重"和"肥胖"四个等级。

从总体情况来看,体重正常率为68.3%,"超重"和"肥胖"的比例高达27.8%,说明现在学生的身体形态偏胖,而在初中阶段和高中阶段,学生的"肥胖"比例比"超重"比例更加严峻并且超过了总体平均值,"超重"和"肥胖"的比例达到31%。

从男女生角度分析,男生的"超重"和"肥胖"率均大于同龄女生,尤其是初中男生的"肥胖"率,高于同龄女生7%,"超重"率的男女差距,也从小学至高中阶段,从3.5%到6%逐渐变大。

小学生体重指数女生表现较为平稳,低年级女生有5%左右的低体重占比,但在高年级阶段逐步减少;男生肥胖问题在四年级达到了18.2%,"肥胖"和"超重"总数达到40%;初中生体重指数中,女生的低体重现象基本改善,整体优于男生,而初

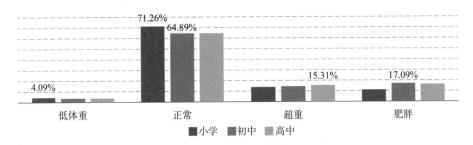

注1:小学 71.3%的正常率,但依然有25%的学生存在超重和肥胖现象。
注2:初中 64.9%的正常率,17%的学生存在肥胖现象。
注3:高中 65%的正常率,31.4%的学生存在超重和肥胖现象。

图7-17 各学段BMI总体水平等级比率柱状图

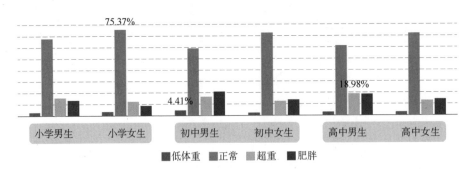

注1:低体重 小学女生和初中男生的低体重率较高,在3.6%—4.4%之间。
注2:正常 各个年龄阶段的女生体重正常率均高于男生,小学女生高达75%。
注3:超重 高中阶段男生的超重率最高,达到19%,其次是初中男生16.6%。
注4:肥胖 初中阶段的男生肥胖率最高,占比总人数21%,其次是高中男生18.5%。

图7-18 各学段男女生BMI总体水平等级比率柱状图

三年级男生"肥胖"率21%,是同龄女生的一倍,女生肥胖峰值在初二年级,只占12%;高中生体重指数中女生整体向好,"超重"率从17%降到12.6%,而男生从16.7%增长到23.5%,"肥胖"率有所改善,高中女生肥胖率从18.5%降到11.5%,男生肥胖率从22.2%降到14.5%。

(3)肺活量监测

肺活量监测分布于上海市宝山区跨12个年级(小学一年级到高中三年级)共22所中小学,总计5712名学生样本,其中男生占比53%,女生占比47%;小学生占比53%,中学生占比25%,高中生占比22%;监测指标包括"优秀""良好""及格"和"不及格"四个等级。

从总体情况来看,肺活量优秀率为48.7%,整体通过率98.42%,成绩较好。小学阶段的成绩整体较初中和高中阶段偏低,不及格和及格的人数占比显著高于初中和高中阶段的学生;初中阶段的学生优秀率最高,达到59.49%,及格和良好水平的占比是三个阶段的学生中占比最低的;高中阶段的学生主要在及格和良好水平,优秀率只有56.14%。

从男女生角度分析,各个阶段的女生优秀率显著高于同龄男生,初中阶段的女生优秀率达到了68.16%,高中男生的成绩优于初中男生的成绩。

小学生群体中,男生成绩从一年级到六年级比较稳定,主要是及格和良好为主,女生成绩随年龄增长优秀率有所提升,优秀等级占小学女生的大多数,六年级女生优秀率占比74.12%;初中群体中,男生成绩有所提升,最高有60.84%的优秀

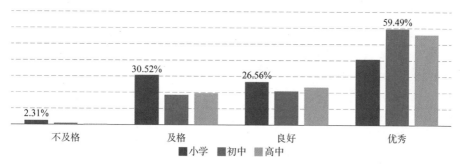

注1:小学　小学生的肺活量不及格率最高,占小学生测试人数的2.3%。
注2:初中　初中生优秀率最高,占初中生测试人数的59.5%。
注3:高中　高中生不及格率最低,及格和良好的学生比率最高。

图7-19　各学段肺活量总体水平等级比率柱状图

率,女生始终保持64.7%—70.8%之间,同时良好率也逐年提升;高中阶段的男生优秀率开始逐年下滑,高三只有50%。另外,男生的良好率普遍在25%—30%,女生在16%—26%之间。

(4) 50 M跑监测

50 M跑监测分布于上海市宝山区跨12个年级(小学一年级到高中三年级)共22所中小学,总计5 688名学生样本,其中男生占比53%,女生占比47%;小学生占比53%,中学生占比25%,高中生占比22%;监测指标包括"优秀"、"良好"、"及格"和"不及格"四个等级。

从总体情况来看,50 M跑优秀率为16.5%,整体通过率92.41%,但从各个阶段的学生成绩来看,小学、初中和高中都有60%以上的学生只能达到及格的水平,小学生的不及格率达到了10.66%,优秀率最高的为初中阶段的学生,达到21%,高中阶段的学生主要集中在及格和良好等级,占比高中总人数77%。

从男女生的角度分析,男生在优秀率方面更有优势,虽然小学男生有13.81%不及格,但初中男生的优秀率有明显的提升,占比34.93%,到了高中阶段占比39.49%,女生的优秀率逐年下降,初中阶段占比6.2%,到了高中阶段只有2.28%。

小学阶段的男生均有15%左右不及格率,同龄女生只有10%不到,但小学女生随年龄增长,优秀率从25.7%下降到5.26%;初中阶段的男生和女生的不及格率逐年递减到2.5%左右,男生优秀率和良好率逐年递增,女生表现较平稳,初三年级的男生优秀率达到近半数,但是同龄女生只有6.28%;高中阶段的女生和初中阶段类

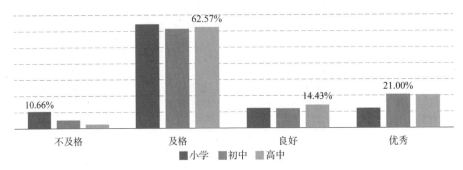

注1:小学　小学生的短跑项目不及格率占比最高,成绩较高年龄段偏低。
注2:初中　初中生优秀率相比其他年龄最高,占初中生测试人数的21%。
注3:高中　高中生短跑成绩较好,良好和优秀占比高中测试人数都较高。

图7-20　各学段50 M跑总体水平等级比率柱状图

似,成绩以良好和及格为主,高三女生最高达到84.7%,及格率男女生都有优秀率下滑的现象,高三男生的优秀率只有34.34%,女生只有2.19%。

（5）耐力跑监测

耐力跑（六年级：50米×8往返跑；初中、高中：800米跑）监测分布于上海市宝山区跨7个年级（小学六年级到高中三年级）共22所中小学,总计3 541名学生样本,其中男生占比52%,女生占比48%；小学生占比25%,中学生占比39%,高中生占比36%；监测指标包括"优秀"、"良好"、"及格"和"不及格"四个等级。

从总体情况来看,耐力跑优秀率为7.8%,整体通过率76.08%,小学生的50米×8往返跑通过率明显高于初中和高中阶段学生的800米跑,初中生的不及格率最高,达到32.66%,高中生的成绩偏低,近70%的学生只能达到及格水平。

从男女生角度分析,初中和高中的女生及格率高于同龄男生,不及格率低于同龄男生,初中男生有40%的不及格率,同龄女生只有25.22%,小学女生的优秀率16.81%,占全年龄阶段最高。

小学五年级学生的50米×8往返跑项目较高,男女生都有19%的比例,到了六年级不及格率下降到3%左右,初一开始的800米跑项目,男生有半数以上的不及格,同龄女生只有33.33%,到初三逐年下降至20%左右,但是男生不及格率高于女生近一倍；到了高一开始,男女生的不及格率又有不同程度的增加,及格率下滑,高三男女生只有70%的及格率。

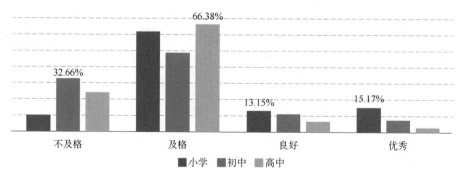

注1：小学　小学生的耐力跑项目优秀及良好率都高于其他年龄段。
注2：初中　初中生的不及格率在各个年级中最高,占比32.7%。
注3：高中　高中生的成绩偏低,近70%的学生只能达到及格水平。

图7-21　各学段耐力跑总体水平等级比率柱状图

（6）坐位体前屈监测

坐位体前屈监测分布于上海市宝山区跨12个年级（小学一年级到高中三年级）共22所中小学，总计5713名学生样本，其中男生占比53%，女生占比47%；小学生占比52%，中学生占比25%，高中生占比23%；监测指标包括"优秀"、"良好"、"及格"和"不及格"四个等级。

从总体情况来看，坐位体前屈优秀率为17.9%，整体通过率92.4%，小学生的坐位体前屈项目优秀和良好率都较高，高中生的优秀率和良好率较其他年级学生显著偏低，不及格率占比13.92%，小学生只有4.29%。

从男女生角度分析，男生的不及格率和及格率普遍高于女生，女生的良好率和优秀率普遍高于男生，女生成绩高于男生成绩。

小学阶段的女生在该项目更有优势，各个年级的女生优秀率都高于良好率和不及格率；初一和初三男生的及格率达到65%左右，初中女生的及格率在50%左右。女生的优秀率随年龄下滑，但整体相比较初三女生优秀率还是高于同龄男生5%；高中年级不及格率男女生都直线上升，男生更高，高三年级达到24%，女生达17%，女生的良好率数据与男生基本持平。

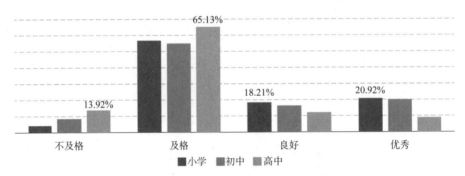

注1：小学　小学生的坐位体前屈项目优秀、良好和及格率都较高。
注2：初中　初中生的良好率与优秀率和小学阶段的学生基本持平。
注3：高中　高中生的优秀率较其他年级学生显著偏低，不及格率偏高。
图7-22　各学段坐位体前屈总体水平等级比率柱状图

（7）一分钟跳绳监测

一分钟跳绳监测分布于上海市宝山区跨6个年级（小学一年级到六年级）共7所小学，总计3029名学生样本，其中男生占比53%，女生占比47%；小学生占比

100%；监测指标包括"优秀"、"良好"、"及格"和"不及格"四个等级。

从总体情况来看，一分钟跳绳优秀率为15.65%，整体通过率92.87%。

从男女生角度分析，女生的良好率和优秀率均高于同龄男生，男生的不及格率高于女生，达到8.74%；男生的良好率随年龄增加有所提升，各个年级的良好率均高于同龄女生。

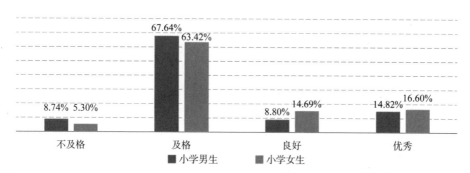

注1：男生　小学男生的不及格率比女生高，为8.7%，多数成绩刚及格，整体成绩低于女生。
注2：女生　从良好率和优秀率来看，女生在跳绳这项运动有较好的优势。

图7-23　各学段男女生一分钟跳绳情况对比

（8）一分钟仰卧起坐监测

一分钟仰卧起坐监测分布于上海市宝山区跨10个年级（小学三年级到高中三年级）共22所中小学，总计3 263名学生样本，其中男生占比32%，女生占比68%；小学生占比61%，初中生占比20%，高中生占比19%；监测指标包括"优秀"、"良好"、"及格"和"不及格"四个等级。

从总体情况来看，一分钟仰卧起坐优秀率为3.5%，整体通过率92.87%。高中阶段的女生不及格率相比小学和初中阶段的学生显著降低10%，仅有2.98%的学生不及格，及格率占比85.99%，普遍成绩偏低，只能达到及格水平。

从男女生角度分析，小学男女的良好率随年龄增长稳步提升，成绩都逐渐变好，男生最高有15.7%的良好率。从小学三年级到高中三年级的女生成绩趋势来看，及格率逐年变高，从80%升至92.35%，说明有基本全数女生的成绩水平都只能达到及格水平。整体优秀率不高，六年级的优秀率最高，也只有6.65%，其他年级在2%左右。

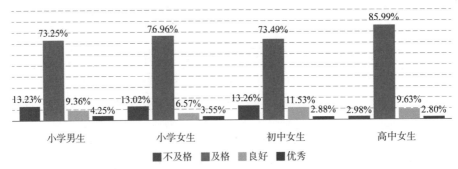

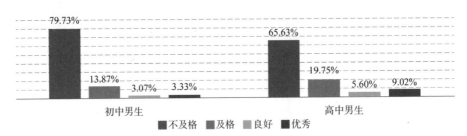

注1：不及格　小学和初中阶段的不及格率较高，在13%左右，高中开始不及格率降到3%。
注2：及格　高中阶段的及格率有86%，说明有绝大部分学生的项目分数不高。
注3：良好　女生的良好率有较好的提升，初中阶段的良好率最高，达到11.5%。
注4：优秀　优秀率随年级升高不断降低，高中阶段的优秀率只有2.8%，小学阶段最高为4.3%。

图7-24　各学段仰卧起坐总体水平等级比率柱状图

（9）引体向上监测

引体向上监测分布于上海市宝山区跨6个年级（初中一年级到高中三年级）共15所中学，总计1393名学生样本，其中男生占比100%；初中生占比54%，高中生占比46%；监测指标包括"优秀"、"良好"、"及格"和"不及格"四个等级。

从总体情况来看，引体向上优秀率为6%，整体通过率26.8%，不及格率偏高，达到73.2%。初中男生的不及格率为79.73%，高中男生略低，为65.63%，高中生的整体成绩相比初中阶段逐渐向好，优秀率最高可以达到9.02%。初高中男生引体向上的主要成绩分布于不及格和及格，良好率整体低于优秀率，成绩差距较大。

注1：不及格　初中阶段的不及格率高于高中阶段，初中阶段有79.7%的学生引体向上数量不足6个。
注2：及格　随年龄增长，及格率逐步提升，高中阶段的及格率较高，但只有20%的及格率。
注3：良好　高中阶段的良好率比初中阶段的高。
注4：优秀　高中阶段优秀率有所提升，但是也不足10%的男生可以做到14个以上的引体向上。

图7-25　各学段男生引体向上总体水平等级比率柱状图

（10）立定跳远监测

立定跳远监测分布于上海市宝山区跨 6 个年级（初中一年级到高中三年级）共 15 所中学，总计 2670 名学生样本，其中男生占比 52%，女生占比 48%；初中生占比 52%，高中生占比 48%；监测指标包括"优秀"、"良好"、"及格"和"不及格"四个等级。

从总体情况来看，立定跳远优秀率为 8.5%，整体通过率 76%，不及格率偏高，占比 24%。

从男女生角度分析，女生的及格率在初中阶段和高中阶段均高于同龄的男生，但优秀率均低于同龄阶段男生，其他成绩基本持平。其中，初一和初三年级的男女生不及格率偏高，达到 25% 左右；高中阶段不及格率依然居高不下，高二年级男生达 28%，女生达 26.63%，随年龄增长，及格率逐步提升，高三女生的及格率达到 65.6%，同龄男生达到 60.8%。

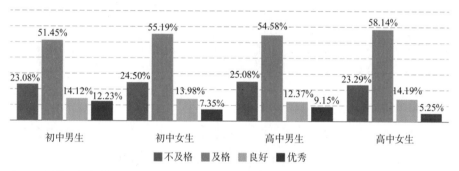

注1：不及格　初高中男女生的不及格率基本持平，不及格率较高，有 24% 左右的比例。
注2：及格　初高中的及格率并没有显著差异，男生的及格率略低于女生。
注3：良好　男女生的良好率基本持平，初中和高中阶段的良好率基本一致。
注4：优秀　初中男生的优秀率最高，其次是高中男生，女生的优秀率较男生偏低。

图 7 - 26　各学段立定跳远总体水平等级比率柱状图

3. 体姿健康指数。

2021 年国家卫生健康委疾控局组织编写了《儿童青少年脊柱弯曲异常防控技术指南》，以指导规范、科学地开展儿童青少年脊柱弯曲异常流行病学调查、筛查及防控工作，对学生全年龄阶段的体姿状况进行评价。

表7-5 "脊柱弯曲"判定标准

脊柱弯曲类型判定	筛查结果
无弯曲异常	一般检查、前屈试验均无异常且 ATR<5°者，为无侧弯。
姿态不良	一般检查异常或前屈试验阳性或 ATR≥5°者。

表7-6 其他姿态不良判定标准

	类型判定	筛查结果
颈部前伸	无颈部弯曲异常	一般检查、3D人体建模试验颈部均无异常且前伸角度<50°者，为前伸。
	姿态不良	脊柱侧面一般检查或3D人体建模试验中颈部前伸（角度）≥50°者。
双肩高差	无双肩高低差	一般检查、3D人体建模试验双肩高度均无异常且高差≤2 cm者，为无高低差。
	姿态不良	一般检查或3D人体建模试验双肩高差>2 cm者。
胸椎后凸	无胸椎弯曲异常	胸椎侧面的一般检查及3D建模试验无异常体征，且后凸ART≤50°者，为无弯曲。
	姿态不良	脊柱侧面检查有脊柱后凸体征，且3D建模试验胸椎后凸ATR>50°者。

（1）学生体姿检测整体情况

青少年体姿监测分布于上海市宝山区跨12个年级（小学一年级到高中三年级）共2所中小学，总计1336份学生样本，其中男生占比57%，女生占比43%；小学生占比48%，初中生占比20%，高中生占比32%；监测项目包括颈部前伸、双肩高差、脊柱弯曲、胸椎后凸，评价指标包括"无异常"和"姿态不良"两个等级。

从总体情况来看，青少年体姿无异常率从高到底依次为双肩高差（93%）、颈部前伸（91%）、脊柱侧弯（90%）、胸椎后凸（79.6%）。

表7-7 各年级体姿监测人数及学校分布

测试人数	颈部前伸	双肩高差	脊柱弯曲	胸椎后凸	样本分布
一年级	20	20	20	20	通河中学、宝山教育学院实验学校
二年级	25	25	25	25	
三年级	26	26	26	26	

测试人数	颈部前伸	双肩高差	脊柱弯曲	胸椎后凸	样本分布
四年级	35	35	35	35	
五年级	26	26	26	26	
六年级	27	27	27	27	
初一	19	19	19	19	
初二	28	28	28	28	
初三	19	19	19	19	
高一	33	33	33	33	
高二	43	43	43	43	
高三	33	33	33	33	
总计	334	334	334	334	

（2）青少年体姿各阶段情况

初中男生的颈部前伸问题尤为严重，其次是高中男生和高中女生；各年龄段的女生脊柱侧弯状况相较男生较差，尤其是小学阶段的女生尤为突出；高低肩问题在初高中男生阶段较为高发，其次是高中阶段的女生；高中阶段的男女生胸椎问题高发，该问题在小学女生和初中男生也占比 30% 左右。

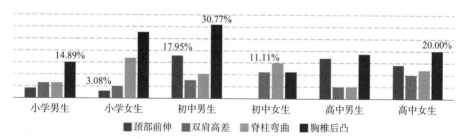

注1：颈部前伸　初中男生的颈部前伸问题尤为严重，其次是高中男生和高中女生。
注2：双肩高差　高低肩问题在初高中男生阶段较为高发，其次是高中阶段的女生。
注3：脊柱弯曲　各年龄段的女生脊柱侧弯状况相较男生较差，尤其是小学阶段的女生尤为突出。
注4：胸椎后凸　高中阶段的男女生胸椎问题高发，该问题在小学女生和初中男生也占比 30% 左右。

图 7 - 27　各学段体姿总体水平等级比率柱状图

（3）青少年体姿各阶段男女生对比

从各年级男女生角度分析，颈部前伸问题高发于四、五、六年级的男女生，初中阶段的男生以及高二的男女生,其中四年级男生占比 10%,高二男生占比 26%,女生占比 20%;低年级女生初中阶段女生和高二的女生脊柱弯曲异常率高,最高占比近 50%;四年级男生、初二女生和高二女生的高低肩问题较为高发,占比在 15% 以上。胸椎后凸问题小学高年级阶段、初二年级的男女生、高一和高三的女生不良率更高,女生高于男生,六年级男女生的不良率达 40%,初三男生有 35% 的占比,高中阶段女生占比 26.7%。

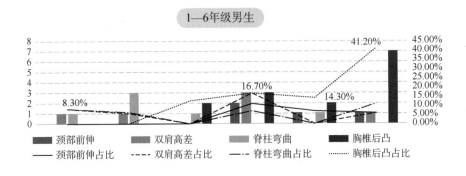

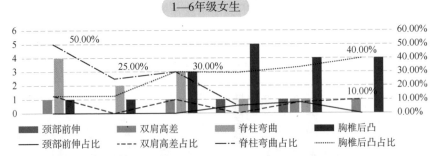

注 1:颈部前伸   该问题高发于四、五、六年级的男女生,其中四年级男生占比 10%。
注 2:双肩高差   各个年级都有高低肩问题,四年级男生的高低肩问题较为高发,占比 16.7%。
注 3:脊柱弯曲   各年龄段脊柱弯曲情况在女生群体较为突出,尤其是低年级女生,占比近 50%。
注 4:胸椎后凸   小学高年级阶段的不良率更高,女生高于男生,六年级男女生的不良率达 40%。

图 7-28   各学段男女生体姿情况对比

4. 总结与展望。

本次学生体质健康发展指数报告包括了近视防控筛查、国家青少年体测、青少年体姿三大部分的筛查,学生样本分布于上海市宝山区跨 12 个年级(小学一年级到高中三年级)共22所中小学,总计47 435份样本,其中男生占比53.1%,女生占比46.9%;小学生占比69%,中学生占比16%,高中生占比15%;监测项目包括裸眼视力、屈光度、体重指数(BMI)、肺活量、50 M、坐位体前屈、一分钟跳绳、立定跳远、一分钟仰卧起坐(女)、引体向上(男)、耐力跑、颈部前伸、双肩高差、脊柱弯曲、胸椎后凸等15个项目。

从各个项目的优秀率来看,只有体重指数和肺活量两个指标的优秀率超过了25%,其他项目各个阶段的学生均不能达到较好的优秀率,尤其是初高中阶段的耐力跑、立定跳远和引体向上几个项目,不及格率都超过了20%;裸眼视力和屈光度的整体良率不高,初高中阶段也不足20%(如图7-29、7-30所示)。

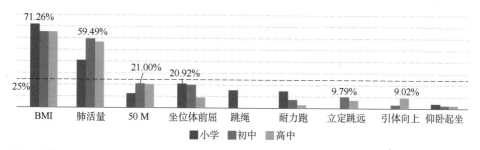

注1:小学   小学阶段大部分项目都可以达到优秀,而能达到25%优秀率的项目只有2个。
注2:初中   初中阶段较弱的项目为耐力跑、立定跳远、引体向上和仰卧起坐。
注3:高中   高中阶段的耐力跑项目存在较低优秀率,只有2.85%,成绩普遍偏低。
*此项BMI是指处于"正常"范围的学生。

图7-29   各学段各个项目优秀比率柱状图

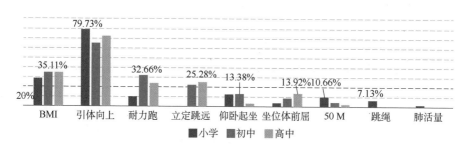

注1:小学   BMI有较多学生体重超标,另外小学男生影响引体向上整体及格率。
注2:初中   比小学阶段问题更加严峻,尤其在耐力跑、引体向上、坐位体前屈等。
注3:高中   BMI指数依然有35%的学生不及格,引体向上不及格率达73.2%。
*此项BMI是指处于"偏瘦"、"超重"和"肥胖"范围的学生。

图7-30   各学段各个项目不及格比率柱状图

从多维度角度分析,身体形态(BMI)、身体机能(肺活量)、身体素质(50米跑)三个维度的良率来看,形成较稳定的三角形,三个方面的学生素质相互关联,呈正相关,而身体素质和身体机能从不良率来看,也相互影响,呈正相关;从视力和体姿两个维度的良率和不良格来看,学生体姿和视力有一定相关性,尤其在颈部前伸和胸椎后凸两个维度,日常的坐姿不良也有可能伴随屈光不正和视力不良(如图7-33、7-34所示)。

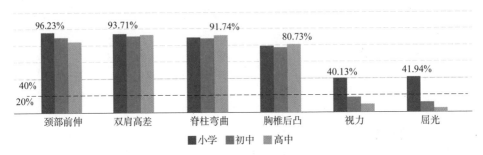

图7-31 各学段视力、屈光和体姿项目良率柱状图

注1:小学 小学阶段视力和体姿都可以达到40%以上的良率,视力屈光表现较弱。
注2:初中 初中阶段视力和屈光良率低于20%,远低于初中阶段的学生。
注3:高中 高中阶段的视力和屈光良率在5%—10%之间,只有初中阶段的一半。
＊此项屈光"良率"是指处于"近视前期"阶段的学生。

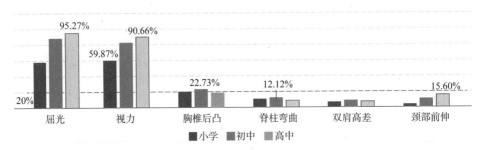

图7-32 各学段视力、屈光和体姿项目不良率柱状图

注1:小学 在视力方面不良率已达近60%,体姿方面,胸椎后凸较严重。
注2:初中 相比小学阶段各个不良率变高,屈光不正占88.7%,胸椎后凸22.7%。
注3:高中 视力问题是各阶段问题最严峻的,屈光不正占95.3%,颈部前伸问题也逐年增加。

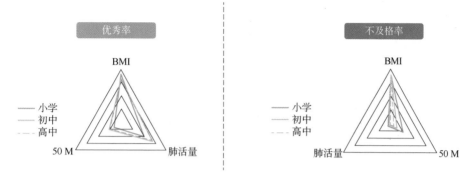

图 7 - 33　各学段 BMI、50 M 跑和肺活量项目优秀率及不良率雷达图

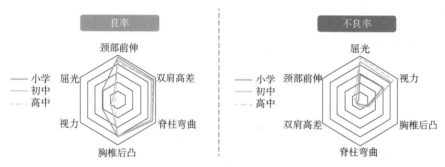

图 7 - 34　各学段屈光、视力和体姿项目优秀率及不良率雷达图

　　从各个阶段来看,小学生的 BMI 越健康,在身体素质、柔韧性方面表现越好,相反,如果 BMI 数值不佳,在耐力跑、50 米跑这样的素质锻炼项目中,成绩也会相对较低,呈正相关;中学生在身体形态和身体机能方面表现良好,对应 50 米跑和坐位体前屈这种锻炼柔韧性的项目中表现更好,对应的引体向上项目的不及格率较高,仰卧起坐、立定跳远、BMI 和耐力跑项目也表现不佳;高中生在 50 米项目中优秀率和 BMI 项目呈相关性,不及格率中,引体向上项目和 BMI、立定跳远等项目也呈相关性,说明保持较好的 BMI 数值,影响着其他身体机能和身体素质的发展(如图 7 - 35、7 - 36、7 - 37 所示)。

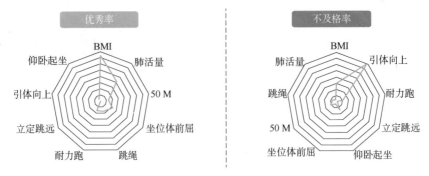

图 7-35   小学段国家青少年体测项目优秀率及不良率雷达图

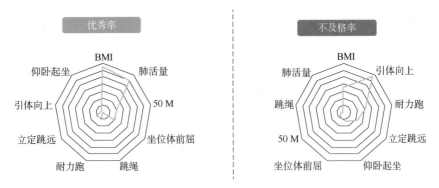

图 7-36   初中学段国家青少年体测项目优秀率及不良率雷达图

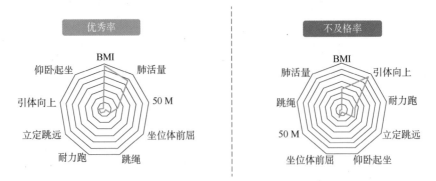

图 7-37   高中学段国家青少年体测项目优秀率及不良率雷达图

第二节　基于作业学习行为数据的学习特征画像构建与应用

近年来,随着信息技术快速的发展,世界各国开始通过大力发展教育信息化来促进教育教学改革,这使得信息技术快速地融入到了教育的各个领域。大量教育信息化服务平台应运而生,这使得在教与学的整个过程中,每个环节都产生并保存了大量的数据。如何挖掘并利用这些数据中隐含的学习者的习惯、投入、情感及态度信息就成了学界主要关注的问题。本书研究人员基于作业学习行为数据的学习特征画像构建以在线作业场景为切入点,从学习行为投入的视角构建学习者数字画像,在文献研究基础上结合在线作业数据的特点,构建了学习行为投入的主要维度及分析框架,并通过数据对指标体系进行了验证,证明了基于在线作业行为数据构建学习者画像的可行性和有效性。

一、作业学习行为特征画像构建

(一) 作业学习行为数据采集及处理流程

1. 数据采集渠道及其方式。

基于某大型在线作业平台收集了一批学生作业行为数据,共收集了 2020 年春季学期(3 月到 7 月)上海市 9 所小学的语、数、英三科作业行为及测试结果数据。然后,根据数据库结构和实际数据情况,编写算法进行作业和考试类相关指标的获取。

该智能作业平台(以下简称"平台")的使用流程如图7-38所示,教师可以在平台上布置学生作业,作业题目既可以选自平台提供的标准题库也可以由教师自行定义。作业任务发布后会自动推送给教师指定的学生,学生需要在规定的时间内完成并提交任务。学生在做作业的过程中,可以随时暂停进行休息,平台会记录学生的总作业时间和有效答题时间。平台配有自动评分功能,学生作答有误的题目会自动加入错题本。学生自行选择是否订正错题,订正的次数和结果均会被记录下来。学生完成并提交作业后,平台会自动形成作业报告和错题报告,学生、教师和家长均可登录平台查看作业详情。

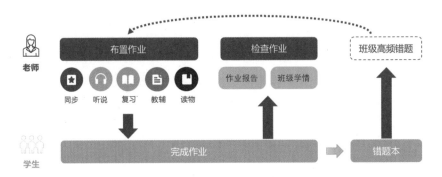

图7-38 某智能作业平台使用流程

2. 作业数据清洗与整合。

对获取的作业数据和预设指标进行处理,清洗规则为:(1)缺失值大于75%的指标予以剔除;(2)虽有考试数据,但预设指标缺失率大于80%的数据予以剔除;(3)对有效的学生数据,其缺失值处理采用平均数或中位数填充;(4)开展指标相关性分析,对与其他指标相关性高且与成绩相关性较低的指标予以剔除;(5)开展聚类分析,对指标进行标准化处理,转化为Z值,使得各指标之间无量纲化,降低聚类分析过程中因指标分布差异较大而产生的偏差性。清洗完成后,共得到上海市9所学校共7695名小学生作业和模考数据,具体情况见表7-8和表7-9。

表 7-8　2020 年春季学期上海市 9 所小学学生作业及考试数据整体分布情况

科目	作业情况		题目情况		考试情况		
	数量（份）	平均作业量（份/人）	数量（题）	平均做题量（题/人）	考试数量（场）	试卷数量（份）	平均试卷量（份/人）
语文	251 936	32.74	5 215 799	677.82	60	8 543	1.11
英语	376 029	48.87	12 688 204	1 648.89	66	11 553	1.50
数学	125 646	16.33	1 256 714	163.32	72	12 678	1.65
总计	753 611	97.94	19 160 717	2 490.03	198	32 774	4.26

表 7-9　2020 年春季学期上海市 9 所小学年级人数分布情况

年级	一年级	二年级	三年级	四年级	五年级	总计
人数	1 659	1 827	1 793	1 584	832	7 695

（二）基于在线作业行为的学习行为投入评测体系设计

1. 学习行为投入评测框架。

学习行为投入研究已成为国内外研究热点。研究人员通常会根据对象、场景及环境的不同而提出不同分析方法与维度。从学习行为投入研究出发，对近年来具有代表性且与在线学习场景密切相关的研究进行梳理，如表 7-10 所示。

表 7-10　代表性学习行为投入评测维度

投入维度	张思、刘清堂等[1]	李爽、王增贤等[2]	张琪、武法提[3]
参与	√	√	
坚持（持续性）	√	√	√
专注	√	√	√
交互	√	√	

---

[1] 张思，刘清堂，雷诗捷，王亚如. 网络学习空间中学习者学习投入的研究——网络学习行为的大数据分析[J]. 中国电化教育，2017(04)：24—30.

[2] 李爽，王增贤，喻忱，等. 在线学习行为投入分析框架与测量指标研究——基于 LMS 数据的学习分析[J]. 开放教育研究，2016，22(02)：77—88.

[3] 武法提，张琪. 学习行为投入：定义、分析框架与理论模型[J]. 中国电化教育，2018(01)：35—41.

投入维度	张思、刘清堂等	李爽、王增贤等	张琪、武法提
学术挑战		√	
自我调控		√	√
主动性			√

通过上表可知，参与（Participation）、坚持（Persistence）、专注（Concentration）、交互（Interaction）、自我调控（Self-Regulated）等维度常作为学习行为投入的评测维度而被采用。李爽等人的研究表明，"交互"类指标与成绩呈高度相关性，但考虑到本文面向的是在线作业场景，且要求学生独立完成作业，因此不将"交互"作为学习行为投入的评测维度。李爽等提出的"学术挑战"维度在概念上与张琪等提出的"专注"维度较相似，都强调在面对有难度和有挑战的问题时学习者的学习行为投入表达。主动性（Initiative）维度仅在张琪、武法提的研究中被明确提及，其他的两个研究工作中并未单独刻画，但在具体评测指标的建立和分析过程中，主动性也是主要考虑的因素，如李爽等认为尽早提交作业、专注完成作业、为获得满意成绩而多次提交最好版本的作业等指标，都体现了学习者在完成作业过程中的主动与努力，而这些指标可以拆分到"坚持""专注"和"自动调控"三个维度中。

综上所述，在文献研究基础上，结合在线作业数据的特点，通过算法获得平台指标，构建基于在线作业的学习行为投入分析框架。将参与、坚持、专注、学术挑战和自我调控作为分析学习行为投入的主要维度，对应的分析子维度和相关平台指标示例见表 7-11。

表 7-11　基于在线作业的学习行为投入分析框架

投入维度	分析子维度	相关平台指标示例
参与	作业参与情况 作业投入时间 按时提交作业情况	作业总时长 作业平均时长 参与作业次数 按时提交作业比例 提前提交作业时间的均值与标准差

投入维度	分析子维度	相关平台指标示例
坚持	作业持续性 作业完成度	学生完成作业的次数及比例 完成作业频率的均值与标准差 作业提交的频率
专注	整体作业效率 题目完成效率	作业作答效率 题目作答效率 作业时间大于作业平均时间的次数
学术挑战	有挑战任务的完成质量 有挑战任务的完成效率	不同难度的题目的有效作答时长 不同难度的题目的作答结果 不同难度的题目的完成比例
自我调控	反思性 时间管理及规律	错题订正次数及结果 作业报告查看频率 各科作业的顺序 作业集中时间段 同一时间段内几次作业之间的间隔

"参与"指学习者投入到在线作业这项任务中的时间与精力,表现在在线作业的参与情况、作业投入时间及是否按时提交作业的情况,体现了学习者对于作业规则、要求的接受和认同程度。"坚持"指学习者为实现学习目标而表现的持续性的努力,表现在作业的高参与率、高完成率等方面,体现了学习者在比较长的时间维度上的持续性精力与时间的投入,说明学习者不仅可以遵循和响应基本要求,还在任务中投入了更多的坚持和努力。"专注"指学习者集中完成作业任务的程度,表现在完成作业的效率、能不能一次性不间断地完成作业等方面,体现了学生对作业任务的兴趣以及克服外界干扰的能力。"学术挑战"指学习者在面临有难度、有挑战的作业任务时的投入,表现在对难度较高的题目的完成质量和效率,体现了学习者的知识掌握程度和高阶能力的发展情况。"自我调控"指学习者对自我的管理、调节和控制方面的投入,表现在反思性、时间管理和规律等方面,体现了学习者的责任感和自我管理意识。

2. 指标有效性验证。

以在线作业平台为支撑,基于前述的学习行为投入分析框架,将指标分为参与类、坚持类、专注类、学术挑战类、自我监控类这5类共46个指标,其中参与类指标

7 个, 坚持类指标 6 个, 专注类指标 16 个, 学术挑战类指标 11 个, 自我监控类指标 6 个。将平台指标作为自变量, 学生成绩为因变量, 进行相应指标对学生群体的区分度和差异性分析。通过方差分析及数据可视化方法, 分析不同成绩的学习者在各个行为投入指标上的差异表现, 以此来验证平台指标的有效性。

基于上一小节所述的缺失值分布分析后, 剔除缺失率在 75% 以上的指标共 13 个。产生缺失值的主要原因包括原始数据稀疏或教师学生没有参与指标相关活动。为了探究学习行为投入指标的有效性, 需要验证不同成绩的学生在学习行为投入上的表现存在差异。

在该部分, 根据考试成绩对学生进行分组, 考试成绩指单科多次考试的平均成绩, 共分为 9 组, 分组的规则: 考试成绩为 100 分制, 60 分以上的学生, 以 5 分为一档进行分组, 如 95 分以上为 A+组, 90 分及 90 分以上但 95 分以下分为 A 组, 以此类推; 60 分以下的学生分到 F 组。各组人数分布情况如表 7-12 所示, 可知整体呈正态分布。

表 7-12 考试成绩分布情况

平均分等级	语文学科人数分布	英语学科人数分布	数学学科人数分布
A+	394	669	699
A	473	585	614
B+	407	695	464
B	266	535	362
C+	189	371	323
C	157	284	224
D+	111	193	177
D	83	145	128
F	231	528	550
总计	2 311	4 005	3 541

方差分析结果显示,在预设的 46 个指标中,有 6 个指标和学生成绩无明显相关性,例如学生准时提交作业的次数、学生提前提交作业的次数和学生作业较为集中的时间段等等。其余 27 个差异显著的指标说明及检验结果见表 7-13。由表 7-13 可知,预设的 27 项指标,在不同组别的学生群体中皆满足显著性要求(显著性水平为 0.01),说明这些指标可以作为对学生学习行为投入评价的有效指标。特别的,部分指标,例如,提前提交作业时长、作业完成率、作业效率、不同难度题目的时长及得分、错题订正率等指标对学生群体的区分度十分显著,说明这些指标可以作为评价学生作业行为投入及学习者画像构建的重要参考维度,具有进一步深入分析和刻画的意义。

表 7-13 不同组别学习行为投入差异分析

投入维度	显著指标	指标说明	ANOVA F 检验 P 值
参与	作业平台使用次数	统计期内学生在平台上各科作业的使用次数	$p < 0.01$
	总作业时长的均值和标准差	单次作业从开始到提交的总时长	$p < 0.01$(均值) $p \ll 0.01$(标准差)
	总作业时长的最大值和最小值	用于刻画总作业时长的两端极值	$p \ll 0.01$(最大值) $p \ll 0.01$(最小值)
	提前提交作业时长的均值	学生提交作业时间与老师规定完成时间之差,若为负值则表示学生推迟提交作业	$p \ll 0.01$
坚持	作业完成次数	学生完成的作业的总次数	$p < 0.01$
	作业未完成次数	学生未完成的作业的总次数	$p < 0.01$
	作业完成率	学生作业的总体完成率	$p \ll 0.01$
专注	有效做题时长的均值和标准差	学生在作业中实际投入做题的时长	$p \ll 0.01$(均值) $p < 0.01$(标准差)
	整体作业效率	作业效率=有效做题时长/总作业时长	$p \ll 0.01$
	整体作业效率在整体学生中的位置	作业效率评价指标=某学生作业效率/学生整体作业效率。刻画学生作业效率在总体中的水平	$p \ll 0.01$
	有效作业时长的最大值和最小值	用于刻画有效作业时长的两端极值	$p \ll 0.01$(最大值) $p \ll 0.01$(最小值)
学术挑战	不同难度值题目的有效做题时间均值	用于刻画学生对不同难度题目的解题时间情况	$p \ll 0.01$

投入维度	显著指标	指标说明	ANOVA F 检验 P 值
	不同难度题目的得分均值	用于刻画学生在不同难度题目上的得分情况	$p \ll 0.01$
	不同难度题目得分在群体中的位置	用于刻画学生在不同难度题目上的得分在总体中的水平	$p \ll 0.01$
	学生完成作业的难度系数均值与标准差	用于刻画学生在作业中接触的难度系数情况	$p \ll 0.01$（均值） $p \ll 0.01$（标准差）
	学生作业得分的均值和标准差	用于刻画学生整体作业得分的情况	$p \ll 0.01$（均值） $p \ll 0.01$（标准差）
自我调控	作业错题报告查看周频次	学生查看报告的周平均次数	$p < 0.01$
	错题订正率	在学生做错的题目中，学生主动订正的比例	$p \ll 0.01$
	错题订正正确率	在学生订正的题目中，学生订正正确的比例	$p \ll 0.01$
	单次作业提交间隔的均值和标准差	用于刻画一天多次作业中的提交情况	$p < 0.01$（均值） $p < 0.01$（标准差）

（三）作业学习行为特征画像建模

1. 作业学习行为特征画像建模思路。

学习者画像根据分析目标的不同，往往有不同的学习者画像模型。该部分将结合在线作业的场景特点，在学习行为投入特征和学习结果特征的基础上对学习者进行分类，构建学习者群体画像，为后续的个性化、精准化的学习服务提供数据支持。

构建学习者画像的前提是确定学习者画像维度。李雪娇通过理论演绎加总结的方法，在尹烨彬所构建的在线学习者多维特征模型的基础上，补充了学习结果特征，构建了包含人口学特征、心理特征、行为特征和学习结果特征在内的在线学习者画像模型。[1][2] 考虑到本文的研究场景为在线作业，属于在线学习中的一个环节，因此，此部分借鉴该模型来构建基于在线作业的学习行为投入画像，选取行为特征和结果特征作为主要的分析维度，并在此基础上进行群体建模，形成学习者群体画像。其中，行为特征主要指学习者在在线作业中所体现的行为投入特征，可在上一

---

[1] 尹烨彬. 在线环境下成人学习者多维特征研究[D]. 华东师范大学, 2017.
[2] 李雪娇. 基于学习者画像的在线学习支持服务策略设计研究[D]. 华东师范大学, 2019.

节刻画的学习行为投入分析框架及指标的基础上,利用平台记录和存储的数据获得。学习结果特征可以由学习者的学业成绩来描述,因为学业成绩是评价学习者学习效果最直接、最客观的指标,可由平台上的学生测试数据获得。

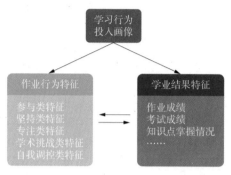

图 7-39 学习行为投入画像建模

学习者画像分析将围绕学习者画像中各个维度的特征而展开,主要思路是利用这些维度的信息将学习者分类,分析不同学习者群体所表现出来的不同特征。本文综合考量学习者的作业行为投入特征与学习结果特征,对学习者进行聚类分析。聚类分析的结果可供学习者、学习者家长、教师及其他教学利益相关者对教学评价、设计和改进做参考。对于学习者,可帮助学习者进行自我现阶段的学习评估,调整学习方法;对于学习者家长,可帮助了解学习者的学习基本情况,并调整监督指导方法;对于教师和其余教学利益相关者,可根据画像结果因材施教,改进教育模式,调整教育政策,帮助学习者更好地完成作业,改善学习情况,最终能够提升学习者包括学习成绩在内的综合学习素质。

2. 群体聚类分析模型。

聚类分析方法可以有效实现对学习者群体的分类。笔者将基于行为投入特征下的参与、坚持、专注、学术挑战、自我调控,利用 K-Means 聚类方法将学习者划分为四类,轮廓系数为 0.313,达到"良好"水平。从 F 检验的结果来看,四类学生人群在平台指标上的表现也均具有显著差异,说明聚类模型的有效性。为了更直观地了解这四类学生在作业行为投入上的表现,选取行为投入指标中有代表性的指标,对四类学生人群进行分析,如表 7-14 所示。

表 7-14 五种平台指标在聚类上的平均数（M）、标准差（SD）及方差分析结果（F）

学习者分类		第Ⅰ类		第Ⅱ类		第Ⅲ类		第Ⅳ类		
	平台指标	M	SD	M	SD	M	SD	M	SD	F
作业行为	提前提交作业时长	0.10	0.71	0.04	0.48	−0.02	1.13	−0.29	1.69	61.7**
	作业完成率	0.24	0.40	0.23	0.56	−0.30	1.05	−0.59	1.82	401.84**
	总作业时长	−0.46	0.30	−0.02	0.55	1.44	1.45	−0.34	0.38	3 138.51**
	有效作业时长	−0.36	0.68	0.80	1.08	0.49	1.04	−0.55	0.66	1 308.31**
	作业效率	0.41	0.69	0.17	0.89	−1.12	0.94	−0.07	0.97	1 474.3**
	难题作答时长	0.05	0.90	0.52	1.04	0.05	0.93	−0.82	0.74	663.87**
	错题订正率	0.48	0.65	−0.08	0.86	0.03	0.89	−1.21	1.01	1 731.82**
学业质量	错题订正正确率	0.41	0.56	0.11	0.94	0.01	0.80	−1.24	1.17	
	测试成绩	0.26	0.83	0.18	0.96	−0.07	0.96	−0.84	1.03	

注：* p<0.05，** p<0.01

第Ⅰ类学习者在各项指标上均表现优秀，作业完成率高，投入的有效作业时长和总的工作时长较短，但总作业效率很高，错题订正率高，但在难题上投入的时间较短。从综合学业成绩来看，该类学习者的平均成绩是四类中最高的。对于本类中的成绩优秀者，在督促其保持良好学习习惯的同时，可以适当增加一些挑战性学习项目，激发其学习兴趣和潜力。同时，本类学习者中也包含部分学习成绩不突出的学习者，说明这部分学习者本身学习习惯良好，但是成绩不够理想，建议对其进行学习方法上的针对性指导，以获得较大幅度的成绩提升。本类学习者占总人数的 44.39%。

第Ⅱ类学习者在各项指标上均表现良好，作业完成率高，在难题上的投入时间长，有效作业时间在四类学习者中最长，但作业效率仅略高于整体平均水平，错题订正率略低于整体平均水平。本类学习者的学业成绩表现良好，说明这一部分学习者,本身具有较强的学习能力和良好的作业习惯,但在某些行为维度上与第Ⅰ类学习者有显著的差距,如作业效率、错题订正率等。所以,可以考虑从主动性、反思性及作业质量等方面对本类学习者进行指导,促进其学习效果的提升。本类学习者占总人数的 20.51%。

第Ⅲ类学习者各项指标大多处于整体平均水平左右,与第Ⅰ、Ⅱ类学习者具有较大差距,特别是作业效率在四类学习者中最低,作业完成率也不理想,学业成绩同样处于整体平均水平。对于这一部分学习者,需要家长和老师的关注及在学习习惯上的及时干预,特别是在坚持和专注这两项基本指标上的加强提高,极有可能提升其学习表现。进一步的,在学术挑战和自我调整方面进行提升,从更高级的层面给予学生心理及认知策略上的指导,将有助于学习者学习态度的改变,进而提高学习效果。本类学习者占总人数的 18.28%。

第Ⅳ类学习者各项指标均低于整体平均水平,而学业成绩也是四类学习者中最低的。说明本类学习没有很好的作业习惯,如作业完成率低、作业效率低等,本类学习者需要特别的关注,建议教师和家长与学习者慎入沟通,充分分析学生的主要问题,并进行针对性的干预与指导,帮助学习者解决遇到的困难或问题。数据分析发现,本类学习者中有一部分成绩优秀(A 级以上),这部分学习者也应该成为教师和家长重点关注的对象。本类学习者占总人数的 16.81%。

(四) 作业学习行为特征的可视化呈现

利用可视化方法,可以观察各种指标在学生群体中表现出的规律和细节,选取几种特别典型的指标进行可视化分析。

1. 学生的参与特征。

在参与类指标中,学生提前提交作业的时间可以反映学生对作业这项任务参与的积极程度(如图 7-40 所示)。图 7-40 中柱状图的长度表示均值,横线表示95%的置信区间,结果若为负数则表示学生存在延迟提交的行为。

可知,成绩越好的学生,越能够提早提交完成作业,同时其置信区间较小,说明分布紧密,该指标表现稳定。成绩越差的学生,越倾向于在作业截止时间提交作业,在不及格(F)段的学生会出现平均皆为延迟提交的情况。同时,成绩越差的学

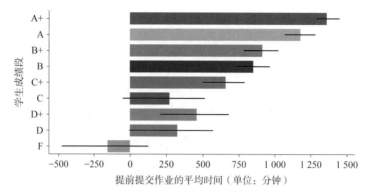

图 7 - 40 不同成绩的学生在提前提交作业时长上的表现

生,该指标置信区间分布广,说明其分布不稳定,即这一部分学生没有一个稳定良好的提交作业的习惯。

2. 学生的坚持特征。

在坚持类指标中,在一个较长时间段内的作业完成率可以反映学生表现出的持续性的投入程度(如图 7 - 41 所示)。可以发现,总体来说,学生的作业完成率很高,基本保持在 92% 以上。成绩越好的学生,作业完成率越高,低分组(D 组和 F 组)学生,作业完成率明显低于高分组(A+和 A 组)学生。特别的,可以注意到在数学学科上,D+和 C 组的学生也有较高的作业完成率,但他们在成绩上表现并不理想。对于这一部分学生,在肯定他们作业态度的同时,需要一定的知识层面的指导。

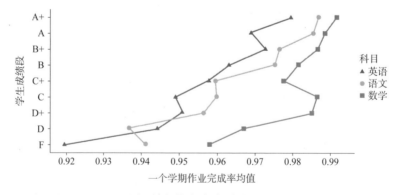

图 7 - 41 不同成绩的学生在各科作业完成率上的表现

观察作业完成率分年级的情况,如图 7 - 42 所示,图中的点表示相应成绩段的学生作业完成率的均值,横线表示 95％置信区间。可以发现,随着年级的上升,学生的作业完成率指标逐渐下降,且分布逐渐分散,这可能与学业难度、学业负担及学生心理成长等情况相关。

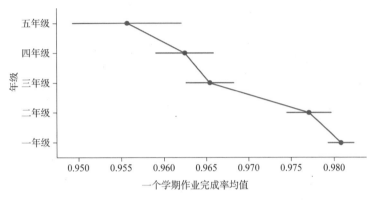

图 7 - 42　不同年级的学生在作业完成率上的表现

3. 学生的专注特征。

总作业时长用于描述学生完成作业的总体时长。学生在平台中实际完成作业时,可以选择中途暂停作业,因此有效作业时长更能够刻画学生实际投入在作业上的时间。总作业时长和有效作业时长的均值分布情况如图所示。可以发现,成绩越好的学生,其作业总时长均值就越小,同时有效作业时长的均值越长,说明成绩越好的学生越能够专心投入在作业上。结合作业质量来看,高分组(A＋和 A 组)的学生能高效高质量的完成作业,而低分组(D 组和 F 组)的学生则是高效低质量的提

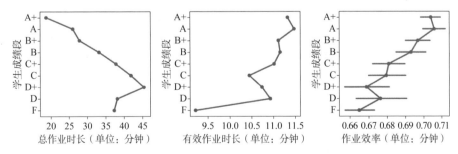

图 7 - 43　不同成绩学生在总作业时长(左)、有效作业时长(中)、作业效率(右)上的表现

交作业,因此对这部分学生,需要更关注其作业质量和对完成作业的态度。

同时,注意到 60 分段(D 和 D+)的学生,其作业总时长和有效作业时长均值都比较高,说明这部分学生确实在作业上投入了很大的时间和精力,但是可能因为学习能力不足或做题效率低等原因,导致总作业时间也很长。对于这部分学生,建议从提高学习能力和做题效率方面进行强化训练,这样可能会提高其学习效果。此外,F 组学生的有效作业时长是整体中最低的,且作业完成度、作业完成质量等指标都相对较低,建议从提高作业完成度和作业质量的角度入手进行干预,进而提高整体的学业水平。

4. 学生的学术挑战特征。

学生在不同难度的题目上的有效时长可以反映学生的作答能力和作答意愿,如对不同难度题目的解题速度可以反映其对知识掌握的熟练程度,是否愿意花时间投入在较难的题上则可以反映其面对挑战性任务的意愿及态度(如图 7-44 所示)。图 7-44 中的题目难度,是在分析大规模学生作答的结果的基础上确定的,数值越大难度越大。可以发现,在难度为 1—3 的题目上,不同成绩段的学生作答时长相差不大。在难度为 4 的题目上,呈现 A+组学生解题时间短,中部学生解题时间稍长且分布均匀的情况。结合学生在不同难度题目得分等指标可以发现,虽然 A+组和 F 组的学生作答速度都很快,但 A+组学生的做题得分情况明显更佳。在难度为 5 的题目上,成绩越好的学生,解题时间越长,说明成绩更好的学生,更有挑战难题的意愿。

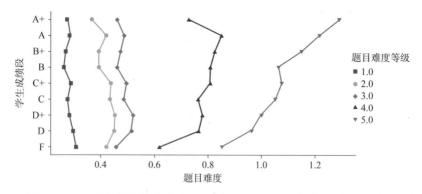

图 7-44 不同成绩的学生在不同难度题目上的有效作答时长情况

5. 学生的自我调控特征。

错题订正率是指学生对自己错题进行订正的比率，可以反映学生的自主反思性（如图 7 - 45 所示）。图 7 - 45 为箱线图，其中箱盒中线表示众数，箱盒大小表示分布情况，散点表示离群点。可以发现，成绩越好的学生，对错题的订正率越高。注意到 A＋组学生的错题订正率几乎接近 100％，同时箱盒的分布也更加紧密，说明这部分学生保持着良好的订正习惯。而 B、B＋和 A 组的学生，其错题订正的众数明显低于 A＋组的学生，对这一部分学生，如果能多督促他们及时的进行自我评估和反思，有较大概率可以提升其学习成绩。

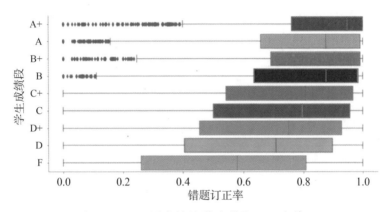

图 7 - 45　不同成绩的学生错题订正率情况

二、作业学习行为画像的应用

学习者画像作为描述学习者特征、精准识别学习者群体的新兴研究领域，可以为教育数据的挖掘与应用提供一个新的思路和方向。学习者画像可以更加直观地呈现对学生个体的评价结果，动态的反映学生状态，为个性化综合评价、精准化服务的实现提供数据支持；同时，它可以让教师、管理者更形象、全面地了解学生，为深化应用评价结果、发现教育教学规律提供依据。

1. 面向教师干预的作业行为画像应用。

在上述的分析中可知，学生作业的完成情况和订正情况可以极大程度上反映学生的坚持性和反思性（自我调控性的一个主要维度），且与学业成绩呈较高的相关性。那么在对学生的作业完成情况和订正情况进行分析和跟踪之后，教师可以发出催学生提交和催学生订正的要求，对学生的作业行为进行精准的干预指导。为了验证教师的督促行为对学生作业完成率、订正率及成绩的影响，笔者采集了 50 余所小学的作业情况进行分析，分析结果如表 7-15、7-16 所示。

表 7-15　教师催交情况与学生作业完成率、成绩的相关性分析

	教师催交率	学生作业完成率	成绩
教师催交率	1	0.295*	−0.111
学生作业完成率		1	0.397**

表 7-16　教师催订情况与学生错题订正率、成绩的相关性分析

	教师催订率	学生错题订正率	成绩
教师催订率	1	0.474**	0.297*
学生错题订正率		1	0.422**

注：*、**分别表示在 0.05、0.01 水平上显著

结果表明：

（1）表 7-15 反映了教师的作业催交率与学生的作业完成率之间存在显著的正相关，但与学生成绩之间无显著相关性；学生作业完成率与成绩呈明显正相关。尽管教师的提醒并不影响最终的成绩，但教师可以通过日常的提醒来促使学生养成完成作业的良好习惯，进而影响成绩的提升。

（2）表 7-16 说明教师的作业催交率与学生的作业错题订正率和成绩均呈显著的正相关。教师的订正提醒不仅可以影响学生的订正习惯，还可以影响学生的成绩。

2. 面向教育管理者的作业行为画像应用。

利用教育大数据平台，可以汇聚多个区域、多个学校的多维度多粒度的数据，利用这些数据来进行汇总分析和对比，方便校长及区域管理者及时获取和跟踪相关的情况，为教育管理和决策提供依据。某智能作业平台根据日常作业的使用情

况,构建了在线作业行为分析服务平台,方便各个层级用户提供数据支持(如图7-46所示)。

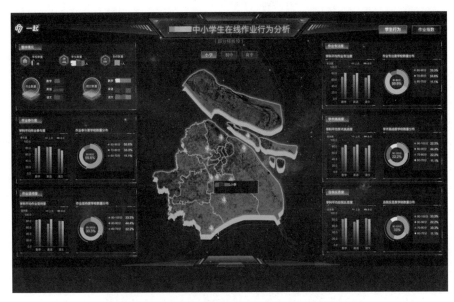

图7-46　在线作业行为分析管理看板

三、作业健康发展指数——以上海市宝山区为例

宝山区作业评价体系和测评工具的开发、检验和应用,落实了《深化新时代教育评价改革总体方案》和教育数字化转型的要求,对作业的评价不仅要关注作业结果,还要关注学生在作业中表现出来的学习品质;不仅要收集常规的问卷数据,还要收集过程性数据,借助教育数字平台和智能化教育工具,采集多模态数据,对作业进行多方位分析,推进数字化赋能教育评价改革的新格局。

首先,本研究从学生和教师两个角度来搭建作业健康指数体系(如图7-47所示),具体的指数根据作业流程来确定。一般的作业流程是:教师设计和布置作业;学生完成作业;教师批改作业,并向学生反馈作业完成情况;学生根据教师的反馈进行反思。因此,从学生角度出发,主要考查学生的作业完成情况(时间管理、专注性、效率、坚韧性)以及作业反思情况。从教师角度出发,主要考查教师的作业设计和布置情况,作业批改和反馈情况。

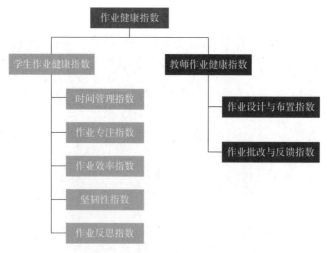

图 7-47 作业健康指数体系

完成作业健康指数体系建构之后,本研究以宝山区的小学三、四、五年级学生及其语、数、英三科教师为研究对象,开发了质量良好(信效度均达到测量学标准)的学生作业健康指数问卷和教师作业健康指数问卷;同时开发了一套基于作业过程数据的算法,来表征学生作业中的客观表现。整体技术路线如图 7-48 所示。

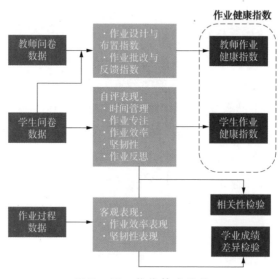

图 7-48 整体技术路线

本研究于 2022 年 3 月使用某教育数字平台,收集了小学三、四、五年级学生及其语、数、英三科教师的问卷作答数据,并实现了学生和教师数据的配对。同时,使用智能化教育工具(点阵笔),收集了三年级学生的数学普通作业过程数据和单元作业数据,时间跨度为 2022 年 2 月至 2022 年 3 月。

为了更好地反映宝山区的总体情况,本研究根据是否为重点学校、获得生均经费高低两大属性,抽取了 10 所代表学校,并在代表学校的各年级中随机抽取了部分班级作答问卷,被抽取班级的学生作答学生问卷,相应的语数英授课教师作答教师问卷。根据作答是否认真(如作答时长、缺失率、关键题目作答情况、班组信息匹配情况等)来对问卷数据进行清理,最终学生有效样本量为 2 530,教师有效样本量为 158,后续问卷分析内容将基于有效数据进行。具体问卷数据情况如表 7 - 17。

表 7 - 17 问卷数据收集情况

年级	学生问卷		教师问卷	
	参测人数	有效人数	参测人数	有效人数
三年级	993	974	70	60
四年级	842	835	59	54
五年级	730	721	55	44
全区	2 565	2 530	184	158

另外,本研究使用点阵笔收集了 1 所试点学校三年级学生的数学普通作业过程数据和单元作业数据。数据收集情况如表 7 - 18。

表 7 - 18 试点学校点阵笔数据收集情况

班级	累计题目作答人次	累计作业接收人次	累计单元作业接收人次
1 班	4 445	490	42
2 班	3 863	391	41
3 班	2 328	314	42
4 班	3 567	420	40
全年级	14 203	1 615	165

完成数据收集之后,本研究基于学生问卷数据计算了时间管理指数、作业专注指数、作业效率指数、坚韧性指数、作业反思指数。由于题量、形式、社会称许性等限制,问卷一般适用于在群体层面上描述各方面的表现,而不适用于对个体进行精确描述。为弥补问卷的不足,本研究还使用了过程数据来描述学生的作业效率表现和坚韧性表现,进而更加准确地描述学生的客观表现。最后,基于教师问卷数据和部分学生问卷数据计算作业设计与布置指数、作业批改与反馈指数。

各项指数的计算规则参考了上海绿色指标。先根据学生的表现划分1—4等级,然后计算达到3—4等级的人数占比来聚合成指数,具体如下。指数范围均为1—9,指数越大,表示学生在该方面的表现越好。

指数=9:90%以上的学生达到了3—4等级(含90%)

指数=8:80%—90%的学生达到了3—4等级(含80%)

指数=7:70%—80%的学生达到了3—4等级(含70%)

指数=6:60%—70%的学生达到了3—4等级(含60%)

指数=5:50%—60%的学生达到了3—4等级(含50%)

指数=4:40%—50%的学生达到了3—4等级(含40%)

指数=3:30%—40%的学生达到了3—4等级(含30%)

指数=2:20%—30%的学生达到了3—4等级(含20%)

指数=1:20%以下的学生达到了3—4等级

1. 学生作业健康指数。

本部分展示学生作业健康指数的相关研究结果,包括基于学生问卷数据得到的时间管理指数、作业专注指数、坚韧性指数、作业效率指数和作业反思指数,以及基于作业过程数据得到的坚韧性情况、作业效率情况。

(1)时间管理指数。

本研究中的时间管理指数主要考查学生根据学习目标,制定计划、合理安排时间,高效完成学习任务的能力。

全区和各年级的时间管理指数如图7-49所示。指数越大,说明表现越好。全区的指数为9。比较各年级的指数发现:五年级的指数最大,为9;三年级、四年级的指数最小,为8。

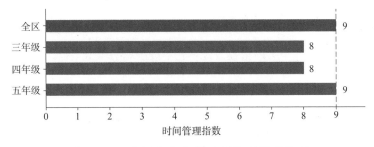

图 7-49　全区和各年级时间管理指数情况

全区和各学校的时间管理指数如图 7-50 所示。指数越大,说明表现越好。全区的指数为 9。比较各学校的指数发现:学校 2、学校 3、学校 4、学校 7、学校 8 的指数最大,为 9;学校 1、学校 5、学校 6、学校 9、学校 10 的指数最小,为 8。

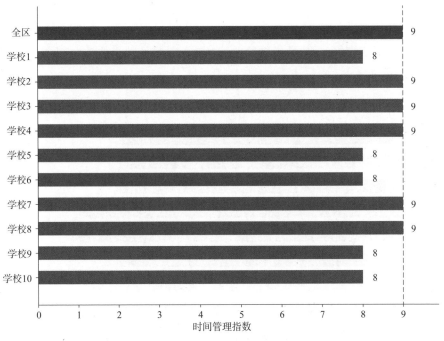

图 7-50　全区和各学校时间管理指数情况

(2) 作业专注指数。

本研究中的作业专注指数主要考查学生在做作业时,是否有分散注意力的行为以及学生对自身注意力的感受。

全区和各年级的作业专注指数如图 7-51 所示。指数越大,说明表现越好。全区的指数为 7。比较各年级的指数发现:五年级的指数最大,为 8;三年级、四年级的指数最小,为 7。

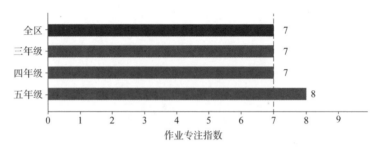

图 7-51　全区和各年级作业专注指数情况

全区和各学校的作业专注指数如图 7-52 所示。指数越大,说明表现越好。全区的指数为 7。比较各学校的指数发现:学校 7、学校 8 的指数最大,为 9;学校 10 的指数最小,为 6。

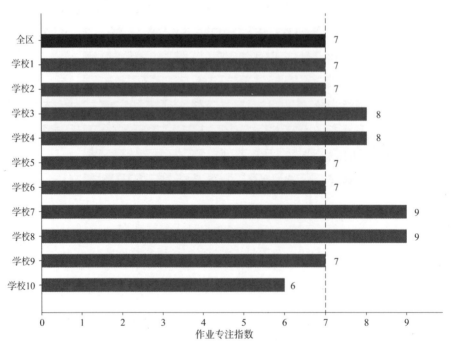

图 7-52　全区和各学校作业专注指数情况

（3）作业效率指数。

本研究中的作业效率指数主要考查学生在单位时间内所取得学习效果。

① 问卷结果

全区和各年级的作业效率指数如图7-53所示。指数越大，说明表现越好。全区的指数为7。比较各年级的指数发现：各年级的指数大小相等。

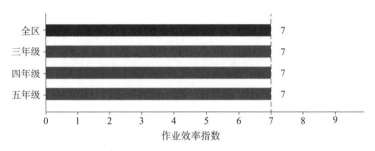

图7-53　全区和各年级作业效率指数情况

全区和各学校的作业效率指数如图7-54所示。指数越大，说明表现越好。全区的指数为7。比较各学校的指数发现：学校8的指数最大，为8；学校5、学校9、学校10的指数最小，为6。

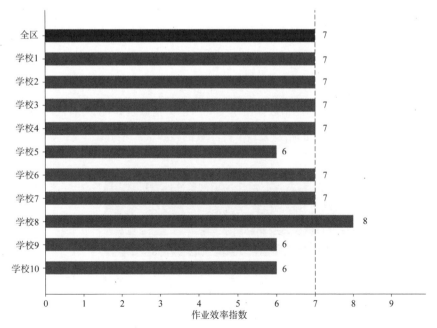

图7-54　全区和各学校作业效率指数情况

② 过程数据结果

使用过程数据来计算学生的表现,有效样本量为171。对过程数据和问卷数据的计算结果进行相关分析,发现两者的相关性达到统计学显著水平(匹配样本量＝75,p<0.05)。说明过程数据和问卷数据的算法结果差异不大。

基于过程数据有效样本的等级结果,对不同作业效率等级的学生学业成绩(得分率)进行差异分析,结果发现,不同等级之间的学生学业成绩差异达到统计学显著水平(p<0.05)。其中,等级4的得分率最高(95%),等级1的得分率最低(61.2%),两者相差33.8%。各等级学生的学业成绩如图7-55所示。

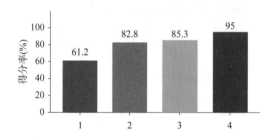

图7-55　不同作业效率等级的学生学业成绩对比图

(4) 坚韧性指数

本研究中的坚韧性指数主要考查学生在面对有挑战性的学习任务时是否积极面对。

① 问卷结果

全区和各年级的坚韧性指数如图7-56所示。指数越大,说明表现越好。全区的指数为8。比较各年级的指数发现:各年级的指数大小相等。

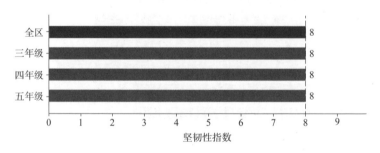

图7-56　全区和各年级坚韧性指数情况

全区和各学校的坚韧性指数如图 7 - 57 所示。指数越大,说明表现越好。全区的指数为 8。比较各学校的指数发现:学校 4、学校 7、学校 8 的指数最大,为 9;学校 1、学校 5、学校 6、学校 10 的指数最小,为 7。

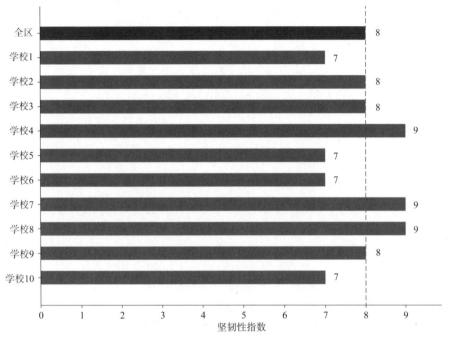

图 7 - 57　全区和各学校坚韧性指数情况

② 过程数据结果

使用过程数据来计算学生的表现,有效样本量为 171。对过程数据和问卷数据的计算结果进行相关分析,发现两者的相关性达到统计学显著水平(匹配样本量＝52,p＜0.05)。说明过程数据和问卷数据的算法结果差异不大。

基于过程数据有效样本的等级结果,对不同坚韧性等级的学生学业成绩(得分率)进行差异分析,结果发现,不同等级之间的学生学业成绩差异达到统计学显著水平(p＜0.05)。其中,等级 3 的得分率最高(92.6%),等级 1 的得分率最低(66.1%),两者相差 26.5%。各等级学生的学业成绩如图 7 - 58 所示。

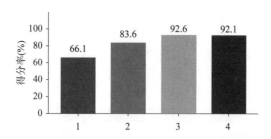

图7-58 不同坚韧性等级的学生学业成绩对比图

（5）作业反思指数

本研究中的作业反思指数主要考查学生对批改过的作业是否有反思行为，以及反思之后作业质量是否有所提升。

全区和各年级的作业反思指数如图7-59所示。指数越大，说明表现越好。全区的指数为7。比较各年级的指数发现：五年级的指数最大，为8；三年级、四年级的指数最小，为7。

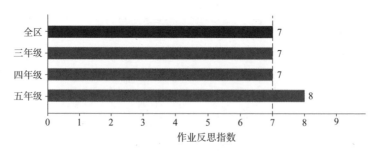

图7-59 全区和各年级作业反思指数情况

全区和各学校的作业反思指数如图7-60所示。指数越大，说明表现越好。全区的指数为7。比较各学校的指数发现：学校7、学校8的指数最大，为9；学校10的指数最小，为6。

2. 教师作业健康指数。

本部分展示教师作业健康指数的相关研究结果，包括基于学生和教师问卷数据得到的作业设计与布置指数、作业批改与反馈指数，以及教师对作业用时把握准确性、个性化反馈情况的深入分析结果。

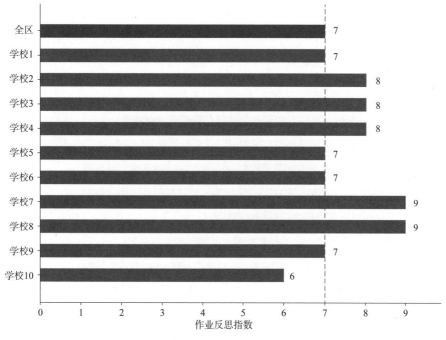

图 7-60 全区和各学校作业反思指数情况

（1）作业设计与布置指数。

本研究中的作业设计与布置指数主要考查教师布置书面作业的总量、作业类型、作业设计质量。

全区和各年级的作业设计与布置指数如图 7-61 所示。指数越大，说明表现越好。全区的指数为 7。比较各年级的指数发现：三年级的指数最大，为 8；四年级、五年级的指数最小，为 7。

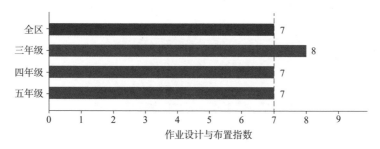

图 7-61 全区和各年级作业设计与布置指数情况

全区和各学校的作业设计与布置指数如图7-62所示。指数越大,说明表现越好。全区的指数为7。比较各学校的指数发现:学校1、学校7、学校8的指数最大,为9;学校4、学校10的指数最小,为5。

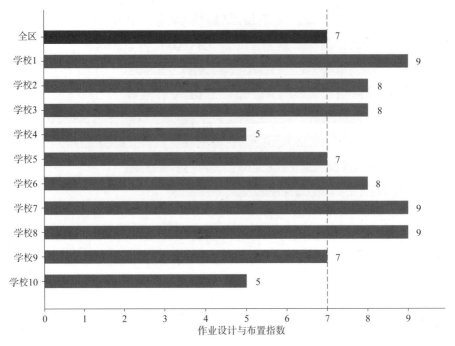

图7-62 全区和各学校作业设计与布置指数情况

全区和各学科的作业设计与布置指数如图7-63所示。指数越大,说明表现越好。全区的指数为7。比较各学科的指数发现:数学、英语的指数最大,为8;语文的指数最小,为6。

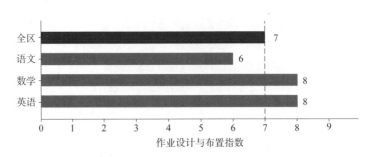

图7-63 全区和各学科作业设计与布置指数情况

本研究中,对作业用时把握准确的定义为:教师认为自己平时和周末布置的作业学生平均每天需要用时均不超过 1 个小时,并且其教授的学生当中至少有 90% 的人能够在此时间范围内完成作业。各科各年级中,作业用时把握准确的教师人数比例如图 7 - 64 所示。

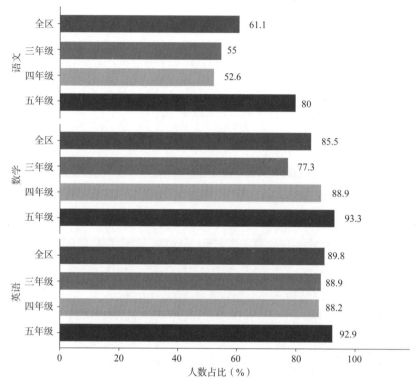

图 7 - 64 各科各年级作业用时把握准确的教师人数占比情况

(2)作业批改与反馈指数。

本研究中的作业批改与反馈指数主要考查教师批改作业的情况、作业反馈的方式。

全区和各年级的作业批改与反馈指数如图 7 - 65 所示。指数越大,说明表现越好。全区的指数为 9。比较各年级的指数发现:三年级、五年级的指数最大,为 9;四年级的指数最小,为 8。

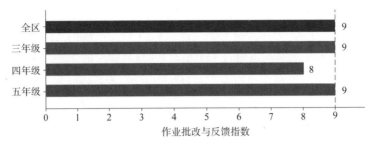

图7-65 全区和各年级作业批改与反馈指数情况

全区和各学校的作业批改与反馈指数如图7-66所示。指数越大,说明表现越好。全区的指数为9。比较各学校的指数发现:学校1、学校2、学校3、学校7、学校8、学校10的指数最大,为9;学校5的指数最小,为7。

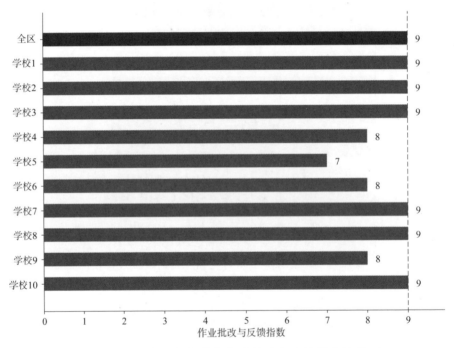

图7-66 全区和各学校作业批改与反馈指数情况

全区和各学科的作业批改与反馈指数如图7-67所示。指数越大,说明表现越好。全区的指数为9。比较各学科的指数发现:语文的指数最大,为9;数学、英语的指数最小,为8。

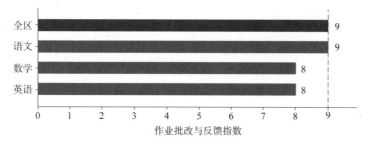

图 7-67　全区和各学科作业批改与反馈指数情况

本研究中,对个性化反馈到位的定义为:教师认为自己经常或总是会采取个别讲解的方式对学生作业进行针对性反馈,并且其教授的学生中有 50% 及以上的人反馈,相应学科的老师经常或总是会根据作业完成情况,对学生进行个别辅导。各科各年级中,个性化反馈到位的教师人数比例如图 7-68 所示。

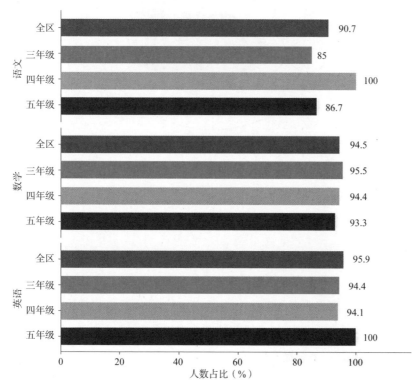

图 7-68　各科各年级个性化反馈到位的教师人数占比情况

3. 全区作业健康指数。

汇总全区在各项学生作业健康指数、教师作业健康指数上的表现,如图7-69所示。分析可知,全区整体表现较好,各项作业健康指数均达到7及以上。学生作业健康指数中,时间管理指数最大,达到了9;教师作业健康指数中,作业批改与反馈指数最大,达到了9。

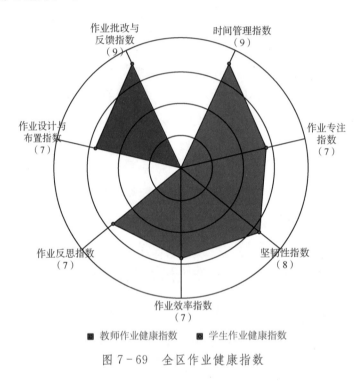

图7-69　全区作业健康指数

4. 总结与展望。

第一,全区作业健康指数整体表现较好。全区各项作业健康指数均达到7及以上,整体表现较好。学生作业健康指数中,时间管理指数最大,达到了9;坚韧性指数次之,达到了8;而作业专注指数、作业效率指数、作业反思指数均为7,还需要继续提升。教师作业健康指数中,作业批改与反馈指数最大,达到了9;而作业设计与布置指数为7,还需要继续提升。

第二,三个年级中,五年级的学生作业健康指数表现最好,三年级的教师作业健康指数表现最好。学生作业健康指数中,五年级的时间管理指数、作业专注指数、作业反思指数均大于三、四年级;坚韧性指数和作业效率指数则与三、四年级的相等。三、四年级的各项学生作业健康指数都相等。教师作业健康指数中,三年级的作业设计与布置指数大于四、五年级;作业批改与反馈指数则达到了3个年级中的最高水平。

第三,十所代表学校中,学校8的作业健康指数表现最好,学校7次之。学生作业健康指数中,学校8的各项学生作业健康指数均达到10学校中的最高水平,其中,作业效率指数大于其余9所学校。学校7的时间管理指数、作业专注指数、坚韧性指数、作业反思指数均达到10学校中的最高水平,而作业效率指数也仅次于学校8。教师作业健康指数中,学校8和学校7的各项教师作业健康指数均达到10学校中的最高水平。

第四,三个学科中,数学和英语的作业设计与布置指数大于语文,同时作业用时把握也更准确。数学和英语的作业设计与布置指数均为8,而语文的为6,差距为2。同时,数学和英语的作业用时把握准确的教师人数占比均达到85%以上,而语文仅为61.1%,差距达到20%以上。其中,五年级数学的作业用时把握准确程度最高,四年级语文的最低。

第五,三个学科中,语文的作业批改与反馈指数表现最好,但个性化反馈不如其他学科。语文的作业批改与反馈指数达到9,而数学和英语学科的均为8,差距为1。但语文的个性化反馈到位的教师人数占比为90.7%以上,不如数学(94.5%)和英语(95.9%),不过差距不大。其中,四年级语文和五年级英语的个性化反馈到位程度最高,三年级语文的最低。

第六,作业专注指数、作业反思指数、作业设计与布置指数的校间差距最大,时间管理指数的校间差距最小。学生作业健康指数中,学校的作业专注指数的最大数值为9,最小数值为6,差距为3;作业反思指数的最大数值为9,最小数值为6,差距为3;而时间管理指数的最大数值为9,最小数值为8,差距为1。教师作业健康指数中,学校的作业设计与布置指数的最大数值为9,最小数值为6,差距为3;而作业批改与反馈指数的最大数值为9,最小数值为7,差距为2。

第七,使用过程数据衡量学生的客观作业表现有一定的可行性。本研究使用的基于过程数据的作业效率和坚韧性评价算法,得到的结果与问卷数据的结果有显著相关关系,说明了上述算法在一定程度上能够达到评价作业效率和坚韧性的目的。而且,算法划分出来的等级之间,学生的学业成绩存在显著差异,说明等级的划分结果能够有效反映学生的学业成绩表现情况。综合以上两点,使用过程数据衡量学生的作业效率和坚韧性具有一定的可行性。

在教育数字化转型时期,作业评价应更多地思考如何充分利用信息技术收集数据,同时提高应用教育数据的能力,开发基于多模态数据(即多来源、多类型数据)的评价算法,实现更加全面、精准的个性化评价。本研究对此已经进行了一定的探索,例如:

(1)结合多方数据,降低社会称许性影响。利用班组信息,将学生和教师匹配起来,在同一问题领域上使用双方视角收集数据,并将两方数据联合起来,有效降低了社会称许性对数据结果的影响。

(2)探索基于客观数据的评价算法,提高个体评价准确性。开发了基于作业过程数据来评价作业客观表现的算法,并收集了一批作业过程数据,将算法应用于实际数据当中,同时对算法结果进行了检验,结果发现该算法具有一定可行性。

但由于数据来源、数据量、数据质量等各方面的限制,本研究的探索仍有许多不足。未来还需收集更多的作业过程数据,探索并检验更多的评价算法,精确评价学生作业表现。如此,可形成准确的学生画像,从而帮助教师更了解学生,能够更有效地做到因材施教,对学生进行个性化辅导;帮助学生更了解自己,明确努力方向,最终促进个人发展。另外,过程性数据一般采用无感化收集方式,且能够被即时性反馈,因此,使用过程性数据进行监测和评价,能够在不影响正常教育活动的前提下,实现动态化监测,帮助教育决策者随时了解区域教育状态。

第三节　基于阅读学习行为数据的学习特征画像构建与应用

随着互联网的发展以及各类电子产品的普及,学生通过移动终端开展阅读也越来越普遍甚至成为常态,各类阅读软件与系统也层出不穷,例如中文在线数字图书馆系统等,这为学生阅读数据的采集建立了基础。上海市电化教育馆于 2016 年发起阅读大数据的采集与分析项目,打造学生阅读大数据采集与分析模型,包括学生线上线下所有的在线阅读数据以及纸本阅读数据,通过建立该模型,利用大数据技术全面、科学地对全市中小学学生的阅读素养,包括阅读兴趣、行为和结果等,进行跟踪记录、采集监测和统计分析,实现学生阅读数据的采集、集中存储、挖掘、分析与可视化展示。

一、阅读学习行为画像构建

(一) 基于 xAPI 的阅读行为数据采集流程

阅读大数据包含大量的不同粒度的学生阅读行为相关数据,如阅读过程、阅读路径、阅读成果等。借助大数据分析技术对阅读数据进行采集、清洗、存储和分析,可以帮助教师了解学生阅读的具体现状,同时为教育管理者拟订或改善阅读相关的政策提供方向或指导。阅读大数据从采集到应用的整个运转流程如图 7 - 70 所示。

具体流程如下:(1)从各数据源采集阅读数据,采用大数据采集技术采集数据,

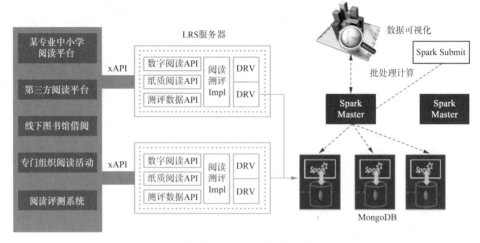

图 7 - 70 阅读大数据采集与分析流程图

并通过相应的 API 接口传输至 LRS 服务器上;(2) LRS 服务器验证数据的正确性及有效性后对其进行简单的分类整合,然后利用相应的流处理框架对数据进行解压、解密、转义,并补全部分简单的数据;(3) 源数据被传输并存储至 MongoDB 数据库,利用 Spark 引擎从 MongoDB 获取数据源并将其用于构建的分析模型进行批处理计算;(4) 不同主题的分析计算结果被用来展示各类报表,根据报表的特征和需呈现的效果选用多种样式和风格,实现数据的可视化,清晰有效地展示用户阅读现状以及阅读中存在的问题,为教育管理者提供相应服务。

1. 数据采集渠道及方式。

阅读数据主要来自数字图书馆、线下图书馆及其他第三方线上阅读系统提供的数据,这些数据来自不同的系统、具有不同的数据结构或存储形式,为了实现数据分析目标,建立了统一的阅读数据存储中心,形成标准的阅读数据交换脚本,自动完成数据流转,实现对阅读业务数据、阅读外延数据的收集、存储和备份,为后续进行数据清洗、转换、分析打下基础。

鉴于阅读大数据的概念越来越普及,以及阅读过程数据(阅读行为数据)采集困难,借鉴 xAPI 规范,遵循 xAPI 技术接口,将不同系统内的阅读数据进行整合。不管这些阅读活动是在哪里发生的,xAPI 都可以把它们记录传送到学习记录中心

(Learning Record Store,简称 LRS)中(如图 7 - 71 所示)。

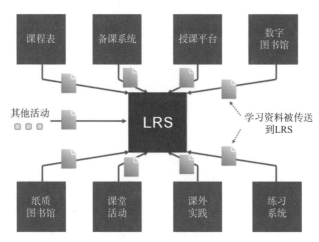

图 7 - 71　数据采集示意图

可采集的阅读数据源主要包括:

(1)分级阅读产品。某专业中小学阅读平台的分级阅读产品可以提供两种数据:用户数据及阅读数据。用户数据是关于用户个人身份、学校等相关的信息;用户阅读数据除了可以提供一般阅读系统也可提供的基础阅读数据(如阅读时长、阅读字数等),同时也可提供用户阅读计划完成率等信息,为从更多角度衡量用户的阅读能力提供可能性。

(2)数字图书馆系统。用户可以方便地、没有时空限制地智能检索并阅读图书,这里特指中文在线的数字图书馆系统。和分级阅读系统一样,也可以提供两种类型的数据:用户数据跟阅读数据。跟一般的纸质阅读相比,数字阅读系统可以更方便、全面地记录用户的整个阅读行为过程,是分析用户阅读能力水平的基础。

(3)阅读能力评测。阅读能力是一种心理特征,是顺利实现阅读活动的心理条件。目前通过测量个体在特定情境中的外显行为来推断他的心理活动。例如:利用个体对一些刺激(高度结构化的阅读测试)的行为反应(测试结果),结合个体的生物学数据(性别、年龄等),推测阅读能力这一特质的特点和水平。

(4)问卷调查。施测团队根据所要测量的阅读心理特质编制阅读相关的题项,受测群体按照题项指引进行回答,基于对题项的统计分析去衡量受测群体的阅读心理特质情况。一般来说,通过自陈式问卷获得大量数据。

(5)其他阅读数据。其他阅读数据不仅包括除阅读平台外的第三方阅读产品上阅读所产生的数据,而且也包括线下图书馆或参加线下阅读活动时产生的阅读数据。纸质阅读产生的数据可以跟数字阅读产生的行为数据相结合,互为佐证分析学生的阅读习惯,更全面地衡量学生的阅读行为。这类阅读数据也分为两种:用户数据、阅读数据。

2. 数据清洗与整合。

数据的世界是庞大而复杂的,尤其是教育大数据中的绝大部分数据是非结构化数据或者半结构化的数据,数据类型多样、来自不同的系统、存储方式也各不相同时,存在采集到残缺、虚假、过时数据的可能,这些数据是无效的。因此,需要对获取的数据进行清洗、转换以提高数据的质量;然后根据定义的阅读行为分析模型对数据进行整合、分类、比对、关联等处理,为最终实现对用户阅读行为、阅读过程的分析奠定基础。数据清洗与整合的流程如图 7-72 所示。

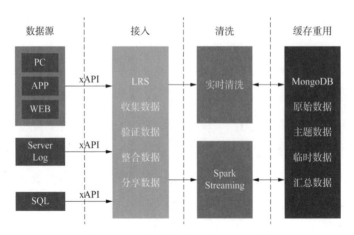

图 7-72　数据清洗与整合流程图

流程说明:

(1)依照数据采集标准从各数据源采集数据,数据源包括不同阅读、测评系统的系统服务日志或数据库,甚至是从 PC、App、Web 等收集整理的数据集;

（2）将采集到的数据转换、整合成 statement 语句的格式，并传输至 LRS 服务器；

（3）LRS 验证 statement 语句的格式正确性及有效性后，利用 Spark-Streaming 等流处理框架对数据进行解压、解密、转义，补全部分简单的数据，并对异常数据进行处理，为后续的数据计算打下良好基础；

（4）将清洗后的源数据存储至 MongoDB 数据库，Spark 从 MongoDB 获取源数据进行计算并将计算结果重新存储至 MongoDB。

阅读数据既有来自数字阅读的数据，也有来自纸质阅读的数据，而线上数据来自不同的阅读系统。各阅读系统的数据存储方式也存在一定差别，有些阅读系统使用关系型数据库存储各类结构化数据；而有些阅读系统则采用大数据技术存储阅读数据；纸质阅读数据则是以文件（CSV、excel 等）形式进行存储，从而形成了各种类型的结构化、半结构化及非结构化的海量阅读数据。

3. 数据分析及其模型设计。

对清洗、整合后的数据按照业务主题进行分类整理，并利用计算引擎依照主题分析模型对整理后的数据进行计算，得出的统计汇总数据才能用来对外输出、提供对外服务。

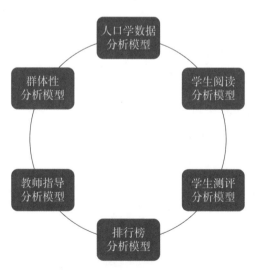

图 7 - 73　数据分析及其模型

从图 7-73 所示的六个层次进行阅读分析模型构建,其中:

(1) 人口学数据提取分析模型。主要包括字段:性别,年龄段,学校,区县,年级,地理位置,家庭阅读年投入等。按照人口学的统计维度,掌握男女学生之间的差异和特色;掌握不同地区的阅读特色和资源要求特色;掌握不同年龄段的阅读特色和资源要求特色。

(2) 学生阅读数据分析模型。主要包括字段:阅读时段,总阅读时长,阅读天数,平均阅读时长(每日,每月,每年),阅读次数,阅读图书名称,阅读图书类型,阅读图书来源,阅读篇章,阅读字数,阅读图书数量,阅读积分,阅读终端,阅读终端品牌,阅读书单,阅读场景,阅读目的,放弃阅读原因等。

(3) 学生评测数据分析模型。主要包括字段:评测时段,评测时长,评测习题正确率,评测习题错误选项,评测习题重复错误率等。

(4) 排行榜数据分析模型。主要包括字段:每天坚持读书人数、每周坚持读书人数、每月坚持读书人数、偶尔读书人数等。

(5) 教师指导数据分析模型。主要包括字段:书籍标签,发布图书,学生阅读人数,学生阅读完成率,书籍难易程度打分,推荐给学生,推荐给老师等。

(6) 群体性数据分析模型。主要包括字段:每天坚持读书人数,每周坚持读书人数,每月坚持读书人数,偶尔读书人数等。

(二) 阅读素养指标体系构建

1. 阅读素养指标体系框架。

整体阅读指标体系框架如图 7-74。

学生的阅读素养评价指标及其定义如表 7-19 所示。

表 7-19 阅读素养一级指标及其定义

指标编号	指标名称	指 标 定 义
P1	阅读态度	阅读态度是一种伴随情感状态的反应,包括学生对阅读的认知、阅读的评价、伴随阅读的行动等,是影响阅读行为的主要因素。
P2	阅读兴趣	读者对文献信息的符号和内容所表现出来的积极探索的认识倾向,它是人们阅读意识活动的具体反映,也是一种具有稳定性和趋向性的心理表现。

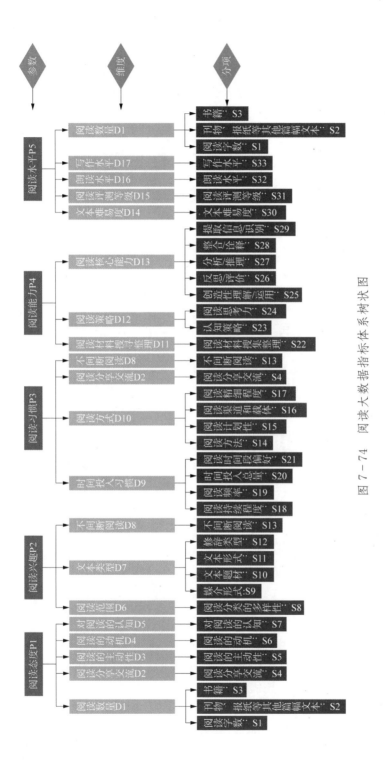

图 7 - 74　阅读大数据指标体系树状图

指标编号	指标名称	指 标 定 义
P3	阅读习惯	习惯是一种习得的行为或自动化的行为序列,阅读习惯指表达阅读和阅读的相似性的行为,是读者组织阅读的一种方式,类似的阅读行为可以被看成为阅读频率、阅读量和读者读到的内容。
P4	阅读能力	读者具备的理解、运用、反思生活中的各种资讯,从中学习以实现个人目标,增进知识并发挥潜能、参与未来社会的主观条件。
P5	阅读水平	读者在阅读方面达到的专业高度,包括文本难易度、阅读评测等级、阅读数量、朗读水平、写作水平等方面。

2. 阅读指标体系对应的数据采集点。

阅读数据指标体系及其数据采集参数如表 7 - 20 所示。

表 7 - 20　阅读指标体系及其数据采集参数对照表

指标	维度	分项	参数
阅读态度	阅读数量	阅读字数	阅读的页码、字数
		刊物、报纸等其他篇幅文本	篇数
		书籍	本 阅读记录
	阅读分享交流	阅读分享交流	交流分享记录
	阅读的主动性	阅读的主动性	个人书单记录 主动/被动
	阅读的动机	阅读的动机	个人兴趣/学业/其他
	对阅读的认知	对阅读的认知	浅显/深刻(消遣/认知世界等)
阅读兴趣	阅读范围	阅读分类多样性	阅读过的书籍分类
	文本类型	媒介形式	TXT、Epub、Pdf
		文本题材	题材
		文本形式	书的文本形式(连续型文本、非连续型文本、多重文本) 文本形式
		修辞类型	文本段落的修辞类型
	不间断阅读	不间断阅读	阅读开始及结束时间
阅读习惯	阅读方式	阅读方法	阅读方法(指读、默读、朗读等)
		阅读计划性	个人的阅读计划 教师指定给个人的阅读计划

指标	维度	分项	参数
		阅读渠道和载体	载体(Kindle、Pad、PC、Web 等) 终端类型
		阅读精细程度	精读、泛读
	阅读分享交流	阅读分享交流	交流分享记录
	不间断阅读	不间断阅读	阅读开始及结束时间
	时间投入习惯	阅读持续程度	阅读开始及结束时间
		阅读频率	阅读开始及结束时间
		时间投入总量	阅读开始及结束时间、阅读人数
		阅读时间段偏好	阅读开始及结束时间
阅读能力	阅读材料 搜寻整理	阅读材料搜寻整理	关键字搜索记录 搜索分类
	阅读策略	认知策略	具体策略 答题结果
		阅读思考力	答题结果
	阅读核心能力	创造性理解/运用	答题结果
		反思/评价	答题结果
		分析/推理	答题结果
		整合/诠释	答题结果
		提取信息/识别	答题结果
阅读水平	文本难易度	文本难易度	书籍难易度属性(教师打分)
	阅读评测等级	阅读评测等级	答题分数等级
	朗读水平	朗读水平	朗读水平(流利、一般、较差等)
	写作水平	写作水平	写作水平(高、一般、低)
	阅读数量	阅读字数	阅读的页码、字数
		刊物、报纸等其他篇幅文本	篇数
		书籍	本 阅读记录

二、阅读数据的应用

基于数字化环境下阅读学习分析与评价,可以实现 4 个方面的应用:使学生方便有效地获取阅读资源，在基于数字交互式评价中，实现分享学习成果和学习思考，在多维度的评价中检测语言学习的有效性，提高阅读效率；依托学校学生数字化阅读与评价系统开展阅读课型研究，激发学生阅读兴趣，培养良好读书习惯，在交流过程中丰富学生阅读与表达方式，增强学生的情感世界；基于数字化方式，以任务阅读为载体，将阅读课形成系列，贯穿读前、读中、读后，凸显"让阅读成为一种生活方式"；组织学生开展阅读及主客观评价，以便教师了解学生的阅读状态，做好数据的统计分析、判断等，并实现多种评价方式的有机结合。

（一）个体层面的应用

学生个体阅读是指学生个体使用阅读系统过程中发生的外显行为和内隐行为，在学生使用阅读系统时，这些行为被记录下来并得以量化。研究者可以对外显行为数据（如阅读量、阅读偏好、阅读时间、阅读正确率等）、内隐行为数据（如阅读态度、阅读动机等）以及各种即时性数据和生成性数据进行统计分析。下文从"学生阅读素养报告""学生个人阅读参与度""阅读能力评测"三个方面出发，对阅读大数据在个体层面的应用进行简要说明。

1. 提供学生阅读素养整体报告。

阅读素养报告是整个阅读体系中极为重要的组成部分。除利用评测了解学生的阅读能力之外，整份阅读素养报告还设计不同的问卷，目的是探讨学生基础信息、学生阅读态度、学生阅读动机和行为等多个维度的关联。问卷包括学生阅读态度问卷、学生阅读动机问卷等，据此对比不同角度的看法。

通过阅读学习行为建模与分析，在大数据的帮助下，了解学习者已有的阅读水平，并将其阅读行为和经历建档，对学生阅读现状进行概括描述，诊断其优势与不足，对其阅读行为趋势进行预测判断。

2. 提供学生阅读参与度分析。

阅读参与度由阅读态度、阅读动机、阅读行为、阅读能力共同反映，利用调查问卷、量表、大数据采集分析系统等工具，可以将阅读态度、阅读动机、阅读行为、阅读兴趣、阅读能力与水平等进行量化分析，组成阅读参与度的测量评估。主要分析以下三个维度内容：

（1）阅读态度

对阅读持有正向态度的学生，会对阅读付出较多的努力，即具有较高的阅读主动性，从而读者所阅读的数量也会有区别。针对态度的外显性，借助阅读平台这一信息化媒介，客观地记录反映学生阅读态度的结果数据，包括阅读书籍数量、推荐给同学的图书数量、提交文章数量、发表书评数量、阅读字数统计等。学生只要登录阅读平台，开始阅读行为，系统会自动记录下这些数据，为还原真实的学生阅读态度提供了详实可靠的量化参照。图 7 - 75、7 - 76 是学生个人在全年过程中总体的阅读数量统计和阅读量变化趋势。

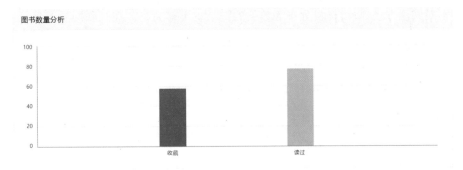

图 7 - 75　阅读数量统计

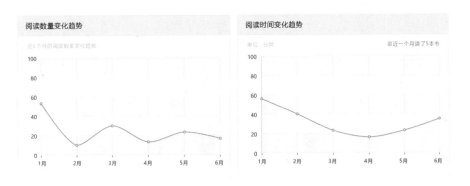

图 7 - 76　阅读数量变化趋势

（2）阅读动机

利用收集的大量数据,结合大量的一线教师的经验,我们将学生的阅读动机划分为两类:个人兴趣和完成学业(如图7-77所示)。其中,具备"个人兴趣"的阅读动机的学生,他们把目标定位于掌握知识,提高能力;而具有"完成学业"的阅读动机的学生,往往更关注成绩的提高和他人的肯定。通过对学生阅读动机的深度挖掘,利用阅读大数据的形成性反馈,可以还原更为真实的阅读场景。

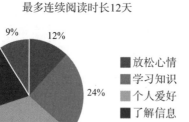

最多连续阅读时长12天

- 放松心情
- 学习知识
- 个人爱好
- 了解信息
- 其他

9% 12% 21% 24% 34%

图7-77 阅读目的统计图

（3）阅读行为

传统阅读中,研究者很难了解到学生在阅读中选择偏好、思维决策等多个过程,对阅读方法、阅读材料分布等数据的记录也不够完备。在互联网学习环境中,阅读系统可以记录学生在与外界交互过程中产生的大量的阅读行为数据,包括阅读时间和阅读多样性两大方向,并依此构建学生阅读模型。

阅读时间的长短,可以直接或间接反映学生的阅读偏好,及理解记忆、分析决策等信息加工过程。利用阅读平台,我们可以收集到阅读时间的相关数据,包括阅读天数、阅读时长、阅读次数、阅读时段四个方面,以供进一步的分析研究。图7-78、7-79显示了某学生登录设备的类型及时间分布和时间偏好。

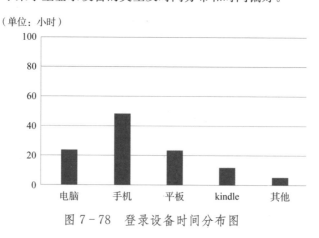

（单位:小时）

图7-78 登录设备时间分布图

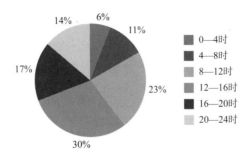

图 7-79　阅读时间偏好图

在对学生进行评价之前，阅读平台会统计每本图书的基本信息数据：图书所属种类、阅读难度、每本书的书名、每本书的平均阅读所需时长。其中，图书种类可以利用中图法进行划分，阅读难度以实际使用者给出的星级指标为准。统计学生个体阅读图书的分类、喜好作者和出版社、图书类型等方面的信息（如图 7-80 所示）。

书籍信息　

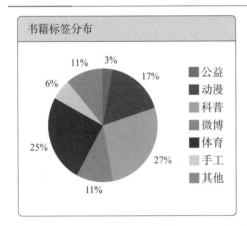
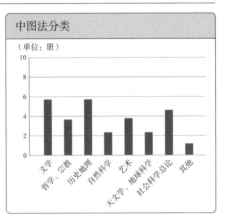

图 7-80　图书类型统计图

（4）阅读能力评测

在阅读系统中，当学生完成一定的阅读后，系统会辅以相应的阅读题目，重在检测学生的提取信息、直接推论、综合阐释、反思评价、创意产生五个维度的分数。通过阅读评测题反映学生五大阅读核心能力的分布情况（如图 7-81 所示）。

从2017年1月1日起，王小明同学：

累计答题：584道　　　　　　　　累计答题时间：12.5小时　　　　　　　平均正确率：87.2%

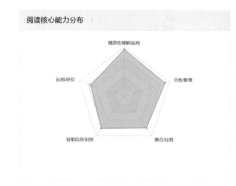

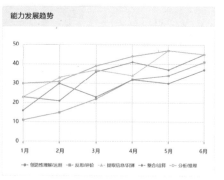

图 7-81　阅读测评分析图

阅读评测能够为教育管理者、教师、学生和家长提供帮助。特别地，对教育管理者来说，评测有助于他们了解学生阅读能力水平，提供制订教育政策的有关建议等，可以有效地运用评测结果推动本市教育政策的发展。

(二) 群体层面的应用

借助于阅读系统，每个学生的阅读记录都得以保存，方便构成个体完整的阅读档案。然而，对于教育决策者而言，单个个体信息的可用性与参考性很低。研究者更希望收集某一领域的全部个体数据信息，汇总分析后形成大数据集群，为开展各种指向性的研究奠定基础，比如学生阅读方法普遍倾向、阅读发生更有效的时间段等，这将为优化阅读组织与指导提供预判，更为重要的是为学习和教育的改革提供了优质化反馈和个性化定制。下文将从"学生群体信息"与"群体阅读排行榜"对阅读大数据在学生群体中的应用进行简要说明。

1. 学生群体信息。

数据信息的完整性、准确性是进行统计分析决策的基础，只有保证信息的完整性与准确性，才能保证数据中心共享的信息的价值。因此，采集学生准确的个人信息数据,包括学校所在区县、学校名称、年级、性别、年龄等基本数据。通过对学生基本数据的采集与分析,还原整个区域、整个学校、整个年龄段等各类群体的实际阅读场景,为教育研究者提供详细的参考。通过关联分析,实现对学生群体基础数据、阅读内容数据、社交数据、终端数据的融合,计算数据间的关联度,通过多种可视化图示方式(如圆锥树、放射图、双曲树等)对学生群体信息予以展示。

2. 学生群体排行榜。

群体阅读报告能反映学生在阅读参与度、阅读评测等多个方面的整体情况。通过群体榜,教育管理者可以了解不同区域之间的群体差异,以辅助教育决策。目前,在应用上比较普遍的是热读排行榜和阅读之星排行榜。

(1)热读排行榜

按照搜索次数、被阅读次数、被收藏次数、被推荐次数等数据,系统可以自动计算出一段时间内用户最频繁阅读的书目,将这些书目做成"热读排行榜",对于书籍选择、阅读指导、阅读推广有重要的参考意义。

(2)阅读之星排行榜

按照读书字数、读书笔记字数、所读书籍数量、阅读平台登录次数等大量阅读行为数据,系统可以计算出一段时间内读书最积极的读者。利用系统评测的结果,各团体、各区域可以分别进行"阅读之星"的评选,组成的"阅读之星排行榜"可以公布于网站、家校练习册等各个渠道,激励学生养成良好的阅读习惯。

第四节 着眼于生涯规划的画像构建与应用

一、着眼于生涯规划的画像构建

（一）着眼于生涯规划的画像指标体系构建

学生数字画像是整合、汇聚学生多源多维的结构化和非结构化数据，最终形成一个立体的、全方位的学生成长数据报告。它能辅助教师、家长为学生提供更适合的指导，使学生数字画像的群体画像在办学改进中发挥着重要的作用。数字画像的数据量和数据维度之庞大，基于数字画像的应用场景也是多样的，生涯规划作为学生数字画像的应用场景之一，在数据采集中的指标建设上有着自己特有的体系和维度。

学生生涯规划指标的"分类"部分分为"兴趣""性格""能力""身体素质"以及"家庭教育背景"五个指标；"分层"部分由各科的学习成绩指标构成。总的指标体系由这两大类，六大指标构成，每个指标包含各自的维度、分项及具体的指标描述（如图7-82）。

图7-82 学生生涯规划指标体系

从学生生涯规划的角度出发，在学生数字画像中我们需要把学生的数据进行分类和分层。"分层"是收集学生的成绩数据，成绩数据决定学生未来的学校层次和级别；通过长期对各类型、各规模测试成绩的收集，并对其按学科加以分类分析，我们可以清晰地看到学生在学习过程中的成绩变化，及时把控学生学习发展动态。生涯规划指标体系中的"分类"部分决定了学生的专业、职业和未来发展方向。因此"分类"部分中由学生的"兴趣""性格""能力""身体素质"以及"家庭教育背景"五个维度组成，这些数据维度能帮助学生、家长以及研究者更科学、更精准地规划学生未来发展方向。（如表7-21所示）

表7-21　生涯规划一级指标及其定义

指标名称	指　标　定　义
兴趣	"兴趣"在一个人的心理行为中起着重要作用，它能让我们快速地了解自己，激发对未来学习生活的热情。不同的兴趣会使人在工作中产生不同的社会责任，当工作和兴趣相匹配的时候，可以在工作中最大限度地发挥自己的能力。
性格	性格很大程度上影响着人的成长，不同的性格也会决定不同的命运。每个人都有自己独特的性格，在学习和生活中的态度和某些行为都可以反映出我们的性格特征，不同的性格也会对未来的发展产生影响。
能力倾向	能力是完成一项目标或者任务所体现出来的综合素质。人们在完成活动中表现出来的能力有所不同，能力是直接影响活动效率，并使活动顺利完成的个性心理特征。每个人都有属于自己独特的能力，根据能力倾向培养和开放自己的潜在能力。
身体素质水平	身体素质指标采集到的数据通常是人们天生的，很难通过教育和培养而变化的数据。但如果从小对学生的身体数据进行采集汇总，研究者有可能通过这些数据进行趋势分析，推测出学生特有的能力天赋，提早地为学生规划适合自己的发展方向。
家庭教育	父母的职业和受教育程度往往会影响孩子的兴趣、理想和未来发展方向。有的孩子因为看到了父母的工作性质，而立志要选择与父母不一样的职业道路，为自己的人生做主；有的孩子也会被父母的职业所影响，走上了延续父母职业的发展道路。通过对学生父母背景的数据收集，可以对学生成长进行预判和分析。

（二）生涯规划指标体系对应的数据采集点

生涯规划数据指标体系及其数据采集参数如表7-22所示。

表 7-22　生涯规划指标体系及数据采集参数

一级指标	二级指标	维度	分项
分层	兴趣	兴趣种类	物质兴趣
			精神兴趣
			间接兴趣
			短暂兴趣
			稳定兴趣
	性格	行为习惯	作息、饮食、学习、运动、待人接物
		人格	认知能力、行为动机、情绪反应、人际关系协调的程度、道德价值观
		特征	态度特征、意志特征、理智特征、情绪特征
	能力水平	人际关系力	人际融合能力、人际感受能力、人际理解能力、人际想象能力、合作协调能力
		逻辑-数理力	运算能力、量化能力、假设能力、推理能力
		思辨力	归纳概括能力、理解评价能力、分析判断能力、思考辨析能力
		记忆力	数字记忆力、文字记忆力、空间记忆力、图像记忆力、声音记忆力、事件记忆力
		言语力	信息接收能力、表达能力
		空间力	空间感受能力、空间改变能力、空间辨别能力、空间定向能力
		自然力	认识世界的能力、适应环境的能力
		动手力	整理能力、拆卸能力、拼装能力、制作能力
		创造力	创造的流畅力、创造的变通力、创造的独特力
		观察力	观察的整体力、观察的敏锐能力、观察的细致力
		想象力	联想能力、幻想能力
		内省力	自我反省能力、自我洞察能力
		专注力	
		艺术力	艺术判断力、艺术的感受力、艺术表现力
		运动力	运动判断力、运动的感受力、运动表现力
	身体素质	身材	身高、臂长、腿长等
		视觉	视力、颜色判断
		听觉	

一级指标	二级指标	维度	分项
	家庭教育背景	发声	
		父母受教育程度	
		父母职业	
分类	学习成绩	语、数、外、理、化、生、政、史、地	

　　生涯规划的指标体系的数据指标项有很多。例如身体素质的采集方式可能需要通过 AI 的 3D 感知技术去采集；涉及学生性格情绪特征方面的，需要从物联网获取相关的数据，包括言语能力与阅读数据等等。除了物联网、3D 感知技术采集，还有一部分是通过问卷得来的数据，即在进行客观采集的时候，还需要重视主观个人数据的表述，这两个方面需要相互印证。涉及心理学量表和客观生物数据的采集，需要对接体检数据。

二、着眼于生涯规划的画像应用

　　在新高考改革背景下，以学生为本的价值取向更加凸显，呼唤着生涯教育的回归[①]。教育与大数据、云计算和人工智能的创新融合，为教育的创新改革提供了支持，于是基于数字画像的综合素质评价，在辅助教师、家长全面地了解孩子，促进学生的自我认知与生涯规划等各方面都至关重要。因此需要我们共同开展基于学生画像的综合素质评价，并基于学生画像设计学生个性化发展路径，探索数据驱动的学生生涯规划新变革。

　　学生生涯规划是学生数字画像最重要的应用场景之一。基于学生数字画像的生涯导航，使学生成长过程中的全数据服务于学生、家长、教师、校长等不同角色，用可视化的方式智能地、直观地展现学生的各个方面。基于数字画像的生涯规划

---

① 王爱芬，雷晓. 新高考改革背景下高中生涯规划教育及其实现路径[J]. 教育理论与实践，2018，38(1)：33—37.

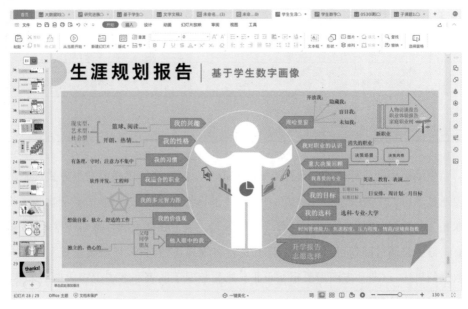

图 7-83　基于数字画像的学生生涯规划报告

可以记录学生成长经历的全过程数字档案,帮助学生明确未来发展方向,树立人生观、世界观、价值观,更加客观的认识自我、认识社会和规划人生。对于家长来说,可以把握孩子的心理动向,及时调试和干预;提早发现孩子潜能,做精准的升学计划。

　　基于学生数字画像的生涯规划能帮助学生更真实地了解自我,形成自我诊断;挖掘自身潜在能力、更好地发挥优势与特长,补足发展短板,明确前进目标。有数字画像支撑的学生生涯规划能帮助每位学生找到适合自己的成长方式,也将更科学、更精准,更有效地帮其进行选科和高考志愿填报。总之,基于数字画像的学生生涯规划将会使学生的梦想落地生根,让每位家长成为孩子的生涯发展规划师,是学校办学的得力助手,是辅助市区教育部门开展教育治理、学生分类培养、遴选人才的有效法宝。

第五节 基于在线课程学习行为数据的学习特征画像构建与应用

一、在线学习行为数据画像的构建

随着线上学习的普及,特别是疫情期间的大规模在线学习,让在线学习数据成为教育评价不可或缺的数据来源,也是学生数字画像的核心数据来源。在线学习为了完成预定的学习和教学目标,教师通过组织学习资源,对学生提出的一系列学习任务,是学生与学习资源和学习环境进行信息交互的一系列任务。为追踪学生在线学习记录,指引学生学习行为数据的跨平台汇聚,对学生学习行为进行数据分析和价值挖掘,需要建立描述学生在线学习行为的业务分类信息,并对行为进行定义与规范,为学生在线学习行为数据的采集、管理和共享提供统一的描述与规范,为学习行为数据的应用与分析奠定良好的数据基础。

本项目以上海微校——大规模智慧学习平台和上海市高中名校慕课平台为研究对象,探索在线学习行为数据的采集与分析问题。高中慕课(简称 GZMOOC)是一个本市高中学校面向所有初高中学生分享优质、特色拓展型和研究型课程资源的网络学习平台。该平台以上海市基础教育统一身份认证为入口,打破信息化平台壁垒,切入学生发展的现实需求,构建科学合理的指标体系和分析模型,收集学生学习过程的行为数据,开展基于大数据的学习分析和支持,成为学生非正式学习情境下在线学习行为数据和学习结果数据的汇聚中心,从而更好地为政府、学校开展基于数据的教育治理,进行更加全面客观的成长评价提供技术支撑。同时,该平台为高中学校进一步发现学生天赋、开展综合素质评价提供辅助。目前,该平台中已经注册使用的中学生近两万人。

数据采集的标准体系

图7-84 数据分类结构体系

根据交互对象的不同,学生在线学习行为可划分为不同的类别,其分类结构体系如图7-84所示。

学生在线学习行为数据由操作行为、认知行为、协作行为和问题解决行为组成,其中操作行为是指学生对客观资源、平台进行基础操作行为、个人管理行为和资源学习行为,认知行为是指学生的反馈行为、测评行为和其他认知类的行为,协作行为是指学生的交互反馈行为、社交行为和其他协作类的行为,问题解决行为是指学生的实验探究行为和其他问题解决类的行为。

学生在线学习行为分类数据集,由以下4个数据类别组成:

(1)操作行为数据类:组合了学生在线学习操作类行为的基本数据元素,如登录、登出、提交、创建、打印等;

(2)认知行为数据类:组合了学生在线学习认知类行为的基本数据元素,如观看、暂停、阅读、听、跳跃、快进、标记、收藏、提交、提交、书签、重新登入、打分、发言等;

(3)协作行为数据类:组合了学生在线学习协作类行为的基本数据元素,如推荐、分享、关注、举手、交互、参与、评论、点赞等;

(4)问题解决行为数据类:组合了学生在线学习问题解决类行为的基本数据元素,如获得等。

二、画像应用

基于所采集学生的学习数据和信息形成了学生在线学习品质的数据模型和评价指标。围绕学生学习品质这一内容,主要从学习的坚持性、学习的主动性、学习的认真度、学习的合作性、学习的倾向性等维度进行评价,基于所采集的数据,建立数据模型。

从功能层面来看,该系统从各个角度和维度对学习中的数据进行统计,支持用户自定义统计和数据挖掘,具体功能需求描述如下:

1. 市级层面可以查看所有学校的分析与统计报表,并可以逐级穿透,直到学生个人的情况统计;

2. 学校可以查看本校的分析与统计报表,并可以逐级穿透,直到学生个人的情况统计;

3. 学校能够看到自己学校的课程汇总数据、课程学习数据、学生学习排名等信息;

4. 课程的统计包括课程的热度、学生选课范围分布、学生的学习方式、学生时间的分布、课程学习的完成情况(完成率、退选率、中断率等)、课程的参与度等数据内容;

5. 从学生的维度可以统计选课情况、讨论的参与度(提问的频率、交流的频率、活动参与情况等)、学生的兴趣与倾向分析等数据内容;

6. 对比类统计或趋势类统计,通过柱状图或线图的方式进行展示;

7. 提供对所有学生学习过程中的数据挖掘,包括学生的学习方式、学习行为、学习时段、学习反馈等,通过对学生相关数据的挖掘分析反映学生综合素质中一些方面。

第六节　基于实验实践行为数据的学习特征画像构建与应用

一、实验实践行为画像

教育大数据中,有很多非结构化的数据,如学生开展实验、实践的过程性数据就是一类,对这类数据的采集与分析是教育大数据应用的热点和难点。如何运用信息化、大数据手段,达到实验教学、考核统一管理;进一步推进上海中小学实验教学优质数字教育资源建设、应用、共享与传播;进一步提高实验教学的科学性、规范性和准确性,同时也为实验评测提高效率和公正、公平性,真正把"互联网+"的模式应用到实验教学中,是今后实验教育发展的一个重点和方向。为了采集和分析学生开展实验或实践活动的大数据,探索了一套新的技术标准和操作系统,并尝试在企业的支持下开发实验大数据采集与分析系统。

实验教学是理科教学的重要内容和主要的教学方式之一,对有效培养学生的动手操作能力和创新能力有不可替代的作用。经济合作与发展组织将科学素养定义为:"科学素养是应用科学知识,辨别问题和得出以证据为基础的结论,以便理解和帮助作出有关自然界,或者通过人类活动改变自然的决定的能力。"在中学阶段,开展基于实验的科学素养的评价对提高学生的学习促进学生全面发展,以及对提高教师的教学水平和教师专业发展等有着一定的积极作用。

近年来,我国基础教育改革不断向纵深发展。新课程标准也明确提出评价方式多样化的要求,并强调了过程性评价。新课程标准的评价建议指出,强调评价在促进学生发展方面的作用：重视学习过程评价；把学生在活动、实验、制作探究等方面的表现纳入评价范围；倡导客观记录学生学习过程中的具体事实；提倡评价的多主体；学生参与学习过程的评价。

二、画像应用

学生科学素养的提升，实验动手能力的培养是基础，这既要求日常实验教学的开展，又需要以实验考核的形式突出对学生实验能力的重视。一方面，教学是考核的基础和前提，日常实验教学的开展和保质保量完成是实验考核合格的重要基础；另一方面，实验考核评价给予实验的反馈数据服务于进一步改进和提升日常实验教学水平。基于我国目前实验日常教学及考试存在的问题、实验教学与考核之间的相互促进关系，"知汇云互联网＋实验操作教学考评系统"建构了两大实验平台——实验操作日常教学平台和实验操作考评平台。

1. 实验教学系统。

实验操作日常教学平台，应用于学校日常实验教学和教研，可以实现实验操作作业提交和视频批改，主要为中小学日常实验教学提供演示、记录、评价等功能。学生通过标准视频库进行预习和复习，以及对作业视频的自评、互评、对比补漏，培养实验课程的兴趣，提升实验动手能力。

实验操作日常教学平台关注的主体涵盖了教师和学生，一方面记录了教师演示实验操作的过程，另一方面记录和评价学生的操作实验过程。平台主要包含四大功能，即演示实验同步投影、实验过程录像存档、实验结果自评互评、教学数据分析管理。

（1）演示实验同步投影。演示实验同步投影确保了实验教室的每一位学生都能够观察到教师演示实验的操作细节和操作过程，弥补了教师演示实验只能关注到教室前排部分学生的缺陷。

（2）实验过程录像存档。平台全过程无死角记录教师演示实验以及学生实验的全过程，确保实验过程的完整记录，为教师和学生课后调取实验录像、图片等数字化的资料提供基础，也为实验的过程性评价提供依据。

（3）实验结果自评互评。实验过程录像及图片等数字化资料上传成功后，教师可调取学生的实验录像等资料实现学生实验结果的互评，也可让学生对比教师演示实验以及学生的操作实验进行对比互评，得出实验操作个体的实验评价结果。

（4）教学数据分析管理。通过个体实验结果以及班级、年级实验结果的统计，可以实现对学生整体实验能力的综合性评价。评价的结果为教师了解学生实验具体状况以及具体实验的难点提供了科学依据，帮助教师进一步改善实验教学成果。数据的分析与管理，为教师和教育主管部门提供查询统计和分析服务：

① 根据学生账号查询，显示该生历次实验操作视频、点评和不足；

② 统计出不同地域、不同学校、不同学生、不同实验的每个得分点的得失分情况、得分率等；

③ 配置相应的可视化工具，可提供分析结果输出和可视化呈现。

此外，教师、学校和主管部门可以导出一系列 Excel 报表，用于了解实验教学的现状和进一步改进实验教学中存在的问题：

① 实验教学开展情况表，通过学校实验监测系统的启停，可以统计地区或者学校开展实验教学情况，并判断实验教学开展的真实性；

② 学生实验操作规范性表，通过实验自动研判系统和后台人工评判系统，可以得到学生对每个实验的掌握情况及操作规范性分析；

③ 教师实验教学能力表，通过学生的实验数据得到教师的实验教学能力；

④ 学校实验教学能力表，通过学生的实验数据可以得到学校的实验教学能力评估；

⑤ 实验难度表，通过考评点得失统计得出学生对于某类实验操作的软肋；

⑥ 可视化报表，统计、分析的输出报告支持直方图、饼图、曲线图等。

2. 实验考试系统。

实验操作考评平台主要包含五个主要功能：视频监考、录像存档、网上阅卷智能研判、大数据分析。

（1）视频监考功能。视频监考功能使得对监考教师的要求降低——不限制于相应学科的教师，使实验考试教师的配置与其他学科考试一致，可以实现跨学科教师监考实验考试。主要解决了实验考试监考师资的问题，降低了实验考试的人力、物力成本,为更多地区将实验纳入初中学业水平考试和高中学业水平考试提供了便利。

（2）录像存档功能。实验数据的采集主要是通过学生采集终端来实现的。学生采集终端采集学生实验过程记录的资料。实验结果的批阅需要视频化和图片化的实验考试材料,录像存档功能使得整个实验数据的采集成为可能,也为接下来的实验网上阅卷以及实验结果的大数据分析提供了物质基础。录像存档将个体学生的信息与采集成功的实验录像相匹配,确保了录像归档的准确性和完善性。

（3）网上阅卷功能。以往实验考试的阅卷和批阅要求教师在考场当场完成,极大地束缚了实验考试阅卷的效率。若以网上阅卷的形式开展,教师可通过显示器集中阅卷,提高了阅卷的效率。由于网上集中阅卷,阅卷教师的人数需求降低,从某种程度上避免了多教师阅卷造成的"仁者见仁,智者见智"式批卷的不客观现象。

（4）智能研判。教师人工阅卷,一方面增加了考后教师的批阅工作量,另一方面批阅的主观性较大。为了降低教师工作量以及提升考试评价的客观性,实验考评平台增加了智能研判的功能。学生视频上传到数据库后,系统会自动结合采集的学生实验操作视频以及实验试卷的图像,根据实验的评分标准给出学生最终的实验分值。

（5）大数据分析功能。教师阅卷完成之后,学生成绩自动归入考评平台系统。实验数据除包含学生成绩的平均值、众数值等外,还包含了考试过程中涉及的每一个实验的得分情况以及具体到每一个实验的某一步骤的得分情况。

第八章

突破评价难点：探索创新素养画像的构建

信息技术对教育评价的赋能不仅限于让传统学科学习评价更加准确、有效,而是支持传统评估无法实现的更广泛的评价目标,让创新素养、团队合作、批判性思维和问题解决能力等难以测量的关键品质和必备品格得到有效评价。从关注课后结果到更快速、更有用的形成性评估;从考试评价到捕捉更真实的表现或作品组合,包括跨越更长的时间和更多的环境;从狭义的学业成就定义,到在教育、社会和工作场所受到重视的更广泛的能力;从提供不经常和孤立的考试分数到不断更新学生学习轨迹的持续评估。不仅如此,人工智能可以根据每个学生的评价结果定制学习内容、学习方式和学习节奏,教、学、评"三合一"为学生个性化学习提供支撑。本研究尝试借助信息技术将学生创新素养纳入评价范畴,利用学生研究性学习过程性数据,构建了学生创新素养画像,基于此开展自适应学习资源推送,促进学生开展研究型课程学习。

第一节　研究性学习迈向创新素养培养

　　长期以来,"应试教育"仅注重传统学科知识的传授,而忽略了对学生创新和实践能力的培养。因此,上海新高考改革将培养创新精神作为突破点,重点把学生研究性学习成果纳入综合素质评价"创新精神与实践能力"的内容版块,通过高校招生中重点参考学生研究性学习课题完成情况,再一次用"教—考—招"一体联动改革模式,有效推动了各个高中积极拓展资源,为创新素养培育提供支持和保障。

一、创新素养成为新高考改革的评价难点

　　研究性学习作为一种深度学习模式,能够有助于培养学生创新素养。研究性

学习最早以"探究式学习"的概念出现于 1961 年的美国,而在我国,研究性学习最早起步于上海,正式出现于世纪之交时期。

在国外文献中,研究性学习一般以基于问题的学习(Problem-based learning)、基于项目的学习(Project-based learning)、探究式学习(Inquiry-based learning)、基于案例的学习(Case-based learning)、发现学习(Discovery learning)等概念出现,其中基于问题的学习、基于项目的学习、探究式学习,以及基于案例的学习是构成研究性学习的重要模式。国外研究普遍认为,研究性学习是一种围绕项目或课题组织学习的深度学习模式,其中项目或课题包括挑战性问题驱动的复杂任务,涉及学生的设计方案、问题解决、决策或调查活动;让学生有机会在较长时间内相对自主地工作,并最终呈现或展示研究成果。在国外文献中,研究性学习以基于问题/项目的学习模式为主,但是较少有文献直接、具体地指出这些学习模式的学习目标,一般认为研究性学习能够有效促进学生的问题解决能力和学科知识的提高。

在国内文献中,研究性学习和研究型课程的概念正式出现于 1999 年,2001 年教育部颁布的《普通高中研究性学习实施指南(试行)》将研究性学习作为中学重要的学习内容列为必修课,自此国内学者纷纷开展相关研究。一些学者对研究性学习的概念进行了探讨。张华认为,研究性学习是指学生在开放的真实情境下,通过亲身体验开展问题解决活动的自主学习,通过改变学习方式,让学生从传统被动地接受知识转变为主动探究,从而获得实践能力和创新精神的提升。[1] 文新华认为,研究性学习是指学生通过与研究类似的认知方式和心理过程来了解、接受、理解、记忆和应用人类已有文明以及国家或学校的举办者所规定的内容的认知活动。徐学福和叶平等认为,研究性学习和探究式学习没有本质区别,都是指学生以类似于科学探究的模式开展课题研究,只是具体实践过程和侧重点不同。[2] 其中,"研究"是一种贯穿于全程的活动,而"探究"是一种阶段性、局部的活动;"研究"的过程更为规范,而"探究"的过程更为随意。我国教育部在《普通高中研究性学习实施指南(试行)》中明确指出,"设置研究性学习的目的在于改变学生以单纯地接受教师传

---

① 张华. 论"研究性学习"课程的本质[J]. 教育发展研究,2001(05):14—18.
② 徐学福. "研究性学习"之我见[J]. 课程·教材·教法,2001(06):17—20.

授知识为主的学习方式，为学生构建开放的学习环境，提供多渠道获取知识、并将学到的知识加以综合应用于实践的机会，促进他们形成积极的学习态度和良好的学习策略，培养创新精神和实践能力"。由此可知，我国高中研究性学习的目标旨在促进学生形成积极的学习态度和良好的学习策略，并培养其创新素养。

学生创新精神与实践能力的培养一直是教育理论与实践领域持续探讨的话题，产生了不少研究成果。各种针对学生创新精神与实践能力培养的实践到底效果如何，取决于学生的创新精神与实践能力是否有所提高，因此需要对学生这方面的素养进行评估。杨艳萍从创造性思维能力、创造性技能和创造性风格三个维度构建了大学生一般创造力测评指标体系。[①] 邓成超则从创新意识、创新能力、创新个性三个层次（包含9个具体指标）构建了大学生创新素质量化评价体系。[②] 刘强从学生的思维特征、个性特征、行为特征和知识体系四个维度测评了北京大学生创新能力的现状，并利用线性回归方程分析影响学生创新能力的主要因素。[③] 蔡离离以创新学习能力、创新知识基础、创新思维能力、创新技能四个一级指标和16个二级指标的高校学生创新能力评价指标体系，并采用问卷调查、层次分析法、灰色评价法相结合的综合评价法对高校学生的创新能力进行了测评。[④] 申静洁等人从创新意识、创新思维、创新技能三个层次，结合学生外部行为和内部状态，采用多重维度、多元主体和多种方式相结合的评价模式，依托创客教育课程实践对小学生的创新能力进行了评估。[⑤] 郭元祥等人在对实践能力的内涵进行哲学分析的基础上，提出实践能力主要包括以感知与理解、想象与思维为核心的认知性实践能力，以工具利用、操作体验和方法技术为核心的工具性实践能力，以社会参与和社会服务为核心的交往性实践能力，并对深圳市L区义务教育阶段学生实践能力发展水平进行

---

① 杨艳萍. 大学生创新教育中一般创造力测评体系研究［J］. 北京科技大学学报（社会科学版），2001（02）：88—91.

② 邓成超. 大学生创新素质的量质化评价［J］. 重庆工学院学报，2004（06）：164—168.

③ 刘强. 对大学生创新能力培养的思考［J］. 江苏理工大学学报（社会科学版），2000（04）：56—60.

④ 蔡离离. 普通本科高校学生创新能力评价体系的构建及应用研究［J］. 长沙理工大学，2013.

⑤ 申静洁，赵呈领，周凤伶. 创课教育课程中学生创新能力评价研究［J］. 现代教育技术，2018，28（10）：120—126.

了诊断评估。[①] 上述研究分别对创新能力和实践能力的评价进行了扎实而科学的研究,构建的评价指标体系和采用的具体研究方法可以为本研究提供重要的基础和参考。同时,当下学生核心素养的培养,抑或学生综合素质的评价,都将创新精神与实践能力作为一种整体素质。但采用纸笔测评或写实记录的方式进行评价,评价过程往往会带有较强的主观性,评价结果的真实性和有效性难以保证。因此,如何对学生创新实践方面的综合素质进行评价是亟待破解的实践难题。

二、基于研究性学习行为数据的数字画像为创新素养评价提供新支点

技术变革和全球化彻底改变了人们的工作、学习和生活,当今社会要求学生在进入社会前必须具备批判性思维与解决复杂问题、进行良好沟通等能力。如何让学习者掌握并具备高阶思维能力,以更好地应对社会挑战,已经成为教育教学变革的目标所在。

传统的研究型课程以固定在课堂内开展的形式为主,但是对于教师来说,一个人常常面对几十个人的课题指导来说,力不从心。2010 年,伴随可汗学院、MOOCs 等在线学习形式引发的学习方式变革影响,研究性学习从传统课堂中教师面对面地引导和指导学生开展课题,转向了以学习平台为主的超越时空的在线研究性学习。其中,信息技术的应用为解决研究型课程学习大规模开放式的开展提供了很好的基础。基于移动互联网技术,学生能够随时随地地跨平台、跨终端、跨学校、跨班级地自主开展研究性学习,信息技术为其提供了丰富资源和学习环境,支持其持续深入地探究。

虽然技术为在线开展研究性学习提供了有力地支持,但是与传统课堂内教师面对面地指导学生不同,在线研究性学习应用现状中普遍存在教师指导困难、无法及时掌握学生学情,以及学生无法获得及时地指导、遇到困难容易产生厌倦情绪而放弃探究等问题。尤其是对于那些本身能力较差或刚接触研究型课程的学生来

---

① 郭元祥,夏玉环,李新. 义务教育阶段学生实践能力的表现及诊断——基于深圳市 L 区的质量监测分析[J]. 全球教育展望,2017,46(09):86—103+128.

说,教师及时、有针对性地指导是他们维持开展研究性学习的动力所在。一旦遇到困难又无法获得帮助时,容易产生消极情绪故而放弃学习。这对于培养学生的科学研究素养和态度都是不利的。因此,如何借助技术手段对学生的学习行为进行监控和评价,为教师和学习者在研究性学习过程中提供相应的支持,已经是研究性学习研究领域亟需解决的问题。

此外,随着移动互联网技术和丰富技术支持的学习环境的发展,学生的学习行为越来越多地在网络上发生,导致在线学习环境下学生行为数据呈现爆炸式增长,进而形成教育大数据。如何对这些数据进行处理和利用,发挥其计算价值,也是当今在线学习研究领域关注的热点和重点。

显而易见,传统的通过观察学生课堂行为表现的评价方式已然不适用于在线研究性学习评价。在线研究性学习需要与之对应的能够发挥在线学习优势、提高学习质量的评价方法,而基于教育大数据的研究性学习行为评价是在线研究性学习的核心和关键。因此,通过对学生的研究性学习过程进行研究,找出在线环境中影响学生高阶能力发展的相关因素,建立一个有效的研究性学习行为评价指标体系,进一步构建学生研究性学习能力数字画像具有重要意义。

第二节　研究型课程自适应学习系统（MOORS）

一、MOORS 研发背景

　　研究型课程指的是学生在教师指导下，根据各自的兴趣、爱好和条件，从学习生活和社会生活中，选择不同的研究课题，用类似科学研究的方式，独立自主地开展研究，主动地获取知识、应用知识和解决问题，从中培养创新精神和实践能力的一种课程。课程注重在教师的指导下，学生根据自身兴趣和条件自主选择研究课题，并通过科学研究或项目设计的方式获取知识、应用知识和解决问题。课题组历经 18 年研发了一套研究型课程智能支持系统（Massive Open Online Research System，简称 MOORS），并探索了基于 MOORS 的课程实施模式，支持学校大规模实施研究型课程的教学、管理和评价。基于对研究型课程育人价值和理论基础的深入研究、课程实施的经验总结以及存在问题的深度剖析，MOORS 的研发是创新素养培育理论与实践、理念与技术、管理与评价、探索与创新的综合研究产物，是"互联网＋"和"人工智能"时代下研究型课程与智能技术深度融合的实践与探索。

　　研究性学习是一种情境学习方式，其意义和价值众所周知。研究型课程是基于研究性学习的课程形态，是上海市教育综合改革关注的重要内容之一，也是综合实践活动的重要组成部分。

　　为了解研究型课程的实施情况和制约因素，课题组对 12 所学校开展调研，结果表明：普遍存在课程开设率低、评价不规范、管理不到位、研究水平不高、指导不科学等现象，甚至一些示范性学校也以部分学生的深入发展掩盖对全体学习者的支持不足的问题。调研结果归纳如下：

（1）管理困难。由于缺乏专门的管理体系和信息化平台，如果所有的学生都参与课题研究，该如何组织和管理课程的实施？如何评价导师的工作？这些问题让学校深感困惑。

（2）资源欠缺。针对新课程类型，教师缺乏指导课题研究的经验和相关资源，在角色把握上容易缺位或越位。实施过程中，教师时常只重复传授研究方法而忽略对学生学习的深度支持和个性化服务。教师数量与教学水平、实验场地等也成为课程开展的制约因素。

（3）评价滞后。有的学校不知道该如何评价学生的课题研究活动，特别是对于过程评价的把握，由于大量纸质材料难以分析、过程性数据难记录、缺乏科学有效的评价方法，教师难以客观评价学生研究型课程开展情况，影响课程实施。

（4）动力不足。学生不善于自己提出研究问题，大部分学生向教师要课题或项目，研究主题难确定。同时，缺乏科学的研究过程引导和专业指导，学生遇到挫折或获得成就时缺乏相应的情感激励，容易降低学习积极性，从而对课题研究浅尝辄止或半途而废，造成研究水平不高。

上海教育综合改革中已经明确将研究性学习数据作为学生综合素质评价的重要参考依据，学校课程实施的要求陡增。如何通过技术创新和机制体制改革，为全体学生创造一个泛在共享、便捷智能的研究性学习支持系统，辅助学校、服务教师开展研究型课程，探索智能环境下研究型课程有效实施模式，是本研究的初心。

随着智能技术的普及和应用，让人们看到利用技术辅助解决教育教学问题的希望。在具体研究过程中，以利用信息技术辅助上海市教育综合改革为目标，通过对上海市学校开展研究型课程的实际情况进行调研，总结调研结果，分析归纳出学校和学生参与研究型课程所面临的主要问题；基于对国内外教育技术、教育心理学、人工智能等相关理论的研究，结合调研实际，针对影响研究型课程普及性发展的制约因素及其有效策略，基于如何帮助学生寻找研究课题、如何解决学生的研究方法教育、如何评价、如何确立课题研究的核心价值（例如，获得学习经历和体验等）等一系列问题，采取理论和实践相结合，构建了一个以自适应学习理念和技术为基础，以富集资源与智能推送、个性化引导与辅助、学习过程性数据记录与分析为特色,实现学校研究型课程管理、评价、服务于一体的智能支持系统,并探索基于该系统的大规模实施模式。

二、系统研发的理论模型

课题组采用经验抽提的方法,通过剖析上海市部分学校提供的大量研究型课程教学案例,总结反思了典型的学生课题研究个案,并追踪这些学生在大学的发展轨迹,结合课程理论,抽提出研究型课程中不同阶段支持研究的核心技术和有效策略,并进一步模式化。然后基于系统开发的基本原理,完成对管理、组织、评价、教育教学等经验和专门知识的整合,从而形成形式化、规则化的知识工程,如图 8-1 所示,该过程旨在让研究型课程的教学过程转变为计算机智能化模拟人类教育专家工作的过程。

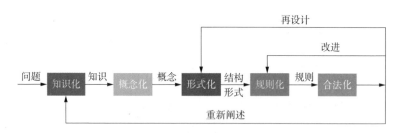

图 8-1 MOORS 的知识工程研发流程图

根据研究型课程的设计原则要点和对研究型课程开展现状的分析,本成果借助自适应技术支持 MOORS 的搭建。其中,新型智能教学系统的核心要素包括学习者模型、知识模型和教学策略模型,因此,构建了学习者模型、程序性和方法类知识模型和个性化教学策略模型,并基于智能信息感知与识别引擎和智能推理引擎通过分析学习者学习数据不断更新模型数据,以支持 MOORS 实现智能化、个性化的学习服务,其概念模型如图 8-2 所示。

学习者通过交互界面进入 MOORS,平台根据学生的基本信息、多元智能测试和霍兰德职业兴趣测试来初始化学习者模型,根据预置程序性和方法类知识来构建初始的知识模型,从而为学习者推荐研究方向和学习资源,并提供研究流程引导

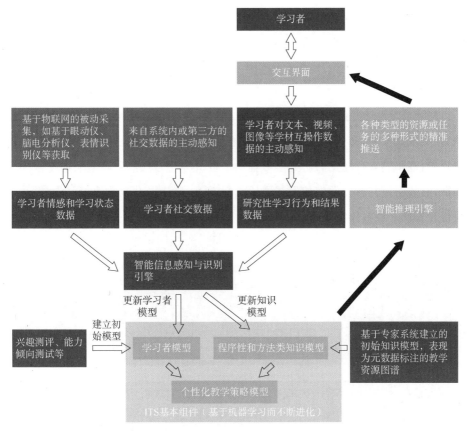

图 8-2　基于人工智能的研究型课程智能支持系统概念模型

和支持。智能信息感知与识别引擎能够主动感知学习者在 MOORS 上对文本、视频、图片等学材的操作数据和学生的社交数据，一方面不断更新和完善学习者模型，另一方面，依赖智能推理引擎适时推送有效的学习资源（如系统预置的与方法论相关的微视频、动画、案例、文本等）和任务，从而辅助教师引导、激励和服务学生完成课题研究或项目设计。

随着学习者在 MOORS 上不断深入地学习和研究，越来越多的学习者行为和结果数据被实时记录，不仅能够为大规模的研究性学习管理、服务和评估提供客观依据，还能基于智能技术（如机器学习算法）进行数据挖掘以实现学习者模型、程序性和方法类知识模型、个性化教学策略模型的重构和调优，促进系统不断进化，实现为学习者提供更精准的自适应学习服务。

三、系统研发

MOORS 设计并研发了课题管理、教学管理、个性化学习、数据分析与评价等模块，在实现过程中，充分利用互联网思维进行线上平台功能设计，线下整合各类教育资源，逐步建立智能化的研究学习辅助平台、优质的资源库、高素质的专家指导团队，有效引导并教会学生如何开展研究性学习，最终提升教学效率，全面提升学生综合素质。经具体实践应用，MOORS 平台的功能架构与研究性学习的常规流程相匹配，如图 8-3 所示。

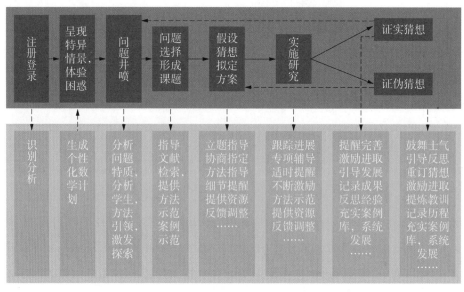

图 8-3 基于研究性学习常规流程的 MOORS 平台架构

在研究性学习中注重群智发展，设计了情感激励机制，与学生天性合作，通过灵感集抓住学生灵感；基于过程导航，引导学生经历规范化的研究过程，收获探索体验，有效促进研究性学习的开展。通过在线记录学生的学习行为数据和结果数据，为政府和学校组织、管理、服务、评价学生的研究性学习和创新实践活动提供大数据支持。

MOORS核心组件有以下3种：

1. 个性化学习者模型。

学习者模型用于描述学习者内部和外部的学习特征。MOORS针对学习者操作、协作、探究等多种行为特点，通过描述学习者本征、学习情境特征、学习者偏好、学习行为特征、研学绩效等信息构建了学习者模型（如图8-4所示），以便更全面地呈现学习者特征，更好地监督学习者学情和状态，进一步提供个性化学习服务和支持。

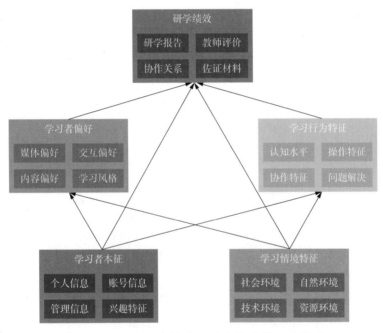

图8-4　基于研究性学习的个性化学习者模型

其中，学习者本征的兴趣特征初始化来自学习者多元智能测试和霍德兰职业测试数据；学习情境特征信息主要通过外面传感器感知和采集；学习者偏好主要包括学习风格、内容主题、呈现形式等，通过分析学习者学习行为获得；学习行为特征主要包括学习者的认知水平、解决问题能力水平、操作行为和协作交流特征；研学绩效是学习者研究性学习的结果，包括教师的评价、报告及其材料、同伴关系（如交流和解答次数等）。

学习者模型能够有助于学习者深入地了解学习状态和不足,从而调整学习行为和投入;也有助于 MOORS 对学习者整体学习情况进行分析,以便智能优化资源配置。在具体设计过程中,个性化学习者模型主要参考国家教育部教育信息化技术标准委员会(CELTSC)制定的 CELTS-11 学习者模型规范。

2. 程序性和方法类知识模型。

知识模型是解决现实问题时用到的知识类型和结构关系。在研究性学习过程中,学习者的学习方式强调深度学习策略,实现知识的迁移,程序性和方法类知识对于学习者提出问题、解决问题和创新能力来说至关重要。

MOORS 构建知识模型时强调为程序性知识和方法类知识,针对开展研究性学习各个阶段所需的方法性知识、研究背景知识和问题解决案例等资源进行征集和梳理。同时,不同于根据学习者对陈述性知识掌握程度的资源推送机制,MOORS 强调技能类和方法类知识,为每个知识点关联相应的研究策略和路径建议,即矩阵关联。程序性和方法类知识模型如图 8-5 所示。

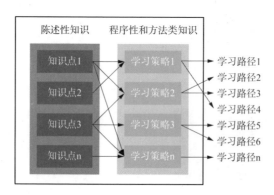

图 8-5 基于研究性学习的程序性和方法类知识模型

为了支持推送个性化资源,MOORS 通过对每个知识点或资源分层、分类,构建为有层次结构和映射关系的知识谱图,针对每个资源标注研究策略和学习路径建议,通过学习行为分析和智能推理引擎,在资源推送时匹配相应的学习策略和学习路径,为学习者提供研究设计支架,及时给予研究过程中的引导支持。

目前资源库支持文字、视频、电子课件等形式;课程资源均由专家、一线指导教师等编写,并严格遵守"三审三校"的编辑流程,确保了科学性和有效性。

3. 个性化教学策略模型。

教学策略模型旨在通过预先设定的教学策略来为学习者提供学习引导和支持。MOORS 从大量研究型课程研究案例中抽提出研究性学习的一般范式,其教学策略根据不同研究领域(工程设计、社会调查等)预置规范化研究过程为学习者提供研究支架,通过构建研究性学习行为分析模型,对学习者行为数据进行采集和分析,结合学习者模型和知识模型,为学习者推荐匹配的学习资源、学习策略和学习路径建议。学习者在学习过程中可随时根据需求开展记笔记、讨论、分享等来支持学习的开展。基于规范化研究流程的个性化教学策略模型如图 8-6 所示。

基于智能信息感知与识别引擎,学习者在学习过程中产生的一系列行为数据会被实时感知。进一步对这些学习行为进行抽象,构建研究性学习行为数据分析模型,完成对问题空间的概念及其关系的准确表述,如图 8-7 所示。

基于行为数据多维评价模型,利用人工智能方法从行为、功能和方法等维度对行为数据进行分析,为学校、教师和学生等提供分析结果,并反馈给学习者模型,实现模型修正。通过对研究性学习行为数据进行聚类、预测和分析,支持发掘每个学生研究性学习行为的层次性和关联性,并且依托机器学习技术不断进化以发现更精准的研究性学习路径,完善个性化教学策略模型。

四、基于 MOORS 的课程实施模式

研究型课程的目标是实施以培养创新精神和实践能力为重点的素质教育,设置研究性学习的目的在于改变学生以单纯地接受教师传授知识为主的学习方式,MOORS 为学生构建了开放的学习环境,提供多渠道获取知识、并将学到的知识加以综合应用于实践的机会,促进他们形成积极的学习态度和良好的学习策略,培养创新精神和实践能力。

混合式学习整合了线上线下的学习方式和过程,能够激发学生的兴趣和创新精神,提升学生的学习效率和效果,已经成为近年来技术应用方面的发展趋势。为了探索 MOORS 更好地支持研究型课程的实施,本成果结合混合式学习模式的理念,形成了基于 MOORS 的大规模实施模式,即融合学生线上基于个性化指导的项

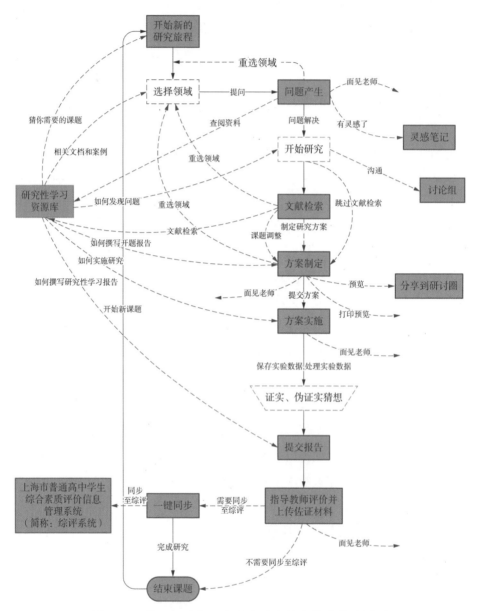

图 8-6　基于规范化研究流程的个性化教学策略模型

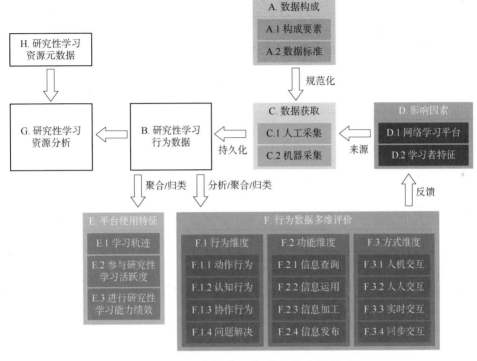

图 8 - 7　研究性学习行为数据分析模型

目研究过程和线下的调研探究体验。基于 MOORS 线上借助智能教学助手,为学生推荐研究主题,引导学生参与规范化研究过程;适时智能推送个性化学习资源和任务,让教师有更多时间、精力指导个性化和深度学习;记录过程性数据,并转化为表现性评价,为教师管理、服务、评价学生的创新实践活动提供大数据支持。线下在 MOORS 的支持下,学生能够在真实世界便捷地开展自主探究,开展调研、观察、实验等探究活动;教师适时掌控学情,形成网络空间与真实世界的深度融合的学习模式。

典型应用场景介绍如下:

1. **学生角色。**

开展课题前,MOORS 根据能力倾向、兴趣和搜索记录为学生推荐研究方向,学生通过查看资源、导师指导获得研究灵感,自行决定研究领域并开始研究。研究流程具体包括确定研究课题、制定研究方案、进行设计构思、设计表达与制作模型、测试与改进作品、提交与展示项目成果,学生组建团队开展研究。在规范化研究流程引导下,学生线下开展探究活动,线上记录研究过程并形成研究报告。并且在研究过程中,MOORS自适应匹配相应的学习资源和案例,持续给予学习支持和指导,促进学生深入探索。同时,学生当前研究课题可以随时分享到研讨圈进行展示,供其他学生收藏、点赞和评论,教师也可以参与讨论、指导,如图 8-8、8-9、8-10 所示。

图 8-8　MOORS 学生界面 1

图 8-9　MOORS 学生界面 2

图 8-10   MOORS 学生界面 3

2. 导师角色。

在课题研究过程中,MOORS 辅助导师为学生提供学习服务和支持。课题开始后,导师同意学生的导师申请,MOORS 会自动创建包括导师和学生的群组,供师生即时讨论。在学习过程中,导师根据 MOORS 的过程性评价反馈,实时监控学生学情,并适时提供评语、情感激励、指导探究活动等,引导、激励和服务学生完成课题研究。如图 8-11、8-12 所示。

图 8-11   MOORS 导师界面 1

(1)在高一年级有关"蚂蚁筑巢"的课题研究中,我们已经了解了蚂蚁巢穴的结构,推断蚂蚁具有一定的深度感知能力,蚁后对蚂蚁筑巢过程中发挥着领导者和决策者的作用。(2)通过查阅文献(2007年第2期《农业科学研究》中《宁夏人工固沙林地红林蚂蚁巢结构及擢沙量的测定》),我们了解到蚁穴在垂直方向上通常分3层,沿主隧道的不同深度,水平延伸为各级巢室,巢室间由隧道相互连通。(3)通过查阅各种有关蚂蚁的图书、期刊、网站,我们了解到蚂蚁巢具备居住、储存食物、存放尸体等功能。

• 致谢

谢谢老师在研究过程中的全程指导

研究性学习专题报告的佐证材料需要提供《上海市学生成长记录册》中的相关内容附件,包括完整的研究(调查)报告、研究(调查)过程中的照片、社会评价等

当前课题佐证材料:未上传材料   上传

教师填写评语(还能输入300字)

此课题已完成,请填写评语…

提文评语

图 8-12   MOORS 导师界面 2

3. 校长角色。

校长通过 MOORS 可以随时监控全校研究型课程实时情况和学生研究性学习情况,并了解不同研究领域的课题开设和变化情况,同时通过数据可视化掌握以课

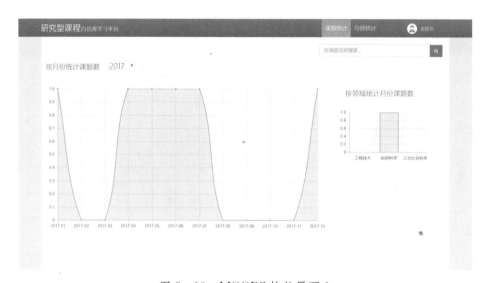

图 8-13   MOORS 校长界面 1

题为中心的教师指导课题情况、课题团队组建情况、学生研究进展情况，以支持教学管理决策和资源分配。如图 8-13、8-14 所示。

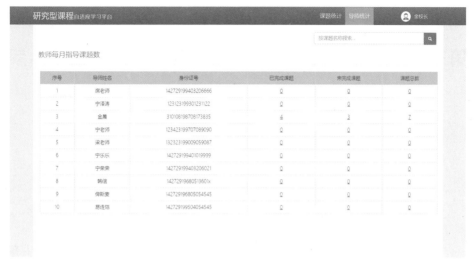

研究型课程自适应学习平台　　　　　　课题统计　导师统计　　👤 全校长

教师每月指导课题数

序号	导师姓名	身份证号	已完成课题	未完成课题	课题总数
1	席老师	142729199403206666	0	0	0
2	宁泽涛	123123199301231122	0	0	0
3	金鹰	310108198708173835	4	3	7
4	宁老师	123423199707089090	0	0	0
5	梁老师	132323199009059087	0	0	0
6	宁乐乐	142729199401019999	0	0	0
7	宁荣荣	142729199403206021	0	0	0
8	韩信	142729196805136011x	0	0	0
9	俾斯麦	142729196805054545	0	0	0
10	恶连任	142729199504054545	0	0	0

图 8-14　MOORS 校长界面 2

第三节 行为建模——研究性学习行为评价指标体系构建

一、评价指标来源及参照依据

基于前面对研究性学习内涵和目标的讨论可知,本项目的评价目标是学生在研究性学习中形成的实践能力和创新思维。因此,本部分的研究思路主要通过对实践能力和创新思维的内涵进行解析以发现其构成要素或下位能力,并参照国际上相关高阶能力思维的评价框架及其指标体系,支持本研究构建研究性学习评价框架。

(一) 核心技能解析:实践能力和创新思维

1. 实践能力实质解析。

顾名思义,要理解实践能力,首先要理解实践和能力的涵义。有学者明确将实践"定位于认识指导下的问题解决过程";能力是指"人们成功地完成某种活动所必须的个性心理特征",就实际表现来说,是指"已表现出来的实际能力和已达到的某种熟练程度"。因此,实践能力可以认为是,人们成功地完成问题解决活动的过程中所表现出来的实际能力和已达到的某种熟练程度。

在心理学中,实践能力的研究集中于实践智力(practical intelligence),是指"个体在适当时间与适当空间内,在行为上的适当能力表现。所谓适当能力表现,包括解决问题的能力与对付困境的能力等"。实践智力概念最先提出的是奈瑟尔

(Neisser)，他将实践智力看作是一个人对课堂之外的问题的认知反应。美国的斯腾伯格(Sternberg)对实践能力的研究最为深入，他认为实践能力是"一种将理论转化为实践，将抽象思想转化为实际成果的能力"，是"个体在实践生活中获取潜隐知识和背景信息、定义问题及解决问题的一种能力，它可以较好地预测个体未来的工作表现"，强调工作决策的能力。由上可知，从心理学领域来看，实践智力指的是个体解决实际问题的心理特征。

目前国内对于实践能力的理解和界定，主要有四种观点：一是将其理解为"动手"能力或学科技能；二是将其理解为社会智力或人际关系智力的一部分，强调个体日常生活经验的积累，它更多的是个体在非正式学习中学到的"默会知识"；三是将其明确界定为"对个体解决问题的进程及方式起稳定的支持与调控作用的个体心理和生理特征的总和，是一个复杂而统一的身心能量系统"；四是将其界定为"主体有目的、自觉地改造客体的能力，其中主体是具有主观能动性的人，客体是主体要认识或改造的对象"。也有研究指出，以上概念对于实践能力特征界定的视角较为片面，该研究认为实践能力是实践主体在实践活动过程中的表现状态及其实践活动结束时所形成的结果。

基于以上的分析，本研究对实践能力的实质进行界定，认为实践能力是一个人对课堂之外的问题的认知反应，是成功地完成问题解决活动的过程中所表现出来的实际能力和已达到的某种熟练程度，包括问题解决和对付困境的能力。其中，问题解决能力又包括从实践生活中获取潜隐知识和背景信息、定义并解决问题、将抽象思想转为实际成果的能力，能够较好地测量个体未来的工作表现。由该实质的界定可知，本研究对于实践能力的测评主要是对个体解决问题的心理特征进行分析，以个体解决问题的层次和质量为衡量标准。另外，虽然斯腾伯格将社会能力划分为社会智力和实践智力，但是在实际中，人们在具体情境中解决问题的过程不可能脱离社会，一定会与他人发生联系，因此社会智力必然会与实践智力产生联系并对其发挥影响。基于此，本研究认为这两种智力密不可分，社会智力是实践智力一种特殊的表现形式。

综上，实践能力的下位能力可以分解为个体问题解决能力、对付困境的能力，以及社会技能（或人际技能）三个维度。对实践能力的观察和测量，可以是实践活动过程的状态,也可以是实践活动的结果。也就是说,在研究性学习境域下,可以通过对学生开展研究性学习活动的过程及其研究成果进行分析以形成观测实践能力的外显行为指标。

2. 创新思维特征解析。

思维活动是人的一种本能,创新思维是创造力的核心。创新思维不是简单的逻辑思维活动,也不是孤立的形象思维活动,而是一种极其复杂的、特殊的物质系统内高度复杂的活动过程,是各种思维活动因素、活动能力及其活动形式存在着不同程度上的相互作用和相互制约的思维。对于"创新"的认定,狭义地看,第一次创造、全新的、具有社会意义的产品都可以认定具有创新性;广义地看,只要创造活动表现出一定的新颖价值,对其自身的认识和发展来说具有某种新颖性和独特性,那么也可以认定为具有相对意义的创新。简言之,"创新"的内涵在于,创新思维是一种求异的思维活动,无论是思考问题的方法方式上,还是思维活动的结果上,"创新"都表现出与一般思维不同的"新颖"。

目前对于创新思维的概念众说纷纭,尚无公认定义。吉尔弗特(Guilford)认为创新思维的核心是发散思维,具有流畅性、独创性、灵活性和精致性等特征。其中,流畅性是指在短时间内能想到的观点的数量;独创性是指具有与众不同的想法和不同寻常的解决问题的思路;灵活性是指能够从不同角度、不同方向灵活地思考问题;精致性是指对事物或事件的具体细节的描述数量和程度。Torrance 在 Guilford 研究的基础上,将创造性定义为敏锐地感觉到问题的存在、事物的不完善、知识的空白、成分的残缺、关系的不协调等;查明困难之所在;寻求解决问题的途径;对问题空缺成分等作出猜测,提出假设;反复检验、修改假设;最后得出结论并告知他人。Torrance 强调创新思维具有流畅性、灵活性和独特性等特征。

综上讨论,创新思维可以从学生在创新活动和创新成果中外显行为所表现出的流畅性、灵活性、独特性、逻辑性、概括性等方面进行测评。

(二)国际相关高阶能力评价案例借鉴

由上可知,实践能力强调个体问题解决和社会技能,这恰好与合作问题解决能力的实质不谋而合。合作问题解决能力（Collaborative Problem Solving，CPS）是一种同时包含社会技能（合作技能）和认知技能（问题解决）的高阶能力，在国内外科学教育研究领域是一个全新的学术概念。合作问题解决能力具有高度抽象、结构复杂的特点，属于个体的潜在特质，无法直接观察和测量。因此，对其进行评价需要基于缜密的理论研究和科学研判，将能力分解为为关键要素，从而形成具有可操作性的测评框架。

"国际学生评估项目"（Programme for International Student Assessment，PISA）和"21世纪技能评价与教学"项目（Assessment & Teaching of 21st Century Skills，ATC21S）是目前针对项目合作问题解决能力最具代表性的教育测评项目。受这两个项目的影响，澳大利亚开展了"合作问题解决在线评估与澳大利亚课程"（Collaborative Problem-solving Online Assessment and the Australian Curriculum）项目，其目的在于对本国学生合作问题解决能力水平进行测评，也是合作问题解决能力测评的典型代表案例。接下来主要对这三个评价框架及指标体系进行梳理，以期为本研究评价框架的构建给予启示和理论支持。

1. PISA2015合作问题解决能力评价框架。

PISA项目是对学生运用知识与技能适应未来生活的能力进行评价，关注学生是否具备自我总结、自我反思、自我监控以及终身学习的能力。PISA项目测评内容主要经历了以下变化：在2003年首次测评中采用纸笔测验的形式对学生"问题解决能力"进行测评；2012年基于计算机技术测量了学生在真实任务情境中的"问题解决能力"；2015年采用"人机结合"技术首次对学生的"合作问题解决能力"进行了评价；2018年新增了"全球胜任力"（Global Competence）的评价。由上可知，合作问题解决能力的测评是PISA项目的重要内容。

顾名思义，合作问题解决能力是合作能力和问题解决能力的综合，PISA将其具体定义为：个体能够有效地参与两个及以上代理问题解决过程的能力，在代理问题解决过程中能够共享解决问题所需的理解和努力，并尝试达成问题解决方案，同时结合已有的知识、技能和努力来实现解决方案。相对于问题解决能力来说，PISA更强调合作能力。在PISA2015合作问题解决能力评价框架中，从合作层面和问题解决层面两个维度对12种技能进行了描述，其中在合作层面包括三种核心的合作问题解决能力：建立和维持共识、采取合适的行动解决问题、建立和维持团队组织；而问题解决层面沿用 2012 年测评框架中对于个体问题解决过程的定义：探索与理解、表征与形成、计划与执行、监测与反馈。PISA2015 合作问题解决技能矩阵如表8-1所示。

表8-1　PISA2015 合作问题解决技能矩阵

<table>
<tr><td rowspan="2" colspan="2"></td><td colspan="3">合 作 层 面</td></tr>
<tr><td>建立与维持共同的理解</td><td>采取恰当的行动解决问题</td><td>建立与维持团队组织</td></tr>
<tr><td rowspan="4">问题解决层面</td><td>探究与理解</td><td>发现团队成员的观点与能力</td><td>发现目标和解决问题所需的合作交互类型</td><td>理解解决问题的角色</td></tr>
<tr><td>表征与形成</td><td>建立共同的表征和协商问题的含义</td><td>识别与描述需要完成的任务</td><td>描述角色与团队组织</td></tr>
<tr><td>计划与执行</td><td>与团队成员交流将要或正在进行的行为</td><td>制定计划</td><td>遵守参与规则</td></tr>
<tr><td>监控与反馈</td><td>监控和完善共同的理解</td><td>监控行为结果与评估</td><td>监控、提供反馈以及适应团队组织和角色</td></tr>
</table>

2. ATC21S 项目"合作问题解决"能力评价指标体系。

ATC21S 项目是针对"21 世纪能力"中"合作问题解决"和 ICT 素养的评价框架及方法，实施周期为 2009—2012 年，由美国、澳大利亚、芬兰等六国参与，思科、英特尔、微软三大公司资助，旨在通过使用前沿信息技术不断探索，以开发评价 21 世纪技能的方法、途径、技术等，并根据评价数据不断深入分析，以探寻学校在课堂教学中培养 21 世纪技能的现实路径。

ATC21S 将合作问题解决能力看作是批判性思维、问题解决能力、决策能力和合作能力合并而成的复杂能力。ATC21S 项目主要基于社会技能和认知技能两个维度提出了合作问题解决能力框架，主要包括"合作"和"问题解决"两个部分，采用三级指标对合作问题解决能力进行测评，其中前面两级指标采用 A—F 六个水平等级进行衡量，第三级指标采用高中低三个水平等级进行衡量。因此，ATC21S 由两个维度、三级指标、五个组成要素、以及十八种个体能力构成，ATC21S 项目合作问题解决能力评价指标体系如表8-2所示。

表 8-2　ATC21S 合作问题解决能力评价指标体系

一级指标	二级指标	三级指标	四级指标
合作问题解决能力	认知能力	知识建构	反思和监控
			关系处理
			因果关系
		任务管理	灵活性
			目标设定
			问题分析
			信息收集
			资源管理
			系统性
	社会技能	参与	行动力
			互动
			坚持完成任务
		观点采择	响应能力
			受众意识
		社交管理	自我检视
			交互记忆
			谈判能力
			主动性

3. 澳大利亚合作问题解决评估框架。

受 PISA2015 对合作问题解决进行测评的影响,许多国家和地区纷纷开始探索如何测量本国学生在合作问题解决能力上的水平。其中,澳大利亚专门开发的"合作问题解决在线评估与澳大利亚课程"项目是典型代表。该项目主要包括两个部分:设计并开发四个在线互动任务;创建澳大利亚合作问题解决评估框架(Australian Curriculum Collaborative Problem-solving Assessment Framework, ACCPSAF)。该评估框架主要受到 ATC21S 和 PISA2015 两个项目的影响,强调将认知技能和社交(合作)技能作为合作问题解决能力的下位能力,其中认知技能以批判性和创新思维为主要构成要素,社交技能以人际社交为主。由于批判性和创新思维,以及人际社交两种能力无法直接观测,因此进一步拓展延伸。其中,批判性和创新思维的观测变量的确定借鉴了观察学习结果框架(Structure of the Observed Learning Outcome)的分类系统,而人际社交的观测变量借鉴了Krathwohl的分类系统。因此合作问题解决能力被划分为自我意识、自我管理、社会管理、探究、生成、分析等六个潜在变量,而潜在变量又分别通过两个观测变量进行测量确定其值。澳大利亚合作问题解决评估框架如表8-3所示。

表8-3 澳大利亚合作问题解决评估框架

评价目标	评价维度	一级指标	二级指标
合作问题解决能力	人际社交（社会技能）	自我意识	描述学习情况
			对行动和沟通进行反思
		自我管理	自我规调并设定目标
			独立工作,展现出主动性
		社会管理	开展合作
			协商并解决冲突
	批判性和创新思维（认知技能）	探究	抛出或澄清问题
			收集并组织信息
		生成	提出行动方案
			思考替代性方案
		分析	分析问题或任务
			找到符合逻辑的解决方法

4. 中国学生发展核心素养总体框架。

学生发展核心素养,主要是指学生应具备的,能够适应终身发展和社会发展需要的必备品格和关键能力。在2016年发布的中国学生发展核心素养总体框架中,共分为文化基础、自主发展、社会参与三个方面,综合表现为人文底蕴、科学精神、学会学习、健康生活、责任担当、实践创新六大素养,具体细化为国家认同等十八个基本要点。通过分析概念发现,该框架十八个基本要点中的批判质疑、勇于探究、自我管理、问题解决、技术应用等要点与研究性学习评价内容相关,这些要点的表现描述能够为研究性学习评价框架相关要素表现的界定提供理论参考。中国学生发展核心素养总体框架基本要点和主要表现(部分)如表8-4所示。

表8-4 中国学生发展核心素养基本要点和主要表现(部分)

核心素养		基本要点	主要表现描述
文化基础	科学精神	批判质疑	重点:具有问题意识;能独立思考、独立判断;思维缜密,能多角度、辩证地分析问题,作出选择和决定等。
		勇于探究	重点:具有好奇心和想象力;能不畏困难,有坚持不懈的探索精神;能大胆尝试,积极寻求有效的问题解决方法等。
自主发展	健康生活	自我管理	重点:能正确认识与评估自我;依据自身个性和潜质选择适合的发展方向;合理分配和使用时间与精力;具有达成目标的持续行动力等。
社会参与	实践创新	问题解决	重点:善于发现和提出问题,有解决问题的兴趣和热情;能依据特定情境和具体条件,选择制订合理的解决方案;具有在复杂环境中行动的能力等。
		技术应用	重点:理解技术与人类文明的有机联系,具有学习掌握技术的兴趣和意愿;具有工程思维,能将创意和方案转化为有形物品或对已有物品进行改进与优化等。

(三) 研究性学习行为过程模型分析

通过对研究性学习过程的分析可以更好地帮助我们理解研究性学习评价目标的涵义和构成要素。虽然研究性学习的一般过程和科学研究的一般过程有相似之处,但是侧重不同。相比成人的科学研究过程,面向基础教育的研究性学习更强调为学习者创设问题情境,引导学习者自主发现和提出问题。为了更进一步弄清楚研究性学习过程中必要的研究步骤和行为,本研究对基于项目的学习和基于问题的学习两个学习模式过程的相关文献进行梳理。通过文献梳理可知,无论是基于项目的学习还是基于问题的学习,研究性学习是一种让学生参与调研的综合教学方法。在这个框架下,学生通过提出和定义问题、讨论观点、制定假设和预测、设计计划和实验、收集和分析数据、总结推论、与其他人交流想法和发现、提出新问题、创作制品等一系列行为为"劣构问题"驱动的项目寻求解决方案。这些行为可以看作是三个阶段的循环过程:提出问题、解决问题、总结呈现,如表8-5所示。

表 8-5　研究性学习行为过程模型

研究阶段	研究内容
提出问题	问题陈述
	明确问题
解决问题	理解问题
	收集资料
	分析资料
总结呈现	构建结论
	成果展示

1. 提出问题阶段。研究性学习由一个劣构问题开始,学生并不事先准备。这个问题可以是学生通过对日常生活的发现和思考自行提出的问题,也可以是根据教师所创设的问题情境后自主发现的问题。无论是哪种情况,问题一般都由学生自行初步提出,并且是真实的。在这个阶段,学生要对问题进行陈述且进一步明确问题。

2. 解决问题阶段。明确问题之后,学生首先对问题进行分析,形成可能的解释性假设,与同伴和导师进行交流并思考,确定需要进一步研究的关键问题。这些活动允许学生根据自己的先验知识,构建一个初始的解释性理论或模型来解释问题。这个阶段结束后,学生制定计划并分配组员具体任务,然后进入各自的学习时间去解决之前定义的学习问题和任务。在个人探究阶段中,学生创建详细、清晰的资源收集方法并多次收集资源,最后对收集的资源进行分析和解释。

3. 总结呈现阶段。个人探究结束后,学生在总结报告阶段以小组形式集合,分享、讨论各自的发现,并整合观点形成结论,根据所学到的东西去完善最初的理论模型。然后,学生将继续进入新一轮研究去分析一个新的问题。这个问题可能是全新的问题,也可能是这轮研究中所发现的需要进一步研究的问题。

二、研究性学习行为评价指标构建

根据前面对实践能力和创新思维的内涵解析,以及国际高阶能力评价指标体系中对项目合作问题解决能力的评估所给予的启示,本研究将研究性学习行为评价目标最终界定为学生的实践创新能力。

(一) 评价框架及构成要素

根据前面的讨论和分析,本研究将实践创新能力的实质界定为实践能力和创新思维的综合。由前面的讨论可知,实践能力是个体在成功地完成问题解决活动的过程中所表现出来的实际能力和已达到的某种熟练程度,包括问题解决和合作能力两种技能。因此,实践创新能力的下位能力包括问题解决能力、合作能力和创新思维。

1. 问题解决能力。

问题解决是指学生解决问题时所经历的认知过程。在我国 2016 年发布的《中国学生发展核心素养》中提到,"实践创新"作为核心素养之一,"问题解决"是其重要因素,"问题解决的重点是善于发现和提出问题,有解决问题的兴趣和热情,能依据特定情境和具体条件,选择制定合理解决方案"。[1] PISA 认为问题解决是"个体运用认知过程来面对和解决真实的、跨学科情境问题的能力,在这一情境中,问题解决的路径不是显而易见的,并且个体可能应用的素养范围或课程领域也不在单一的数学、科学或阅读的范围中"。由此可知,问题解决的对象是劣构化问题,不仅包括解决具体问题,还在于发现和提出问题。在国际上已有的高阶能力评价指标体系中均有对问题解决能力进行评估,且评估的要素不尽相同,主要包括探究、生成、分析、表述等观测指标(参考 PISA2015、ATC21S 和澳大利亚合作问题解决评估框架中问题解决技能评价指标)。综上,本研究将问题解决划分为提出问题和解决问题两个维度,提出问题是指学生在现实生活情境中发现和提出问题的能力;解决问题是指学生运用认知过程理解和解决真实、跨学科情境问题的能力,包括理解、计划、收集资源、分析推理、表述构思等技能。

2. 合作能力。

合作能力是指学生在研究性学习中参与小组协作的能力。研究性学习通常以

---

[1] 人民日报.《中国学生发展核心素养》发布[J]. 上海教育科研,2016(10):85—85.

小组为单位进行课题或项目研究,因此,学生如何在小组协作过程中发展和发挥合作能力对于课题或项目的完成十分重要。由前面对国际上高阶能力评价框架案例的讨论可知,有的评价框架直接强调合作能力是一种与其他团队成员协作共同完成任务、并实现最优表现的能力(PISA2015 项目),有的评价框架则认为合作能力是自我管理和社会管理的综合,即学生个体在项目过程中的自我监控和反思,以及在团队协作中与成员开展合作、有效沟通、反思成员的观点、处理与成员之间的冲突等能力(ATC21S 项目和澳大利亚合作问题解决评估框架)。在本项目中认定,合作能力是自我管理和团队管理的综合,其中自我管理是指学生个体在小组协作中对自身行为的监控和反思,而社会管理更侧重于学生个体在小组协作中与其他成员的合作、交流、冲突处理等。

3. 创新思维。

创新思维是指以新颖独特的方法解决问题的思维过程,通过这种思维能突破常规思维的界限,以超常规甚至反常规的方法、视角去思考问题,提出与众不同的解决方案,从而产生新颖的、独到的、有社会意义的思维成果。简言之,创新思维是指新的思维、与众不同的思维,包括思维的过程机制和品质。前面对创新思维特征的解析可知,创新思维具有流畅性、灵活性、独创性和适用性等特征,对这些特征的测评能够对创新思维的品质进行评价。但是,在研究性学习问题解决过程中,创新思维的形成和发生与批判性思维紧密相关,因此,对创新思维在研究性学习过程中的行为表现进行梳理将有助于评价创新思维的过程机制。

综上,形成研究性学习行为评价初级框架如表8-6所示。

表8-6　研究性学习行为评价初级框架

一级指标(目标技能)	二级指标	三级指标
实践创新能力	问题解决	探究
		形成
		分析
		表述

一级指标(目标技能)	二级指标	三级指标
	合作能力	自我管理
		社会管理
	创新思维	过程机制
		思维品质

(二) 评价指标初步构建

前面的部分对学生在问题解决过程中的认知过程进行了梳理。本部分基于以上阶段维度的划分,进一步结合已有文献对研究性学习过程行为进行梳理,以确定不同技能维度的行为指标。

具体研究内容是对学生个体的批判性思维(问题解决)和创新思维在不同研究阶段中的行为表现,以及对个体和小组的合作能力在研究性学习过程中的行为表现进行梳理和阐述。这样研究的目的在于,尽可能全面、完整地呈现学生在研究性学习过程中实践能力和创新思维的综合行为表现,让教师和学生更清晰、直接地了解如何开展高质量的研究性学习,不仅可以支持教师开展研究型课程和指导学生,还能够让学生通过该过程行为指标了解研究性学习评价的目标,以便更好地监控和反思自己的行为是否达到该过程行为指标的要求。

目前国内尚未有成熟的研究性学习评价量表。在具体行为指标分析和确定过程中,本研究主要参考了美国 Buck 教育机构相关的研究性学习评价量规。该机构在研究性学习评价方面开展了数年研究,对学习者的批判性思维、创新思维、协作表现等研究性学习过程的行为表现构建了评价量规,已被美国一些 K12 学校所采用,具有一定的可行性、可靠性和科学性。接下来,本研究将参考这些量规对过程性问题解决行为和小组协作行为进行详细地描述。

1. 问题解决评价指标构建。

问题解决行为指标包括提出问题和解决问题两个维度。

(1) 提出问题行为指标

提出问题维度包括学习问题和问题熟悉度两个方面,主要是学生所提出的问题能否达到预期学习目标的程度,以及学生对问题的熟悉程度,提出问题指标如表8-7所示。

表8-7 提出问题评价指标及行为表现

二级指标	三级指标	四级指标	具体行为表现描述
问题解决	提出问题	问题陈述	1. 研究问题描述清晰,学生清楚自己和团队的研究目标; 2. 研究问题提供了足够的线索或提示,包含了足够的关键词。
		问题熟悉度	3. 研究问题与学生之前所学的知识很吻合; 4. 研究问题涉及的主题反映了真实世界存在的问题; 5. 研究问题能够激发学生的研究兴趣。

（2）解决问题评价指标

解决问题过程包括学生理解问题、收集资料、分析资料和总结呈现四个阶段的认知过程,批判性思维是这个认知过程中重要的思维技能,因此,解决问题行为指标的确定主要是依据批判性思维在解决问题过程中的具体行为表现而来。具体梳理如表8-8所示。

表8-8 基于批判性思维的问题解决评价指标及行为表现

二级指标	三级指标	四级指标	具体行为表现描述
问题解决	理解问题	分析问题	1. 知道使用哪些知识或资源来理解问题,并尽可能考虑多个观点; 2. 组织信息描述研究背景和目的; 3. 在科学探究中,提出可验证的假设。
		制定研究计划	4. 制定详细、清晰、富有逻辑的研究方案(步骤、内容和方法); 5. 为每位组员分配具体的研究任务; 6. 研究方案与研究问题紧密关联。
	收集资源	收集和评价信息	7. 尽可能去收集和整合更多与主题相关的信息; 8. 对实验或调研中的变量进行控制和有效测量; 9. 对收集的信息(数据)质量(如有效性、准确性和科学性)进行评估。

二级指标	三级指标	四级指标	具体行为表现描述
	分析资源	使用证据	10. 通过检查推理是否有效,采集的证据(信息)是否与问题相关且充分,来评价形成的观点或推论; 11. 通过他人的评论、反馈或多次调研数据来不断修正研究方案,并解释修改后能够更好地解决问题。
	总结呈现	证明推论	12. 熟练地用精确的图、表组织和呈现数据; 13. 对与问题相关的数据彻底地分析和解释; 14. 在形成研究结论时,通过证据支持和正当推理来证明其中观点; 15. 研究结论清晰,与数据分析结果一致; 16. 认识到研究结论的局限性(不完整、不确定或不够完善的原因); 17. 清楚地解释在研究中获得的新的理解,以及如何将它迁移到其他情境。

2. 合作能力评价指标构建。

根据前面的内容可知,小组协作是学生形成和培养合作能力的重要形式,主要分为自我管理和社会管理两个维度,具体行为表现如表 8-9 所示。

表 8-9　合作能力评价指标及行为表现

二级指标	三级指标	四级指标	具体行为表现描述
合作能力	自我管理	自我意识	1. 自觉按时地完成任务; 2. 对团队提出的观点进行调查和反思。
		帮助团队	3. 为他人提供有用的反馈(具体、可行、支持性的); 4. 在他人需要时提供帮助。
	社会管理	组织工作	5. 团队创建了详细的任务列表,并合理划分了每位成员的任务; 6. 团队在规定时间内设定时间充分讨论并跟踪进展。
		团队协作	7. 在研究前期,团队通过头脑风暴产生多个观点; 8. 团队每位成员都积极参与讨论; 9. 在所有队友参与的情况下形成观点和研究成果。

3. 创新思维评价指标构建。

如前面所述,创新思维的评价包括其过程机制和品质的评价,因此,主要对创新思维在研究性学习过程以及研究成果中的行为表现进行梳理以确定其行为指标。具体见表 8-10 和表 8-11 所示。

表 8-10　创新思维评价指标及行为表现

二级指标	三级指标	四级指标	具体行为表现描述
创新思维	过程机制	识别信息来源	1. 除了常规的信息来源(如书本、教师、学校),可以通过其他方式或场所获得所需信息(如专家、社区、企业或相关组织、文献等); 2. 与他人讨论能够促进发散性和创造性观点形成。
		形成和选择观点	3. 通过概念衍生形成很多解决问题的初始观点; 4. 仔细评价不同观点的质量,并选择最佳观点支持形成推论; 5. 尝试提出新问题,从不同视角阐述和改善所选观点; 6. 当想法转化为观点时,发挥创造力和想象力。
		展示研究成果	7. 使用丰富的形式(如图文并茂、产品展示等)来展示研究成果; 8. 在成果展示中让人感觉有趣、生动、有吸引力或感染力。

表 8-11　基于创新思维的研究性学习成果评价指标及表现

二级指标	三级指标	四级指标	具体表现描述
创新思维	创新性表述与构思	独创性	1. 研究成果总是新颖、独特、让人眼前一亮,具有点睛之处; 2. 研究成果能够打破常规,或是运用新的、灵活的、让人耳目一新的方法去处理已有信息(材料或数据)或观点。
		社会价值	3. 研究成果解决了提出的问题,是有用且有价值的; 4. 研究成果是切合实际且可行的。
		创新性	5. 研究报告能够清晰、简明、有逻辑性地对信息、调查结果和支撑性证据进行呈现; 6. 研究报告能够将不同元素组合成一个连贯的整体; 7. 研究报告呈现了精心设计、引人注目、恰当且鲜明的设计风格。

三、研究性学习行为评价指标体系

(一) 评价指标及权重系数确定

根据前面对评价指标体系的验证,得到各个评价指标的因素载荷值。因素载荷值是潜在变量到观测变量的标准化回归系数,其值代表观测变量对潜在变量的影响程度。因此,本部分进一步将其归一化转化为权重系数,如表8-12所示。

表8-12 研究性学习行为评价指标体系

一级指标	二级指标	三级指标	四级指标	观测行为表现描述	权重系数
C.实践创新能力	D1. 批判性思维与问题解决0.4	E1. 问题探究0.2	F1. 问题陈述0.74	S1.研究问题描述清晰,学生清楚自己和团队的研究目标	0.5
				S2.研究问题提供了足够的线索或提示,包含了足够的关键词	0.5
			F2. 问题熟悉度0.26	S3.研究问题能够激发学生的研究兴趣	1
		E2. 理解与计划0.2	F3. 分析问题0.25	S4.组织信息描述研究背景和目的	1
			F4. 制定研究计划0.75	S5.制定详细、清晰、富有逻辑的研究方案(步骤、内容和方法)	0.34
				S6.为每位组员分配具体的研究任务	0.32
				S7.研究方案与研究问题紧密关联	0.34
		E3. 收集资源0.2	F5. 收集信息1	S8.尽可能去收集和整合更多与主题相关的信息	1
		E4. 分析与推理0.2	F6. 使用证据1	S9.对实验或调研中的变量进行控制和有效测量	0.3
				S10.对收集的信息(数据)质量(如有效性、准确性和科学性)进行评估	0.34
				S11.通过检查推理是否有效,采集的证据(信息)是否与问题相关且充分,来评价形成的观点或推论	0.36
		E5. 表述与呈现0.2	F7. 证明推论1	S12.熟练地用精确的图、表组织和呈现数据	0.48
				S13.对与问题相关的数据彻底地分析和解释	0.52
	D2. 合作能力0.3	E6. 自我管理0.36	F8. 自我意识0.5	S14.自觉按时地完成任务(行动力、参与度和坚持力等)	0.46
				S15.对团队提出的观点进行调查和反思	0.54

一级指标	二级指标	三级指标	四级指标	观测行为表现描述	权重系数
		E7. 团队管理 0.64	F9. 帮助团队 0.5	S16. 为他人提供有用的反馈（具体、可行、支持性的）	0.53
				S17. 在他人需要时提供帮助	0.47
			F10. 组织工作 0.52	S18. 团队创建了详细的任务列表，并合理划分了每位成员的任务	0.49
				S19. 团队在规定时间内设定时间充分讨论并跟踪进展	0.51
			F11. 团队协作 0.48	S20. 团队每位成员都积极参与讨论	0.49
				S21. 在所有队友参与的情况下形成观点和研究成果	0.51
D3. 创新思维 0.3		E8. 流畅性 0.5	F12. 识别信息来源 0.27	S22. 除了常规的信息来源（如书本、教师、学校），可以通过其他方式或场所获得所需信息（如专家、社区、企业或相关组织、文献等）	0.45
				S23. 与他人讨论能够促进发散性和创造性观点形成	0.55
			F13. 形成和选择观点 0.58	S24. 通过概念衍生形成很多解决问题的初始观点	0.25
				S25. 仔细评价不同观点的质量，并选择最佳观点支持形成推论	0.26
				S26. 尝试提出新问题，从不同视角阐述和改善所选观点	0.24
				S27. 当想法转化为观点时，发挥创造力和想象力	0.25
			F14. 展示研究成果 0.15	S28. 使用丰富的形式（如图文并茂、产品展示等）来展示研究成果	1
		E9. 创新性表述与构思 0.5	F15. 独创性 0.28	S29. 研究成果总是新颖、独特、让人眼前一亮，具有点睛之处	0.48
				S30. 研究成果能够打破常规，或是运用新的、灵活的、让人耳目一新的方法去处理已有信息（材料或数据）或观点	0.52

一级指标	二级指标	三级指标	四级指标	观测行为表现描述	权重系数
			F16. 社会价值 0.28	S31. 研究成果解决了提出的问题,是有用且有价值的	0.52
				S32. 研究成果是切合实际且可行的	0.48
			F17. 科学性 0.44	S33. 研究报告能够清晰、简明、有逻辑性地对信息、调查结果和支撑性证据进行呈现	0.34
				S34. 研究报告能够将不同元素组合成一个连贯的整体	0.34
				S35. 研究报告呈现了精心设计、引人注目、恰当且鲜明的设计风格	0.32

(二) 指标的评价标准类型

将定性评价和定量评价结合起来,有三种方式可以对指标的评价标准进行描述,包括描述式标准、期望评语量表式标准和客观可数等级式标准。

描述式标准就是运用文字描述每个不同要素的等级,并赋予每个等级以分值。这种标准形式要求所描述的各要素概念明确、清楚、合理,方便判别。

期望评语量表式标准是根据目标的要求,写出期望达到的评语或要求,同时把该指标分为若干等级。评判者根据达到期望评语或要求的程度逐项评判,为了减少主观判断的误差,可以采用多人评价计算平均值以求一定程度上的客观。在研究性学习行为评价框架中,有关问题探究、理解和计划、分析和推理、表述和呈现、研究成果、社会管理等方面的行为指标并不都是可以直接测量的内容,且有些行为复杂、难以确定,因此,这些部分的指标主要采用期望评语量表式标准,由教师、学习小组、小组成员组成评判者对达到的期望程度进行主观判断。

对于某些条件指标,可以采用客观、可数的定量数值作为标准,标准分为不同的等级,只要达到一定数额就可以归属到某一等级之中。例如,合作能力中的自我管理指标、问题解决中的收集资源指标等,可以通过学生在线频次、时长、访问功能模块、搜索和查看资源等频次进行评价。

根据以上讨论,各评价指标的评价类型和评价主体如表8-13所示。

表8-13　研究性学习行为指标体系的评价标准类型和评价主体

一级指标	二级指标	三级指标	评价标准类型	评价主体	评价对象
实践创新能力	问题解决	问题探究	期望评语量表式标准	教师评价、小组自评、小组互评	个人评价＋小组评价
		理解与计划			
		收集资源	客观可数等级式标准	平台自动统计	
		分析与推理	期望评语量表式标准	教师评价、小组自评、小组互评	
		表述与呈现			
	合作能力	自我管理	客观可数等级式标准	平台自动统计	个人评价
		团队管理	客观可数等级式标准		个人评价＋小组评价
	创新思维	思维流畅性	期望评语量表式标准	教师评价、小组自评、小组互评	
		创造性表述与构思			

(三) 批判性思维与问题解决评价量规

问题解决评价量规是对学生在研究性学习过程中有关个体批判性思维和问题解决能力的外显行为表现进行观测的评价工具(如表8-14和8-15所示),批判性思维和问题解决能力的下位能力参考了PISA2015和澳大利亚合作问题解决评估框架中有关问题解决认知能力的评价要点,分为问题探究、理解与计划、收集资源、分析与推理、表述与呈现五个指标。其中问题探究是有关学生在现实生活情境中发现和提出问题的能力,包括问题陈述和问题熟悉度两个子指标;理解与计划是有关学生收集信息探究问题情景,并在理解已知知识和所搜集的信息的基础上表现出个人对于相关概念的理解,基于此,设定研究目标,包括达到目标开展研究所涉及的策略或具体步骤,组建小组,并基于研究目标对小组成员进行分工,该指标包括分析问题和制定研究计划两个子指标;收集资源是关于学生尽可能从不同来源、不同类型去收集与问题相关的资源;分析与推理是关于学生对收集到的信息或资源进行评估,并使用这些信息来支持观点的形成,包括使用证据子指标;表述与呈现是有关学生将信息或资源的分析结果与推论相结合,有逻辑地组织和呈现信息,包括证明推论子指标。本评价量规(除收集资源)评价标准采用的是期望评语量表式标准,参照指标的观测行为表现描述,评价主体可以做出优秀(达到标准)、合格(接近标准)和不合格(低于标准)的主观评价。收集资源子指标的评价标准采用的是客观可数等级式标准,通过平台自动统计项目得到相关行为指标的数据。

表 8-14　批判性思维和问题解决能力评价量规

二级指标	三级指标	四级指标	观测行为表现描述	优秀 达到 标准	合格 接近 标准	不合格 低于 标准
D1. 批判性思维与问题解决	E1. 问题探究	F1. 问题陈述	S1. 研究问题描述清晰,学生清楚自己和团队的研究目标			
			S2. 研究问题提供了足够的线索或提示,包含了足够的关键词			
		F2. 问题熟悉度	S3. 研究问题能够激发学生的研究兴趣			
	E2. 理解与计划	F3. 分析问题	S4. 组织信息描述研究背景和目的			
		F4. 制定研究计划	S5. 制定详细、清晰、富有逻辑的研究方案(步骤、内容和方法)			
			S6. 为每位组员分配具体的研究任务			
			S7. 研究方案与研究问题紧密关联			
	E4. 分析与推理	F6. 使用证据	S9. 对实验或调研中的变量进行控制和有效测量			
			S10. 对收集的信息(数据)质量(如有效性、准确性和科学性)进行评估			
			S11. 通过检查推理是否有效,采集的证据(信息)是否与问题相关且充分,来评价形成的观点或推论			
	E5. 表述与呈现	F7. 证明推论	S12. 熟练地用精确的图、表组织和呈现数据			
			S13. 对与问题相关的数据彻底地分析和解释			

表 8-15　问题解决能力收集资源评价量规

二级指标	三级指标	四级指标	具体行为表现描述	平台自动统计项目
D1. 批判性思维与问题解决	E3. 收集资源	F5. 收集信息	S8. 尽可能去收集和整合更多与主题相关的信息	收集资料类型数 收集资源来源(知网、百度等数据源) 下载资源次数 访问资源次数 搜索资源次数 查看优质课题次数 收藏优质课题次数

(四) 合作能力评价量规

合作能力评价量规是对学生在研究性学习过程中在小组协作中合作能力的外显行为表现进行评测的工具(如表 8-16 所示)。参考 ATC21S 和澳大利亚合作问题解决评估框架中合作能力的评价要素,本研究中合作能力的下位能力包括自我管理和团队管理两个维度。其中,自我管理是有关学生在学习过程中对自我行为和活动的监控与反思的能力,包括行动力、参与度、坚持力,以及帮助团队成员的积极性,因此自我管理指标包括自我意识和帮助团队两个子指标;团队管理是有关学生所在小组的协作表现,包括团队内是否详细分工并各自执行、是否在规定时间内充分讨论并跟踪进展,以及组员内是否积极地讨论并共同形成观点和研究成果,因此团队管理指标包括组织工作和团队协作两个子指标。合作能力评价量规的评价标准采用的是客观可数等级式标准,通过平台自动统计项目得到相关行为指标的数据。

表 8-16　合作能力评价量规

二级指标	三级指标	四级指标	观测行为表现描述	平台自动统计项目
D2. 合作能力	E6. 自我管理	F8. 自我意识	S14. 自觉按时地完成任务(行动力、参与度和坚持力等) S15. 对团队提出的观点进行调查和反思	课题完成率 登录平台频次和时长 填写/修改研究报告次数 同步课题次数 访问功能模块次数 灵感笔记次数

二级指标	三级指标	四级指标	观测行为表现描述	平台自动统计项目
		F9.帮助团队	S16.为他人提供有用的反馈(具体、可行、支持性的)	点赞课题次数 评论课题次数
			S17.在他人需要时提供帮助	回复群组消息频次
E7.团队管理		F10.组织工作	S18.团队创建了详细的任务列表,并合理划分了每位成员的任务	每位成员具体的分工情况
			S19.团队在规定时间内设定时间充分讨论并跟踪进展	小组讨论频次和时长
		F11.团队协作	S20.团队每位成员都积极参与讨论	每位成员参与讨论次数
			S21.在所有队友参与的情况下形成观点和研究成果	在成果完成期间每位成员参与讨论次数

(五) 创新思维评价量规

创新思维评价量规是对学生在研究性学习过程及其研究成果中有关创新思维的外显行为表现进行测评的工具(如表 8-17 所示)。根据对创新思维概念的梳理可知,创新思维包括思维的过程机制和品质,而这两个要素正好能够通过对学习过程中的行为表现和研究成果质量进行评价。因此,创新思维过程机制的指标以思维的流畅性为主,包括识别信息来源、形成和选择观点、展示研究成果三个子指标;其思维品质的指标参考了 PISA2015 问题解决能力的相关评价要素,以创新性表述与构思为主,包括独创性、社会价值和科学性三个子指标。本评价量规评价标准采用的是期望评语量表式标准,参照指标的观测行为表现描述,评价主体可以做出优秀(达到标准)、合格(接近标准)和不合格(低于标准)的主观评价。

表 8-17 创新思维评价量规

二级指标	三级指标	四级指标	观测行为表现描述	优秀 达到 标准	合格 接近 标准	不合格 低于 标准
D3.创新思维	E8.流畅性	F12.识别信息来源	S22.除了常规的信息来源(如书本、教师、学校),可以通过其他方式或场所获得所需信息(如专家、社区、企业或相关组织、文献等)			
			S23.与他人讨论能够促进发散性和创造性观点形成			
		F13.形成和选择观点	S24.通过概念衍生形成很多解决问题的初始观点			
			S25.仔细评价不同观点的质量,并选择最佳观点支持形成推论			
			S26.尝试提出新问题,从不同视角阐述和改善所选观点			
			S27.当想法转化为观点时,发挥创造力和想象力			
		F14.展示研究成果	S28.使用丰富的形式(如图文并茂、产品展示等)来展示研究成果			
	E9.创新性表述与构思	F15.独创性	S29.研究成果总是新颖、独特、让人眼前一亮,具有点睛之处			
			S30.研究成果能够打破常规,或是运用新的、灵活的、让人耳目一新的方法去处理已有信息(材料或数据)或观点			
		F16.社会价值	S31.研究成果解决了提出的问题,是有用且有价值的			
			S32.研究成果是切合实际且可行的			
		F17.科学性	S33.研究报告能够清晰、简明、有逻辑性地对信息、调查结果和支撑性证据进行呈现			
			S34.研究报告能够将不同元素组合成一个连贯的整体			
			S35.研究报告呈现了精心设计、引人注目、恰当且鲜明的设计风格			

第四节　画像构建——基于多源多维多模态的数据融合分析

用户画像作为大数据的根基,它完美地抽象出一个用户的信息全貌,为进一步精准、快速地分析用户行为习惯等重要信息,提供了足够的数据基础。构建用户画像是为了还原用户信息。画像构建主要涉及标签的形成、标签的权重。标签主要来自事实标签、统计标签、预测标签,这些标签通过数据分析中分类、聚类文本处理得到;权重涉及标签本身的权重、行为的权重、比例、时效。

(1)标签。标签来源于静态信息数据、动态信息数据。静态信息数据是用户相对稳定的信息,主要包括用户的基本属性方面数据。这类信息自成标签,无需过多建模预测,更多涉及的是数据清洗工作。动态信息数据是用户不断变化的行为信息,基于 xAPI 进行埋点记录的数据。

(2)权重。权重可以分为两种:一种是行为的权重;一种是标签权重。如果分别去推荐,那么只考虑标签权重;如果是整体推荐,还需要结合行为的权重,最后构成用户画像。用户行为的权重,最终会落到用户画像分类的权重,即用户标签的权重。比如"用户创建了一个课题"和"用户浏览了一个课题",同样的课题,但是行为不一样,那么在对课题进行文本挖掘之后的标签权重是不一样的。另外,还需要考虑数据的时效性。

一、行为数据获取与处理

通过对学生主动发生的学习行为进行学生建模，着重了解学生主观学习行为与学习结果的关系、学生学习行为模式共性与差异、师生与生生互动联络拓扑。

（一）研究性学习行为特征分析

数据主要来源于学生在 MOORS 的行为操作及上海市学生综合素质评价信息管理系统中的相关数据。MOORS 主要的功能模块主要包括研究室、研课堂、研讨圈、研究群组、灵感笔记和公共功能等六个模块（如表 8 - 18 所示）。

表 8 - 18　研究性学习平台功能模块描述

模块	功能定位
研究室	提供有关课题研究的学习服务
研课堂	提供有关课题资源的学习服务
研讨圈	提供有关课题分享的学习服务
研究群组	提供有关课题讨论的学习服务
灵感笔记	提供有关课题笔记的学习服务
公共功能	提供有关公共操作的相关服务

其中，研究室模块重要的学习事件包括对课题的创建、填写、上传和分享等行为操作；研课堂模块主要关注学生搜索的记录，以及阅读或观看资源的行为操作；研讨圈主要是学生对于课题的关注度，包括分享、收藏、点赞课题和发表评论等行为操作；研究群组主要关注课题中组员之间的协作讨论，以及师生交流等行为；灵感笔记为学生记录笔记，公共功能中学生登录平台的频次、时长，及其兴趣标签和关注同伴等学习事件都是本研究分析的主要内容。因此，进一步将这些学习事件进行整理，见表 8 - 19 所示。

表 8-19　与分析目标相关的研究性学习事件梳理

功能模块	与分析相关的学习事件	功能模块	与分析相关的学习事件
研究室	查看/删除/恢复课题 创建新课题 继续课题研究 填写/修改课题内容 上传研究报告 分享课题	研究群组	发送消息 回复消息 在研究群组中提问 回答组员问题
研课堂	搜索资源 阅读文档资源/校本文档资源 播放视频资源/校本视频资源	灵感笔记	新建/保存/修改笔记
研讨圈	查看课题 收藏/取消收藏课题 点赞/取消点赞课题 发表/删除评论	公共功能	登录/退出平台 选择/取消兴趣标签 填写多元智能测试 关注/取消关注某人 发送私信

　　通过对这些学习事件进一步分解,整理归纳得到基于 xAPI 的研究性学习活动流的"动词"库和"活动"库,如表 8-20 和表 8-21 所示。

表 8-20　研究性学习 xAPI 行为动词表

登录 (logged-in)	退出 (logged-out)	访问 (accessed)	创建 (created)
删除 (deleted)	恢复 (resumed)	填写 (wrote)	修改 (modified)
完成 (completed)	提交 (submitted)	分享 (shared)	搜索 (searched)
阅读 (read)	观看 (watched)	关闭 (closed)	收藏 (collected)
点赞 (liked)	评论 (commented)	取消 (canceled)	发送 (sended)
选择 (selected)	关注 (focused)	保存 (saved)	

表 8-21　基于 xAPI 的研究性学习活动表

活动对象	活动类型	语义描述
研究性学习平台（MOORS）	学习管理系统（LMS）	核心部分，用来启动和跟踪学生的学习经历。
研究室（Research） 研课堂（RClass） 研讨圈（RCircle） 研究群组（RDiscuss） 灵感笔记（RNote）	功能模块 （Module）	至少包含一层操作以上的内容聚合，级别高于所有内容。例如，"研究室"模块包括课题列表、课题报告、研究领域和研究步骤内容等，是这些内容信息的聚合。
课题（RProject） 研究报告（Report） 研究内容（Content） 研究领域（Field） 课题制品（Artifact）	课题 （Project）	有共同目标的具体计划或任务，可以有子任务和子目标、资源等。
文档资源 （TextResource） 视频资源 （VideoResource） 校本文档资源 （STextResource） 校本视频资源 （SVideoResource）	资源 （Resource）	执行者可以用来做某件事的通用项目，可以是视频或文本文档等。
评论（Comment） 消息（MMessage） 问题（Question） 私信（PMessage）	消息 （Message）	个体或小组之间传递或互相传递的信息。
灵感笔记（INote）	笔记 （Note）	课题所属的一部分，例如，在某课题开展期间记录的灵感笔记。
多元智能测试 （MTest） 兴趣标签 （InterestLabel）	交互 （Interaction）	交互是活动的一部分，学习者提供输入，可以是独立的。

（二）研究性学习行为层次划分

不同的在线行为存在不同维度和水平，因此，对研究性学习行为进行分层有助于更好地理解不同层次的研究性学习行为特征，及其对学习效果所产生的影响，并能支持学习行为分析。

目前国内外有关在线学习行为分类分层的研究不多。其中,国内彭文辉提出的网络学习行为 OCCP 层次化模型,将网络学习行为划分为操作行为、认知行为、协作行为和问题解决行为。[①] 基于 OCCP 学习行为模型的理念,结合研究性学习行为的特点,本项目将研究性学习行为划分为四个维度,包括操作行为、认知行为、协作行为和问题解决行为。

其中,操作行为主要是学生针对研究性学习平台环境的操作,包括登录、登出、点击访问、浏览下载、保存删除等日常行为操作。其次,学生通过一系列操作行为,有目的地持续学习,构成了认知行为,包括查看优质课题,进行收藏、点赞和评论等行为;搜索相关资源关键词,查看学习资源(文本和视频),并记录形成灵感笔记等,都属于认知行为。协作行为一般基于认知行为发生,主要包括组员之间、师生之间的讨论。问题解决行为是最高级、最深层次的学习行为,主要包括完成研究任务、填写研究报告内容、完成并提交报告等。

(三) 研究性学习行为分析模型

综上,操作行为是学习者开展在线研究性学习的基础,而认知行为和协作行为是形成问题解决行为的基础,问题解决行为的开展旨在通过完成一系列的学习任务,包括解决问题、撰写论文、形成学习制品、展示成果等信息精加工和反思等行为。因此,根据研究性学习行为层次的划分,进一步描述不同层次行为的行为指标,如表 8-22 所示。

表 8-22　研究性学习行为分析模型

行为层次		行为指标	基于 xAPI 的研究性学习活动流映射
低级	操作行为:登录、退出、浏览、点击、访问、选择、关闭等	登录系统时长、频次访问不同功能模块频次	Actor+logged-in(登录)+MOORs(研究性学习平台)
			Actor+logged-out(退出)+MOORs(研究性学习平台)
			Actor+accessed(访问)+Research(研究室)
			Actor+accessed(访问)+RClass(研课堂)
			Actor+accessed(访问)+RCircle(研讨圈)
			Actor+accessed(访问)+RDiscuss(研究群组)
			Actor+accessed(访问)+RNote(灵感笔记)

① 彭文辉. 网络学习行为分析及建模[D]. 华中师范大学,2012.

行为层次		行为指标	基于 xAPI 的研究性学习活动流映射
中级	认知行为：创建、修改、搜索、查看、阅读、观看、收藏、点赞、评论等	创建灵感笔记数搜索课题/资源频次及其关键词查看课题频次收藏课题数点赞课题频次阅读文本资源/校本文本资源频次及时长观看视频资源/校本视频资源频次及时长	Actor＋created(创建)＋INote(灵感笔记) Actor＋modified(修改)＋INote(灵感笔记) Actor＋searched(搜索)＋RProject(课题) Actor＋searched(搜索)＋Resource(资源) Actor＋read(阅读)＋RProject(课题) Actor＋read(阅读)＋TextResource(文档资源) Actor＋read(阅读)＋STextResource(校本文档资源) Actor＋watched(观看)＋VideoResource(视频资源) Actor＋watched(观看)＋SVideoResource(校本视频资源) Actor＋collected(收藏)＋RProject(课题) Actor＋liked(点赞)＋RProject(课题)
	协作行为：评论、讨论、交流、提问、回复等	评论课题频次发送消息频次讨论贡献率发送私信频次	Actor＋commented(评论)＋RProject(课题) Actor＋sended(发送)＋Question(问题) Actor＋sended(发送)＋MMessage(消息) Actor＋sended(发送)＋PMessage(私信)
高级	问题解决行为：创建、填写、修改、完成、提交、共享、上传等	创建课题数填写/修改某步研究内容频次提交课题数分享课题数	Actor＋created(创建)＋RProject(课题) Actor＋wrote(填写)＋Content(研究内容) Actor＋modified(修改)＋Content(研究内容) Actor＋saved(保存)＋Content(研究内容) Actor＋completed(完成)＋Report(研究报告) Actor＋submitted(提交)＋Report(研究报告) Actor＋submitted(提交)＋Artifact(课题制品) Actor＋shared(分享)＋RProject(课题)

（四）动作行为数据分析

对于某些条件指标，可以采用客观、可数的定量数值作为标准，标准分为不同的等级，只要达到一定数额就可以归属到某一等级之中。例如，合作能力中的自我管理指标、问题解决中的收集资源指标等，可以通过学生在线频次、时长、访问功能模块、搜索和查看资源等频次进行评价。

问题解决评价量规是对学生在研究性学习过程中有关个体批判性思维和问题解决能力的外显行为表现进行观测的评价工具，其中问题探究是有关学生在现实生活情境中发现和提出问题的能力；收集资源是关于学生尽可能从不同来源、不同类型去收集与问题相关的资源。而合作能力评价量规是对学生在研究性学习过程中在小组协作中合作能力的外显行为表现进行评测的工具，合作能力的下位能力包括自我管理和团队管理两个维度。其中，自我管理是有关学生在学习过程中对自我行为和活动的监控与反思的能力，包括行动力、参与度、坚持力，以及帮助团队成员的积极性、是否详细分工并各自执行、是否在规定时间内充分讨论并跟踪进展，以及组员内是否积极地讨论并共同形成观点和研究成果。

依据以上的原则，在非结构化动作数据方面，选取了客观性的可量化数量标准，分别从问题解决能力指标、资源收集能力指标、自我管理指标及团队管理指标等四个方面来进行动作行为数据统计，具体包括：

问题解决能力指标：开始研究，课题完成，导出课题报告；

资源收集能力指标：搜索文库专区资源，搜索校本资源，搜索互联网资源；

自我管理指标：平台登录，笔记创建，笔记修改，修改课题报告；

团队管理指标：进入研讨圈，点赞分享课题，发表评论。

二、文本类数据获取及处理

通过对学生在 MOORS 上提交的报告文本进行分析，我们选择了下述五个指标进行学生课题报告画像：

1. 研究问题描述清晰，学生清楚自己和团队的研究目标。

学生叙述想要解决的问题和最终确定的项目名称的过程中，需要对研究问题有着始终清晰的认识，保持较为一致的问题叙述，最终确定的项目名称应与想要解决的问题紧密相关，语义相似度较高。采用基于 BERT 的语义相似度计算模型，BERT 的全称是 Bidirectional Encoder Representation from Transformers，是 Google 在 2018 年提出的预训练模型，即双向 Transformer 的 Encoder 部分，通过利用大量无标注文本数据进行预训练，BERT 模型可以存储大量的人类语言学知识，从而指导下游任务。在预训练 BERT 模型后添加 Softmax 分类层，将"想要解决的问题"和"最终确定的项目名称"拼接作为模型的输入，以 0—4 分作为预测目标，实现分类模型，预测二者相关程度，从而判断学生是否清楚自己和团队的研究目标。

2. 研究问题提供了足够的线索或提示,包含了足够的关键词。

研究问题中包含的关键词数量可以反映学生对该问题的了解程度,以及对该问题所涉及的相关内容的了解程度。采用基于 BERT 模型的命名实体识别模型,利用预训练 BERT 模型对"选择解决该问题的原因"以及"关于这个问题,已经了解的信息及其途径"两项内容进行嵌入编码,得到词向量表示,接着通过"LSTM＋CRF"模型对文本内容进行命名实体的标注,将识别出的命名实体作为关键词。通过对多名学生的关键词数量进行统计,得到数量分布,与学生的得分(1—4 分)进行对应,实现根据关键词数量进行打分的过程。

3. 研究问题能够激发学生的研究兴趣。

若学生对研究问题具有较高的研究兴趣,将会收集较多的研究背景,制定较为详细的研究方案,并对研究结果进行较为深入的分析,研究报告的字数将会偏多。基于统计方法对每个学生的报告字数进行统计,利用聚类算法对多个学生的报告结果进行聚类分析,与 1—4 分分数档进行对应,根据报告字数预测学生研究兴趣分数。

4. 组织信息描述研究背景和目的。

学生组织信息描述研究背景和目的的能力可以从项目背景的字数和包含的信息量中看出,首先字数是反映学生获取信息能力的最直观因素,研究背景字数越多,证明学生组织信息的能力相对越强。同时项目背景的信息量也是衡量组织能力的重要因素,通过计算项目背景文本的信息熵,与 1—4 分评分标准进行对应,从而判断学生组织信息描述研究背景和目的的能力。

5. 研究方案与研究问题紧密关联。

研究方案需围绕研究问题进行展开,根据研究问题的多个不同侧面制定具体的研究策略,并对结果加以分析实现对问题的解决,二者之间应具有较高的语义关联度。采用基于语义深度交互的随机回答网络(Stochastic Answer Network)计算研究项目名称与研究方案的语义关联度,首先分别将研究项目名称和研究方案计算得到词向量表示,再分别通过对应的全连接网络与 BiLSTM 得到句子级别的向量表示。然后采用交叉注意力机制对两个句向量进行注意力操作,并对交互后向量表示与原始句向量进行拼接,整合所有信息,最终添加 Softmax 分类层,以 0—4

分作为预测目标,预测二者语义关联程度,从而判断研究方案与研究问题是否紧密关联。

通过对上述指标进行分析,可以得出学生在完成平台项目及研究报告过程中是否认真完成从收集资料、前期调研、选定题目、收集数据、设计实验、完成实验、分析结论、撰写报告的一系列完成流程,并积极进行团队合作,面对未知问题积极广泛查阅资料寻求解决方案,主动与老师和同学进行交流。通过对文本数据特征进行刻画,从而得到学生的组织信息能力、团队合作能力等一系列画像数据。

第五节　自适应算法模型的优化及迭代

MOORS 自适应学习引擎的建设需要理论的支持。由于研究性学习平台学生用户个人画像有着标签体系复杂、标签特征维数分布广的特点，因此，我们采用深度学习推荐模型 DeepFM 作为自适应学习算法模型，通过学生用户画像，分析学生学习行为数据的关联性，为学生评价提供数据支持，同时对学习内容资源进行标签化、碎片化，科学有效地将学生个人研究状态与学习资源、研究路径进行关联。通过自适应学习可以为学生在课题研究中个性化提供研究路径和学习资源，保持学生研究过程的专注度，大幅度提升学生的研究性学习效率。

在为学生进行个性化的课题研究路径和学习资源的推荐时，我们考虑结合所得学生个人画像，制定个性化的策略。由于我们从学生的平台动作行为数据、成绩数据、学生课题报告数据等得到了丰富的画像信息，因此自适应学习算法的输入数据具有特征维数多的特点，且特征的不同组合关系有助于更好的模型表现。

由于标签数量众多，维度范围十分庞大，根据以上的特点，本文中使用了 DeepFM 模型，用来自动学习和关注低阶与高阶特征间的组合关系。DeepFM 模型是由 FM 部分和 Deep 两部分组成。

对于特征 i，w_i 表示第 i 维特征的权重，v_i 表示第 i 维特征的 k 维隐式向量。FM 部分和 Deep 部分均接受 v_i 作为输入。在 FM 部分，v_i 和其他特征的 k 维隐式向量两两内积，得到二阶特征组合关系；在 Deep 部分，通过神经网络学习高阶特征组合关系。DeepFM 模型框架可以表示为：

$$\hat{y}(x) = sigmoid(y_{FM}(x) + y_{Deep}(x))$$

其中，$\hat{y}(x) \in (0,1)$，是点击率的预测值，$y_{FM}(x)$ 是 FM 部分的输出，$y_{Deep}(x)$ 是 Deep 部分的输出。

一、因子分解机模块

DeepFM 的 FM 部分由因子分解机（Factorization Machine，简称 FM）实现，FM 在学习二阶特征组合关系时表现良好。通过将二阶特征组合关系矩阵进行分解，计算特征 i 和特征 j 的隐式向量 v_i 和 v_j 的内积，作为 i—j 特征组合关系的权重。这种灵活的设计使得 FM 能够很好地处理高维稀疏的数据，因为只要特征 i 或特征 j 出现，该特征对应的隐式向量就能得到训练。若训练集中从未出现 i—j 特征组合关系，FM 也可以给测试集中的 i—j 特征组合一个合理的预测值。如图 8-15 所示，FM 算法可表示为：

$$y_{FM}(x) = <w,x> + \sum_{i=1}^{d} \sum_{j=i+1}^{d} <V_i, V_j> x_i \cdot x_j$$

其中，$w \in R^d$，$V_i \in R^k$，$<w,x>$ 表示一阶特征权重。

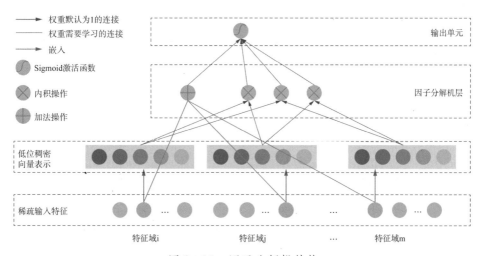

图 8-15　因子分解机结构

二、深度模块

DeepFM 的 Deep 部分用于学习高阶特征组合关系，可由任意的前向神经网络实现，本文使用 DNN 作为 Deep 部分的实现。由于点击率预测的原始数据多为离散值，若用 one-hot 形式表示为向量作为输入，则输入矩阵高维、稀疏，易导致神经网络参数训练的不稳定性。DeepFM 使用 Embedding 层将高维稀疏的原始数据映射为低维稠密的向量（称为 embedding 向量），再送入神经网络进行训练，解决了这一问题。

Embedding 层的网络结构如图 8-16 所示。值得注意的是，不同特征域的特征具有不同类型（离散/连续）、不同数量，但每个特征域的 embedding 向量具有相同维度 k。FM 中的隐式向量 V 在神经网络中作为输入层与 embedding 层之间的权重，将原始数据映射为 embedding 向量。因此，DeepFM 模型中无需单独训练 FM，而是将 FM 与其他参数联合训练。Embedding 层的输入可表示为：

$$a^{(0)} = [e_1, e_2, \cdots, e_m]$$

其中，m 是特征域的个数，$e_i = V_{field_i} \cdot X_{field_i}$ 是特征 i 的 embedding 向量，V_{field_i} 是输入层和 embedding 层之间的权重，X_{field_i} 是特征域 i 的原始输入，即 one-hot 向量。

FM 部分和 Deep 部分均接受 embedding 向量 $[e_1, e_2, \cdots, e_m]$ 作为输入，这是因为 embedding 向量从原始输入数据中同时学习了低阶和高阶的特征组合关系。因此，DeepFM 无需进行特征工程。

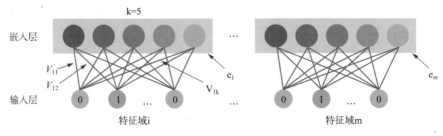

图 8-16　嵌入层网络结构

当使用全连接深度神经网络(Deep Neural Network,简称 DNN)实现 Deep 部分时,其结构如图 8-17 所示。DNN 接受 embedding 层的输出 $a^{(0)}$,前向过程可由下式定义:

$$a^{(l+1)} = \sigma(W^{(l)} \cdot a^{(l)} + b^{(l)})$$

其中,σ 是激活函数,$a^{(l)}$,$W^{(l)}$,$b^{(l)}$ 分别表示第 l 个隐藏层的输入、权重和偏差。经过多个隐藏层后,得到一个稠密特征向量:

$$y_{DNN}(x) = W^{|H|} \cdot a^{|H|} + b^{|H|}$$

其中,$|H|$ 是隐藏层的数量。

DeepFM 模型的深度模块如图 8-17 所示:

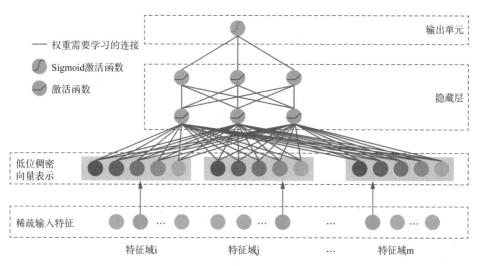

图 8-17　DNN 实现的 DeepFM 深度模块

由前一步的用户个人画像可知,自适应模型的输入特征包括了:

学生动作行为画像	4 个指标下共 14 维特征
学生成绩画像	12 个科目,共 12 维特征
学生课题报告画像	5 维文本特征指标

使用 Logloss 作为模型的评价指标。Logloss 定义为：

$$\mathrm{e}(x,y) = -(y \cdot \log(\hat{y}(x)) + (1-y)\log(1-\hat{y}(x))$$

$$E = \sum_{(x,y)} \in Te(x,y)$$

其中，(x,y) 表示一条数据样本，x 为输入向量，y 为该条数据样本的真实标签，点击为 1，未点击为 0。$\hat{y}(x)$ 表示模型对该条数据样本标签的预测值，$\mathrm{e}(x,y)$ 表示一条数据样本的 Logloss 值。

现以用户做过的课题(正样本)和随机构造的负样本＝1：4 构造模型输入，每名用户的输入特征为 22 维，训练 DeepFM 模型，AUC 指标为 0.490 1，Logloss 为 0.5018，可以看出模型的效果欠佳，但是，随着用户持续在线学习的数据增加和更多维度特征的加入可以持续地对模型参数进行优化，以进一步提高模型性能。具体过程如图 8-18 所示。

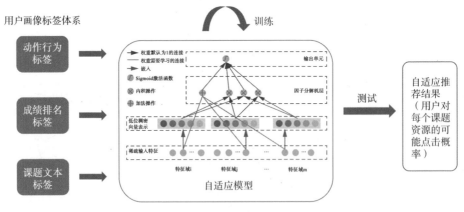

图 8-18　自适应模型训练流程

第九章

应用场景与行动案例

理论研究的起点与归宿是实践,理论的产生过程也与实践相伴。基于数字画像的综合素质评价研究聚焦真实问题,并在实践中不断发现新问题、解决问题,经过多年沉淀,最终形成了一种面向智能时代的评价模式和操作方案。三研究确定了 25 所实践基地学校,学校立足自身办学特色,将数字画像与学生综合素质评价结合,融入真实育人场景,形成了各具特色的典型案例。

第一节　应用场景

综合素质评价的目的,是为了更好地发现问题和解决问题,促进学生全面发展。利用教育大数据建模,进而构建学生数字画像,我们要坚持 3 个导向:问题导向、目标导向和效果导向,同时要坚持这 3 个导向的有机统一。

问题导向是从当前存在的问题出发,思考工作切入点,明确目前哪些做得还不够好,需要着手解决的;目标导向是从将来出发,谋划长远和整体的工作思路,强调下一步应该做什么;效果导向是关注究竟做得怎么样。把问题、目标、结果三者和相应的行动主体结合起来理解和把握——谁设定问题、谁界定目标、实现谁的结果。必须把三者结合和统一起来,把问题、目标和效果三个方面统筹进行思考和行动,以问题为出发点,以目标为行动方向,以效果为检验综合素质评价工作成效的落脚点。

检验综合素质评价工作的科学性,往往需要"用数据说话",但教育大数据建模,要立足于教育学立场,才能更好地理解教育数据蕴含有价值的信息,才能更好地把握问题的实质,明确所达成的目标,大数据建模才会有成效。教育活动有教育学以及教育实践的特点和发展规律,不同的学校有不同的问题,有不同的目标,我们需要结合具体应用场景,采集、解读、使用大数据,才能更好地为我们教育活动提供服务和帮助。为了更直观地向用户传达数据中隐含的教育价值,还需要通过适当的可视化工具与技术展示和表达数据。为此本章节将通过学校实践案例解析的方式,阐述学生数字画像可以应用于哪些教育场景,可以帮助学生、教师、家长、管理者、科研机构等用户利用大数据构建数字画像实施综合素质评价,为自适应发展、教学决策、教育管理、家校协同育人、促进学术研究等方面提供实证依据。

综合素质评价的目标是为了全面的、立体的、客观地评价学生,从而促进学生的全面而有个性的发展,而大数据技术极大地提高了学生综合素质评价的信度和效度,通过对数据的采集和挖掘形成画像,从而清晰地展现学生各方面特征,使学生、教师、家长以及管理者从标签中快速了解学生,加快信息交流的速度,有利于强化过程性评价效用,有效落实五育并举、全面发展的评价观。评价的目的不是为了证明,而是为了改进,基于学生画像的综合素质评价结果能够对学生学习、教师教学、学校办学、高校遴选人才等多方面、全过程发挥支撑作用,促进学生全面发展。

一、学生自适应发展

如今,随着大数据、人工智能的兴起及可移动智能电子设备的流行,学生的学习将会发生什么样的改变呢? 学业水平诊断更方便,学生自适应学习更容易,提高学习效率显著。教育大数据能为个体学习者提供多维度的诊断信息,如作业反思能力、思维能力、学习习惯、专注能力等,便于其改进学习方式。帮助学生真实地了解自我,明晰自身的优势特长和发展短板与薄弱点,发现问题所在,可以按照自己的节奏控制学习进度;制定个人生涯规划,找到适合自己成长的方式;提升核心素养,充分激发学习潜能。

在生涯规划方面,通过学生数字画像各维度的具体发展情况,有助于学生更好地认识自我,对自己有更清晰的定位,根据自身的各方面的发展水平,找到自己擅长的领域。在学校及家长的共同帮助及指导下,对自己的职业生涯有更清晰的理解,从而为将来个人择业、就业有更明确的规划,充分发挥个人的优势和特长,形成更契合自身发展的职业生涯体验。

二、数据驱动的因材施教

发现每个学生的闪光点,挖掘其特长;科学理性地对学生的学业状况等核心素养,进行及时准确地综合评价;探索数据驱动的因材施教,为学生量身定制教学方案,设计个性化学习路径。当老师得到了学生的真实持续性的数据分析后,可以清晰地看到不同学生的某个知识点的问题所在,继而可以及时调整自己的教育教学计划,专攻学生难点,逐步解决问题,达到事半功倍的效果。大数据分析能有效地克服主观评价学生能力的高低所带来的弊端。

数据驱动推动着当代"因材施教"的发展。现在的教育,要求具有科学化、人性化、系统化,同时具有复杂化特征和高品质取向态势。从古到今,随着教育和科技发展,人们不断地认识、理解、实践、修正、提升与超越因材施教的内涵。古代教育家孔子就提出了"因材施教"的原则,这个原则历经两千多年而不衰,反映了教育自身的客观规律。

因材施教,古往今来既是教育的信条,也是教育的难题,可以说,所有的教学改革,最后都将落实到"因材施教"上[1]。新的历史时期,大数据、人工智能、自适应学习的时代降临,"因材施教"的发展越来越被认可。

在因材施教方面,学生画像实时、快速、全面地呈现学生成长状况,强调过程性评价对教与学的指导价值。通过学生个性化的数字画像展现,便于教师对学生不同的学习需求和表现有更深入的了解,从而辅助教师对教育教学做出有针对性的干预辅导和改进,满足学生个性化学习及身心发展的需求,促进学生全面而个性化的发展。并且能够帮助校方把握全校学生未来发展方向,发展学生和遴选学生,做到及时预警,促进学校开展个性化办学。

三、新型教育管理模式

迷茫的学生,若没有找到自己所存在的问题,没有清晰的目标和方向,努力学

---

① 张广君,张琼.当代"因材施教":生成论教学哲学的审视[J].课程·教材·教法,2015(4):37—43.

习的方向会越走越偏;迷茫的老师,忙于默默耕耘,效果却甚微。构建数字画像实施综合素质评价,有助于实现人才培养多元化、精准化、个性化的新型教育模式;开展基于数据的教学管理,实现"备课—教学—练习—考试—评价—管理"教学流程智能化;优化校园安全管理,关注学生的高阶认知、元认知、身心健康等综合评价,持续跟踪、早期发现学生存在的风险,并进行实时预警和提前干预。以前,很多时候只能凭经验做评价、管理、决策,而现在教育大数据根据社会各方面的综合数据来源,可实现实时精确观察和分析,对于推进教育评价管理从经验型、粗放型、封闭型向精细化、智能化、可视化转变具有重要意义。[1]

四、家校协同育人

大数据不仅可以采集分析学生的多维度的行为过程记录数据,而且可以采集终结性的结果数据,通过建模分析算法,为学习者、教师、家长开展精准的个性化服务等。尤其是对于家长来说,能够收到并了解到孩子在不同阶段的、及时的、有效的学习情况,了解孩子的发展状况,协助老师挖掘孩子潜能,培养孩子特长,更能够减轻监督辅导压力,辅助孩子成长和生涯规划,增强家校协同育人的效果。对教育大数据的个性化应用,已成为学校提升服务能力的表现之一。

在家校共育方面,学生数字画像不仅只用于师生间的教学相长,同样学生数字画像亦能够强化家校间的联系,加深家校共育的深度,促成家校间育人共识更为一致。通过学生数字画像,一方面能够让家长更好地了解学生的各方面发展状况,另一方面亦能从中更好地理清家庭教育能够从何种方面与学校教育更好地融合,从而促进学生在家校间都能有更多的全面发展机会,达成家校更深入的协同育人。

五、为招生、学生发展和分类培养提供依据

在"两依据一参考"的基础上,高校招生引入综合素质评价,积极探索多样化的

---

① 谭琳,张青峰,邹文英,等. 大数据背景下数学教学改革的创新研究[C]//《教师教学能力发展研究》科研成果集(第十六卷)[C]. 2018.

综合评价招生录取方式。综合评价招生面临诸多困境：信息真实性不足；评价结果可比性不高；评价缺乏客观标准；评价过程难以公平公正；材料审阅与面试结合不充分，综合素质评价不够全面深入等。[①] 我们在进行数据分析的时候，不盲目分析数据，要关注它的质量。如果错误使用数据，会对我们的学生产生很严重的影响。

在考试招生方面，通过学生数字画像，高校能够更清晰地把握学生综合素质发展各方面情况，依据学生的已有经历和特长，从中选拔与高校相关专业所培育的人才较为契合的学生，在此情况下，可以一定程度缓和学生对所学专业不感兴趣、转专业等方面的情况。高校基于学生数字画像的选拔，契合学生的潜在的专业选择倾向，对于提高学生在未来所学专业的发展情况能起到推动和促进作用。

六、促进学术研究的发展

教育大数据面临一个新的境遇和背景，改变着学术研究的方式、方法和管理。当前我国教育大数据研究，逐步走向深水区，构建和完善基于大数据的教育监测指标体系，如上海 2018 年 4 月 12 日大数据中心正式揭牌；建立健全大数据应用于教育的数字化转型平台和一网统管体制机制，理顺各种关系，加强投入，明确责任，创新发展。我们要科学、合理和客观地应用大数据，开展学术研究活动。

七、政府科学决策，促进教育公平

在新时代背景下，政府坚持高质量发展理念，需要科学决策，勇于承担历史重任，进一步深化管理改革，不断提高教师队伍建设水平，加快推进教育治理体系和治理能力现代化。政府利用教育大数据，指导教育事业科学发展；加强综合素质教育，培养学生成为面向未来、负责任的数字化学习者；普惠教育资源，促进教育公平。

在教育治理方面，市区级教育部门能根据群体数字画像因地制宜地制定计划，使区域学生均衡发展，辅助各行各业的人才培养，明晰人才缺口，及时把控各校招

---

① 靳培培,刘亮.新高考背景下综合评价招生公平的困境与突破策略[J].当代教育论坛,2020(4).

生流量,缓解升学和就业压力。此外,基于综合素质评价的学生群体数字画像,能够让教育相关部门对学生全面发展的情况有更细致的了解,从而对一些地区的教育发展采取更为精准的扶持,对促进教育的公平有积极的作用。

充分利用大数据技术,基于学生画像的综合素质评价将指导高中办学改进、学生个性成长和生涯规划、家庭教育指导、高校分类选拔培养、社会公共服务完善和政府基于数据的教育治理等多方面,不仅提供更加客观、全面的数据支撑,更能为教师和学校改进教学提供科学支撑,是大规模因材施教的核心驱动力,可视为助力教育从基于经验走向科学的有力抓手。

八、心理健康引导

首先,根据检测体系、评测系统、评估体系、监控体系等系统产生的数据建立数据模型,在全网监控方面找到规律并做出及时的预警和干预。在教育层面形成一个工作闭环。例如,显示这个学生已经产生 5 个预警信号,并表明他的自杀倾向达到了 70%—80%,这时就应该进行干预。干预的过程可以通过某一种方法或一种常态化的辅导形成工作计划。其次,我们进行数据之间的关联分析,通过关联分析利用人工智能做出模型,从模型中发现一些规律。其中的关联度可强可弱,可大可小。

数据采集分为"静态数据采集"和"历史数据采集"两部分。静态数据采集主要是采集曾经有过轻生行为,或者已经因轻生而过世的学生的家庭背景信息,包括其父母的年龄、学历,与子女的年龄差数据,以及居住环境数据(是否祖孙三代住在一起等)。历史数据主要采集曾经有过轻生行为的学生、自杀倾向严重的学生,以及因轻生过世的学生的历史数据,包括 12345 健康热线数据(个案电话进来了有记录、有跟进,但不一定有面询和治疗)、纠结期数据(社交信息、空间留言、求救信号、检索信息、家庭沟通信息)、家庭氛围数据(是否因为这些差距使得家庭沟通上出现问题)、网信办数据等。数据样本太少时,可开展长三角数据协同,汇聚形成样本数据集。

建构逻辑路线:建立数据集,进行数据分析,形成算法,形成青少年生命健康预警模型。在教育大脑中,五级分类,形成干预措施。精准提供心理辅导、防控防护。

通过模型的构建,寻找学生轻生行为产生的因果关系。心理学研究者和教育学研究者一起加入进来建立模型,从心理学、病理学、神经科学、教育学上去寻求因果关系和规律。例如,把自杀的一刻设为 0 点,然后以 -1、-2、-3、-4、-5 往前倒推 10 天、15 天或者一个月,进行数据收集。倒推完之后得到海量的社交信息、空间留言、求救信号、检索信息、家庭沟通信息等被称之为"纠结期"的数据,形成一个个自杀案例数据集,在数据集的基础上再通过算法来找到其关联性。假设一个人自杀平均有 10—14 天的纠结期,在纠结期里会产生各种各样的异常表现数据,发现其内在联系和规律性,来构建监控体系。

形成数据之间的关联分析。通过关联分析做出一些模型,根据人工智能生成出的模型发现其内在关联,关联度可强可弱、可大可小。例如,凡是搜索过关键词"自杀"的孩子,最后走上轻生的概率可能达到 40%。

生成一个自杀模型,模型分为 5 级。最高级表明自杀欲非常强烈,并且已为自杀做准备;第 4 级,表明可能产生强烈的自杀欲,并在内心发生摇摆和纠结;第 3 级,表明孩子心理调适方面存在障碍,出现心理危机;第 2 级的孩子在整个的生活方式或者其他社会行为方面表现出对社会的不适应,存在潜在的心理障碍,也许将来的某一天会在情绪调节或者情绪适应、社会适应方面出现问题。

第二节　行动案例

教育评价事关教育发展方向,有什么样的评价指挥棒,就有什么样的办学导向。上海许多学校在多年的实践探索中,与时俱进、精益求精、开拓进取,聚焦五育融合,立足学生全面而富有个性的发展,依托信息技术,在推进学生综合素质评价关键领域取得了实质性突破,在上海市学生综合评价领域树立了很好的样板,例如:中山北路第一小学"适性扬长"办学理念,奉贤区明德外国语小学的体育学科多元评价,田园外语小学、黄浦区曹光彪小学和杨浦区平凉路第三小学的德育具像化等。

场景一:"看得见"的学生品德生长

案例导言: 常态化的小学思想品德教育教学中,大多数教师还是采用"讲道理"的方式,通过班会课、德育活动、个别谈话等渠道开展学生德育工作。但是在教学过程中,不管是班主任还是学科教师和家长,看到的都是各自眼中的"学生",看到的都是学生某个时段或某个场景中言行举止后面所隐含的"思想",导致教育过程中的"断片的事例"难以让学生信服,从而影响到德育实效。那么,有没有什么好的途径或方法,能够让班主任、教师或家长更为综合立体地观察与识别学生行为举止中所包含的真实想法,使得德育活动内容具有学生能理解的丰富事例,更为关注学生的实际情感体验和实践,进而提高学校德育工作的实效。

为有效解决上述问题,上海市闵行区田园外语实验小学通过开展"GREAT"课程的智能化评价实践研究,积极探索如何使用学生综合素质评价数据,助推学校德育工作"生活化""显性化",让学生品行培养看得见、摸得着。

在构建学校"GREAT"课程智能化评价系统之前,学校老师不管是教育学生,还是与家长沟通,都是苦口婆心地讲道理,特别是当学生出现问题的时候。学生懵懂地接受却不知从何改起,家长积极地配合却更多的是无从下手。究竟是哪些方面出现了问题,要如何对学生进行有效干预?教师只能凭主观经验和对学生的了解,小心摸索,导致学生教育和家校沟通的过程变得繁琐且低效。

为有效解决该问题,学校在区域"个人成长空间"基础上构建了"GREAT 课程智能化评价系统",依托学校五大课程领域的实施,在"品格修养与社会责任""人文与审美""沟通交流与合作发展"等十个学生核心素养方面,记录学生学习情况和综合评价,进行有效的数据分析并自动生成个人学习成长报告,以雷达图的形式清晰呈现学生在该阶段的学习及成长"画像"。

下面以个案的实践研究与分析,阐述该数字画像的实践性价值。

(一)个案情况分析

小轩同学一年级刚进校就给学校老师留下了深刻的印象:小男孩阳光帅气,天资聪颖又善解人意,学习主动认真,课堂学习注意力集中,积极举手回答问题,声音响亮,一手硬笔字写得漂亮,围棋 7 级。多好的孩子呀!可是,就是这样一个所谓的优等生,在行为规范上却让班主任以及学科老师头痛:行为举止不知轻重,老师一不留神就制造"伤害事故"。为此,老师一遍遍找他谈话,苦口婆心地和他讲道理,还联系了父母对他进行家庭教育,家校合力,试图让他意识到并改正这样的行为,但是一段时间下来却收效甚微。在孩子眼中,大道理都是老师、家长嘴巴上说说的,看不到也摸不着,乖乖听着再认错就算过关,于是他依旧我行我素,管不住自己的手脚。

不过,这样的情况在班级成为学校"GREAT课程智能化评价系统"的第一个实验班级后出现了转机。通过匹配核心素养,基于多次的过程性评价,系统自动生成数据,以雷达图的形式较为全面地反映了每个学生的成长状态。这不是一位老师给出的结论,而是所有学科教师对学生的综合评价,也给学校和家长在孩子成长过程中的引导和干预提供了切实的依据。为了更好地研究学生数字画像对提高德育实效的作用,班主任和学科教师把小轩同学列为个案进行全方位的个性化分析和研究,成功找到了干预小轩的突破口——缺了一角的雷达图。

(二)个案研究的实践与成效

1. 和学生一起阅读"数字画像",加强学校教育的过程干预和引导。

图9-1是小轩同学的综合评价统计,从五大领域十个核心素养中,明显地可以看到他在其他方面都表现很好,有些方面甚至达到了优秀。唯一存在明显不足的就是品格修养与社会责任。鉴于这个孩子所表现出的较高的自我要求意识,班主任决定抓住这一教育契机。

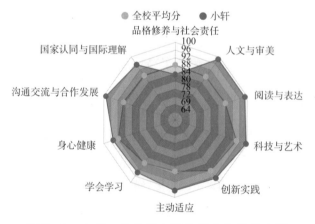

图9-1 小轩一年级综合评价得分统计雷达图

那天,班主任把他叫进办公室,很神秘地对他说:"给你看样东西哟",班主任打开平台,一幅雷达图华丽丽地呈现在他面前,班主任告诉他,红色是班级指标数值,蓝色是你的指标数值,你知道什么原因吗?他看了一会儿点了点头说:"知道。"然后,又盯着看了一会,问班主任:"老师,还能改吗?"班主任说:"不能改哦!这是对你一年级表现的综合评价!"他又问:"二年级呢?"班主任说:"二年级就看你自己努力了!每一位老师对你的表现都是随时记录的。记牢哟,是每一位任课老师哦,你能成为更好的自己吗?"

于是小家伙从那天开始,就像换了一个人似的。专用场地上课不自说自话了,下课不去走廊"冲锋陷阵"了,对于班级活动也更积极了,担任了劳动委员的岗位,不怕脏、不怕累……小小年纪很多事都是自己做在前,特别是中午午饭管理更是有自己的一套方法:把饭箱推进教室,组织同学有序拿饭,老师不在时,帮同学们打汤,一直到同学全部吃好饭,再把汤桶放进饭箱,锁好箱门推到门口。午餐管理做得井井有条,得到了食堂阿姨的赞扬。班主任自豪地表扬他:"小轩午饭管理工作比高年级同学做得还要好!"

教师之为教,不在全盘授予,而在相机诱导。一幅在孩子看来无法更改的雷达图促使孩子直面自己的问题,真正认识到了品格修养与社会责任的重要性,从内心深处开始愿意去改变自己。

2. 和家长一起解读"数字画像",加强家庭教育的指导与支持。

当小轩同学"GREAT"课程的雷达图出来后,班主任不仅与孩子沟通,也及时与家长进行了沟通,分析并研究了孩子的雷达图所呈现出的情况,同时告知家长小轩看到雷达图后现场生成的"愿望"。老师和家长一起商量应该如何采取有效措施,助力小轩"热情高涨"的信心,改变蓝色缺口的"曲线走向"。

为了帮助孩子成长,老师还建议家长在家庭教育方面做些改变:一是要与孩子勤交流,以朋友的身份去关注、帮助孩子;二是给孩子做表率,如孝敬父母、勤做家务、看书学习,创造良好的家庭学习氛围和环境;三是遇事讲道理,除了告诫之外,让孩子学会换位思考,真正明白自己的行为会如何影响他人,培养孩子的同理心;四是经常带孩子参加公益活动,"大手牵小手,一起看世界",丰富活动经历,开阔成长眼界。

3. 家校携手研读"数字画像",提升综合育人实效。

老师使用数据帮助小轩同学进行个性化分析,找到了家校合力的有效方法,助力小轩同学发展。孩子在这样的环境下渐渐改变,实现拔节成长!小轩同学在二年级报名海选校电视台小主持人,成功入选并主持了两期节目,获得好评。

二年级期末,小轩同学再次看到自己的新雷达图(见图9-2)华丽"出炉",原来的"缺口曲线"现在超出班级平均数值很多,立刻欢呼雀跃了起来。当班主任问他:"看到这次的指标数值,你高兴吗?对自己的表现满意吗?"他连连点头的动作以及红扑扑的脸庞,至今都令班主任印象深刻。"这就是所有任课老师对你勤奋努力的最好奖励,你有什么获奖感言?"班主任打趣地跟他说。他此时开心而又坚定地说道:"我以后一定会做得更好!"从那以后,小轩同学的发展势头越来越好,在学习上、能力上不断超越自己,变得越来越优秀!

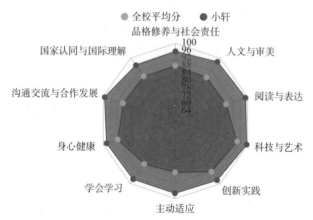

图9-2 小轩二年级综合评价得分统计雷达图

作为学校"GREAT"课程智能化评价系统的实验班级,班级教师看到了将学生十大核心素养,通过30个观测点开展过程性评价,利用直观数据分析促进学生全面发展的积极教育作用。对于实验班级的老师来说,也能够利用数据有效促进班级的发展。

案例启示: 为有效实现德育工作的外显性和生活化,上海市闵行区田园外语实验小学构建了"GREAT 课程智能化评价系统",依托"GREAT 综合素质评价系统"帮助教师将原本抽象化的问题与教条式的经验,转化成浅显易懂的案例,更好地促进学生的成长。教师以"学生数字画像"为依据,转换教育思路,摆事实、讲道理,使德育活动看得见、摸得着;学生积极发挥主观能动性,做出调整与改变;家长更加信服老师的话,主动纠正孩子的不良行为习惯,加强亲子交流与沟通,家校合力育人成效突出。

通过学生数字画像,可以从家长、学科教师、班主任等多个视角,更为全面多维立体地认识学生的思想与行为状态,不再依据学生个体的行为举止"片面"看待学生,进而更加全面地发现问题,更好地寻找培养学生好品行的良方。

场景二:数字画像助力学生"适性扬长"发展

案例导言:《深化新时代教育评价改革总体方案》中指出:教育评价事关教育发展方向,有什么样的评价指挥棒,就有什么样的办学导向。而对于一所学校来说,同样如此,学校办学的重中之重在于不断思考应该培养什么样的学生以及采取什么方式评价学生并为之提供更为适合的课程教学,并在长期的教育实践中动态生成学校办学理念。新时代信息化社会背景下,学校管理者在更新教育理念的同时,还要不断思考如何借助信息技术优化学校管理方式、革新教育评价方法,才能使得学校各组织结构和教师群体形成合力,通过不断地实践,共同构建可理解可落地的办学理念,进而达到提高教育质量、增进办学效益、促进教育事业发展的目的。

上海市普陀区中山北路第一小学从教育评价入手,基于十大关键事件和课程学习评价构建数字化的学生综合素质评价指标体系,依托学生数字画像对学生进行综合性评价,确立了"为每个学生提供适切的教育,让每个学生获得适宜的发展"的学校发展理念。学校通过长期的办学实践与探索,既进一步深化了对数据支持下学习评价的认识,也推动了学校"适性扬长"办学理念的落地开花。

评价是一种调节和改进,是对学生身心发展的增值性促进;评价是一种激励和积极的自我建构;评价多元和综合的。学校对评价的认识与理解是基于学校长期的数字化学习评价的实践与探索提出的,是学校教师的共识,也是学校办学理念"适性扬长"落地生根的发展基石。在此基础上,上海市中山北路第一小学于2020年重新规划了学校"十四五"发展思路,确立了"为每个学生提供适切的教育 让每个学生获得适宜的发展"的发展理念。

(一) 构建"适性扬长"学校数字化综合评价体系

在长期的办学实践过程中,学校总结得出:评价指标体系的构建是开展整个学生综合 E 评价工作的关键,也是整个评价工作的上层建筑。同时,评价指标体系的构建必须聚焦"五育融合",关注学生德智体美劳各方面的成长,关注学生成长的全过程,同时还要兼顾到小学生的身心发展规律。评价策略是评价工作是否有效的引擎,需要在实践探究、案例分析的过程中不断提炼,不断调整。

1. 确立学生成长的十大预设性的关键事件。

2013 年起,学校借助信息技术搭建了 163 位学生的成长 E 档,开展了基于关键事件学生成长 E 档的研究和实践,基于绿色评价指标的校本化实施,确立了学生成长过程中的十大预设性的关键事件,实现了学生成长的记录、展示和评价的融合,推动了学校内涵发展,进一步提升了学校办学理念。

实施过程中,学校发现十大关键事件加强了学校对学生整个成长过程的跟踪记录,取得了良好的实践成效,但也认识到该评价指标体系难以支持对学生个性化学业评价的开展。

2. 构建"五育融合"的学生综合 E 评价指标体系。

结合前期实践和发展认识,学校又进一步聚焦课程教学改革的核心问题,构建了学校"数字五导(导学、导行、导练、导研、导评)"资源库平台、拓展课选课平台,与成长 E 档平台相互融通,架构了学生综合 E 评价平台。

"关键事件"的指标内容,从四大版块入手:品德发展和公民素养、学科素养与关键能力、身心健康与艺术修养、劳动教育和科学素养,初步构建了"五育融合"的学生综合 E 评价指标体系,包括 4 个一级指标,12 个二级指标和 95 个三级指标。

在上述发展阶段的基础上,学校依据"五育融合"要求,聚焦学生核心素养和关键能力,逐步构建了融"诊断性评价、表现性评价、形成性评价和终结性评价"于一体,集"即时评价、阶段评价和综合评价"为全程的评价指标体系,打通了现有的评价管理平台,初步搭建了一个以"适性扬长"为导向的,集合数据采集和人工智能诊断、反馈和个性推送的综合评价平台。在 2020 年初的新冠肺炎疫情期间,学校的平台发挥了极大的作用,有效支撑了学生线上学习的开展。

(二) 构建学生数字画像,实现学生综合素质评价的实践思考

1. 既注重学生基础数据的全面采集,又注重关键数据的梳理。

学生数字画像是否精准、客观、契合学生的实际状况,数据的采集尤为重要。利用综合 E 评价平台,采集全校每一个学生贯穿一到五年级的课前与课后、校内与校外的预习数据、课堂表现、随堂测验、阶段测验、关键事件、项目化学习参与等相关数据。为了便于实现即时评价、阶段评价和综合评价,以二年级某班为试验班级,采集数据,确保学生数字画像的数据是多来源、多维度,除了基础性数据外,梳理反映学校特色发展和学生适性扬长的个性化数据。

采集数据的全面性保证了学生数字画像的完整性,然而要想使实际操作更加优质高效,还需要在全数据和大数据的基础上筛选关键性数据,寻找到更能够体现学生发展特性的数据。为此学校通过关键性事件、项目化学习、330 社团课程,采集关键性数据,体现学生发展的个性化。数字画像清晰展示每一位学生的个性特长和纵向发展状况,可以对学生的发展起到良好的激励作用。

2. 关注数据采集工具的开发。

如此庞大的数据,如此贯穿学生学习始终的漫长流程,如何细化到每一门学科的采集点,如何做到不干扰教师的正常教学?学校采取了四种数据采集的方式:网络数据抓取机器人、APP 数据抓取机器人、平台数据接入和文件数据导入。教师采集数据,没有负担,与教学评价无缝衔接。

学校教师团队开发了显性激励卡,包括倾听表达卡、作业规范卡、探究兴趣卡、动手操作卡和活动成果卡。每张卡片以二维码的形式进行区分,家长和小朋友动手扫描二维码,在扫码的过程中,再一次激发学生的获得感和家长的参与意识。

3. 关注数字画像分析结果的有效应用。

数据的采集和分析的最终目的是运用于课堂教学、运用于学生成长的各个方

面,最终促进学生适性扬长的发展。数据的运用是随时随地的,既要充分地被学校管理层、班主任、任课教师运用,同时也要激发家长和学生本人关注并运用于学生的家庭教育和个人发展。学校教师搜集学生成长的关键事件,及时总结学生成长的典型案例,举一反三,提高运用数据开展学生综合评价的效度。

课内外智能化数据分析的结果被用于对学生的智能组卷和个性化学习资源的推送,不断提高教育教学的精准度;教师可以根据不同学生的发展需求和发展状况,组建教育场和学习场,激励学生适性扬长的发展,探索大规模因材施教。学生可以根据自身的兴趣爱好、发展需求,组建学习共同体。通过数据智能化分析,学校管理者能够很方便地全面了解学校师生的发展状况,从而整体规划学校的教学管理和师资队伍建设;家长可以随时、全面地了解学生的发展,进而积极配合学校共同促进学生适性扬长的发展。

4. 建立校内外协作共同体,形成工作合力。

评价工作事关全局,要想全面推动,仅靠几人之力难以实现,需要校长带领全体管理层、全体教师积极参与,形成协作共同体,构建全员参与评价工作的积极氛围,充分发挥每位教师的核心作用,使得每位教师都成为评价工作的主力军。

评价工作的实施主体主要是教师。对于教师而言,需要坚持便捷和低负担,坚持教学和评价的无缝衔接,让教师深刻体会到评价工作对于教育教学的促进作用,让教师可以心无旁骛地享受数据分析对于精准教育教学活动带来的积极作用,对于自身专业成长的促进作用。

评价事关全局,家长不是局外人,而是实实在在的主体之一。只有家长积极参与,在参与中配合,在配合中激励,才能在激励中成就学生。对于家长,我们需要坚持激励和主人翁意识,帮助其树立"学生教育的主人翁"精神,在争取家长积极参与、积极配合的同时,有效促进家校合作。

案例启示:对于学校的育人评价,必须明确学校教育应以促进学生个性化发展作为基本出发点,以此建构学校教育教学评价的指标体系,充分发挥大数据技术的作用,通过全面化、全过程和全样本的采集和挖掘学习数据中隐含的教育价值,才能真正实现以评价促进学生个性发展,引领学校健康发展,逐步凸显学校育人特色。

基于上述认识与理解，上海市普陀区中山北路第一小学依据"五育融合"要求，聚焦学生核心素养和关键能力，逐步构建了适合本校学生发展的综合素质评价指标体系，实现了"学生成长E档"平台、基于学科阶段评价的"深瞳优学"平台和学校的智慧教室等校内系统的数据融通，初步搭建学校教育教学综合评价平台，初步形成即时评价、阶段评价和综合评价的全流程一体化，在长期教改实践过程中逐步孕育了"适性扬长"的学校办学理念。

场景三：数据指导每日体育运动配方

案例导言：十几年前当我们在讨论信息技术与课程整合的时候，会自然而然地避开体育学科，因为大家都认为体育学科中除了使用视频技术记录学生运动情况并进行视频分析之外，好像没有更多的内容可以使用信息技术。随着技术的进步与设备的更新，我们发现信息技术与体育学科教学的结合越来越有可能，尤其是在体育学科学习评价方面，信息技术发挥着独特的优势。

在常规的体育教学中，体育教师要记录和管理的一个学期或学年中日常学生运动的数据将达到惊人的数量，而且教师要通过这些数据了解与评估学生体育运动的状态也是一件极不容易的事。但是当大数据技术、运动手环等常态应用后，我们发现体育教学数据的积累与分析变得日益常态化，对学生的个性化评价与跟踪指导也在日常教学中得以实现。

为了探索大数据技术如何支持体育学科的多元化评价，推动班级授课制下因材施教的教学模式改革，上海市奉贤区明德外国语小学尝试开展了基于"大拇指"综合素养评价系统的体育学科多元评价的实践研究，充分利用数据开展学生发展性评价，从而指导日常教学计划，定期向学生和家长提供总结性的分析报告。

为了有效收集学生在校活动的轨迹和课堂学习表现，上海市奉贤区明德外国语小学逐步打通"慧园课堂""慧云环""网上画展""纸笔课堂""综合素养评价系统"等系统,促进各应用版块间的数据融通,开展数据支持下学科教学实践活动,全面、客观、及时开展学生成长评价,为学生的个性化成长提供实证依据,提炼有价值的教育教学经验,推动学校的教育教学改革。下文以体育学科为例,阐述学校基于"大拇指"综合素养评价系统的体育学科多元评价的实践研究。

(一) 依据标准构建适合本校学生的体育学科学习评价指标体系

聚焦学生核心素养运动能力、健康行为和体育品德的培养,运用学校的"明德综评系统"设置相应的评价指标,其文件依据是《上海市小学低年级体育与健身学科基于标准的评价指南》和《普通高中体育与健康课程标准(2017年版)》。鉴于评价指标比较多,在指标设计中采取直接将二级指标设置入评价系统的方式,以减少教师上课时即时点评需要花费的时间,便于教师上课时进行操作(见图9-3)。

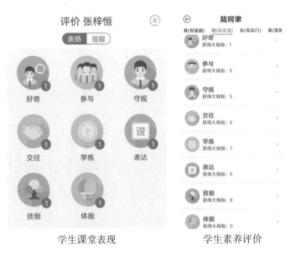

图 9-3 明德综评系统的指标设计

(二) 有针对性地配置每日体育运动内容

教师在课堂中对学生及时进行点评,每次的点评都会进行累计,一段时间后教师可以在橙(乐生活)版块(体育学科评价)看到每位学生在各评价指标中获得的大拇指个数,从而根据学生获得的大拇指个数进行系列评价,颁发奖状。

结合日常体育运动数据,有针对性地对学生体育运动状况进行分析。结合"每天锻炼一小时"的标准、不同年级学生的身心特点和学生体育运动状态,从锻炼内容、练习频率、时间、次数等方面,对每日的体育运动内容进行详细的设计(见图9-4)。

图9-4 体育项目布置

(三) 定期提供班级体育周报

自学校"大拇指"综合素养评价平台运行以来,学校教师使用平台更容易管理和记录学生学习数据,从而能够采集到比较全面的数据。通过该平台,体育教师不仅能看到每位孩子的体育运动数据,还可以看到每个班级的周报,周报包括了班级完成的具体情况(见图9-5)。

图9-5 "大拇指"综合素养评价平台体育周报

通过"大拇指"综合素质评价系统,学校和教师能够对学生全方位、多维度学习情况进行判断,学生能够对自我学习效果有更明确的认知和有方向的改进。透过数据,不仅可以一清二楚地了解每位学生的实际情况,包括学生在课堂学习过程中获得的及时评价,以及作业的完成时间、数量、练习效果及动作质量等,而且可以看到教师工具使用率、评价的覆盖率、教学设计的合理性等隐藏于数据背后的信息,例如,可以看到教师的评价侧重于守规、学练和技能三个指标的评价,其中守规和学练属于一级评价指标中学习习惯,技能属于一级评价指标中的学业成果。

在长期的实践应用过程中,学校发现教师对课堂评价的认知程度决定课堂评价的实施成效,其中对评价指标的理解又尤为关键。教师只有真正理解每个评价指标,才能够在课堂教学中进行精准地评价。虽然对新授课和复习课的评价指标的侧重点进行了划分,但是教师在实际评价的过程中还是会出现点开评价指标比较犹豫的情况,这会打断课堂的节奏,影响学习的即时氛围,从而使得良好的学习气氛受到影响,进一步影响学生的学习兴趣。为此,学校进一步加强教师的信息化应用培训,不仅提升教师使用工具进行教学的能力,而且重点提升教师对数据的理解与分析能力。

案例启示:上海市奉贤区明德外国语小学以兴趣激发、习惯养成、能力培养和思维品质形成为目标构建了"大拇指"综合素养评价系统,通过平台的教师端和学生端把师生从校内到校外连接在一起,可以让课内外的学习过程有迹可循,为实现学生个别化学习指导提供了全面的、多样化的数据支持。该校"大拇指"评价方法,注重过程性评价和终结性评价结合,动态评价和静态评价结合。学校关注人的发展的评价,关注学生成长现状,发现每一位学生的可塑点、生长点,充分体现办学理念和教育哲学。

场景四：按需定制个性化学生运动健康计划

....

案例导言:《深化新时代教育评价改革总体方案》中指出应"强化体

育评价",要求建立日常参与、体育监测和专项运动技能测试相结合的考查机制,将达到国家学生体质健康标准要求作为教育教学考核的重要内容,引导学生养成良好锻炼习惯和健康生活方式,锤炼坚强意志,培养合作精神。中小学校要客观记录学生日常体育参与情况和体质健康监测结果,改进体育教学内容、教学方式和教学评价,形成激励学生加强体育锻炼的有效机制。

为了促进学生体质健康发展、激励学生积极主动地参与身体活动,上海市宝山区顾村中学积极开展"基于综合数据帮助学生建立运动健康计划"的实践探索与研究。尝试通过对学生体质健康数据的分析与诊断,完善学生运动评价,以运动评价促进学生多场景锻炼。

为了探索学校体育教学的改革思路与实践路径,学校管理层与体育教研组对学校体育教学的内容和流程做了全面梳理与分析,发现了以下几个主要问题:

1. 体育课程测试和国家青少年体测环节占据了体育教师三分之一至二分之一的有效时间,体育教师的数据管理和记录任务较为繁重冗余。

2. 体育课程内容千篇一律,教学方式单一,教学效率低下。

3. 体育教学评价上忽视了学生个体差异的存在,缺乏个别化的运动指导。

4. 家长对学生在校运动情况不了解,导致对学生体育运动关心程度不够。

在上述分析基础上,学校为了改进学校体育教学,加强学生主动运动的意识,积极开展了"基于综合数据帮助学生建立运动健康计划"的实验研究,从学习空间、学习内容、学习评价和家校共育等方面进行重组与设计,充分利用智能技术采集学生运动数据,结合健康体测标准和数据,构建学生体质健康监测方面的数字画像,指导教师、学生和家长根据学生状态定制学生体育运动健康计划。

(一)构建智能化学习环境,实时采集学生体质健康数据

体育课程测试和国家青少年体测是学生体质健康状况的快照,是体育教学工作的起点和评价依据。为提高测试工作实效和测试数据的精准性，学校构建了智能化软硬件环境，包括"智能肺活量测试仪""智能体前屈测试仪""3D 体态仪"（见图 9-6）等智能硬件，以及智能测评系统和数据分析系统等，并配备了体育 AI 教学助手，使得体育教师从繁重冗余的简单工作中解放出来，由操作者变成体育教学的观察者、工作流程的优化者，可以将更多精力用于提升体育教学效果。

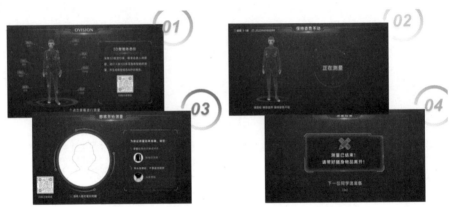

操作步骤（30秒）：学生进入设备站好->人脸识别身份认证->姿态准备开始测量（5秒）->测量完毕下一位准备

图 9-6　3D 体态仪测量交互界面

引入智能化教育装备改进体育教学方式，例如 AI 乒乓训练系统，通过互动界面学生选择难度，然后科技感十足的机器视觉判分，以全体排名的方式激起学生挑战自我的欲望；常规项目的训练可以采用效率高而且新鲜有趣的形式，比如用 20 米动感折返跑替代 800/1 000 米耐力训练等。

（二）加强体测及身体数据点采集建模，构建体育评价数字画像

学校结合《国家学生体质健康标准》指标体系，开发体卫综合素质评价平台，引入学生体型、体态数据，把学生体检数据以及日常医疗事件并入数据仓库，刻画了更加立体的学生运动健康数字画像（见图 9-7）。

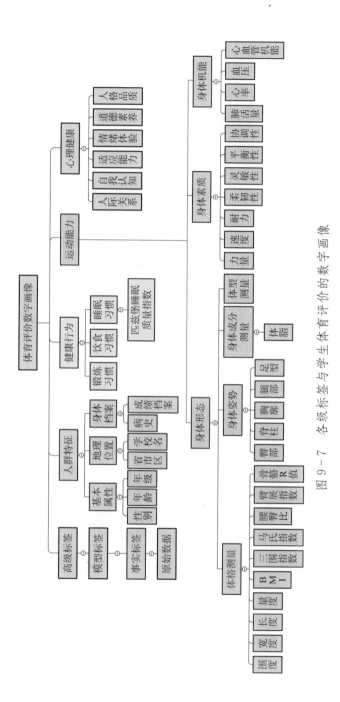

图 9 - 7　各级标签与学生体育评价的数字画像

(三) 使用数据挖掘教育价值,帮助学生建立运动健康计划

体育教研组把学校前6年的数据一并导入数据仓库,尝试通过数据分析发现工作重点。通过校级数据的分析,发现区域性或基础设施不足导致的普遍弱项,通过大课间和放学前的全校阳光运动统一提升;通过年级、班级数据分析,体育教研组内各位老师间取长补短;通过学生个人分析,把学生做跨班级、年级的排列组合,避免千篇一律且没有效率的课程内容,做到分层分级。

基于综合数据帮助学生建立运动健康计划,例如基于体型数据推荐学生运动类型(如下肢长利于长跑,臂长身高比值大利于游泳等);根据胸、腹、臀、腿推荐不同的减重计划;监督体态不良的学生坚持矫正训练;患有某些疾病的学生避免参与不利于其健康的运动形式,而推荐有助于康复的其他运动。

在体育系统中,引入游戏化的运营机制,基于学生们的体育成绩和日常运动,以横向评比、自身成长和班级综合作为积分,激发学生的竞争与合作意识,主动参与体育运动,提升运动水平。

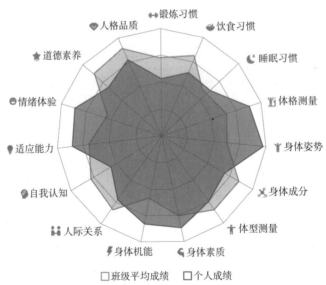

图 9-8 顾村中学学生体育评价雷达图

(四) 打造家校体质运动健康环,促进家校共育

学校通过智慧体育系统把学校体育场景和家庭运动场景统一结合起来,在校内扩展学生体质健康维度,在家庭收集日常运动、作息和饮食数据,建立完整的个人体质健康画像,反向指导体育教学和日常活动,在系统和流程基础上形成良性循环。

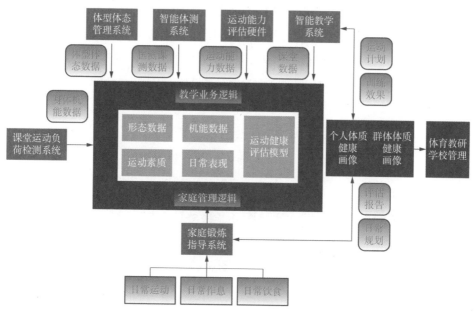

图 9-9   顾村中学体育评价系统框架

通过家长端微信小程序,推送学生体质健康报告给学生家长,用详实的数据和形象的展示方式,使家长充分了解孩子的真实状况,引起家长的兴趣;开通在线咨询服务,不仅解答家长的困惑,也为家长照顾和引导孩子指明了方向。

体育教研组老师精心设计体育家庭作业,既提供专业标准的示范视频,也设计亲子互动环节,鼓励家长深度参与,共建家校互育的健康环境,帮助帮助孩子建立终身运动的习惯。

案例启示:上海市宝山区顾村中学充分利用信息技术构建智能型的体育教与学的环境,开展基于数据的循证式的体育教学实践改革,取得较好的成效。通过系

统,体育教师告别了只有口哨、秒表和花名册的传统课堂,充分利用数据对学生进行运动干预,根据学生已有的运动能力和运动强度承受能力进行运动指导,让学生体验更加科学合理的体育锻炼活动,给予个性化运动方案;学生正逐步养成良好的运动健康习惯,发现并坚持自己喜欢并擅长的运动项目;家长也乐于参与其中,体育逐步成为家校互通的重要内容之一,也提升了对学校工作的满意度。

由顾村中学体育教学实践案例可以看出,实施个性化教育要求学校要构建个性化的教育环境,尽可能全面地了解学生,提供多样化的课程供学生选学,对学生进行过程性的评价与个别化指导。实施个性化教育的关键在于对学生学习过程数据进行跟踪分析与价值挖掘,重视每个学生在自己原有基础上的进步与成长。

场景五:"数读"在线学习行为与教学改进

案例导言:基于学生数字画像,对学生在线学习行为进行画像分析,进而实现在线教学指导与自主学习的改进。关键问题:数字画像如何助力在线学习效能提升?从哪些维度分析了学生在线学习行为,得出了什么结论?在这个结论的指导下,对在线学习做了哪些调整或改进,取得了什么成效?高安路第一小学在关于学生在线学习行为实践研究方面做出了很有参考价值的成果。

(一)网络学习空间顶层设计规划

可以预见未来越来越多的工作岗位会消失,或者被机器人取代,但同时也会产生更多的新工作新岗位。因此,培养学生终生学习的能力势必成为未来新的教育方向,那么如何在现有的教学模式下实现这种教育呢?教育信息化就是一个很好的方向,我们可以在虚拟的网络中建立一个学习空间,解放学生在时间和空间上的束缚,引导学生自己规划学习内容,把自己感兴趣的内容添加到自己的课程表上,利用这些方式充分调动学生学习积极性,最终把学习还给学生,让他们主动热爱学习,最终养成终身学习的习惯。学校希望能为孩子创造尽可能发挥自己才能的空间,容许孩子不断地试错,找到自己真正的优势长处,适应真正的社会竞争;能为孩子们提供更多的可能,让他们发现自己、发展自己,从而应对未知世界的时候,能探索出属于自己的独一无二的成长道路。学校向学生和家长提供更优质的课程和教育服务才是最终目的,通过新技术打通"课前-课中-课后"的学习全场景的学情数据,根据学生的需求,将线上与线下的教育教学深度融合,重置学习的时间与空间。

在本案例中,针对如何让在线课程发挥其更大的应用价值这一课题,围绕在线课程这一核心,学校对"七彩新大陆"网络学习空间的运行体系进行了整套的顶层设计(见图9-10),包括课前(课程设计、上线发布)、课中(线上学习、生生互动、师生互动)、课后(作业批阅、教研活动、课程优化),并将线上数据通过数据指标和模型应用到学生综评档案与教师专业档案中。

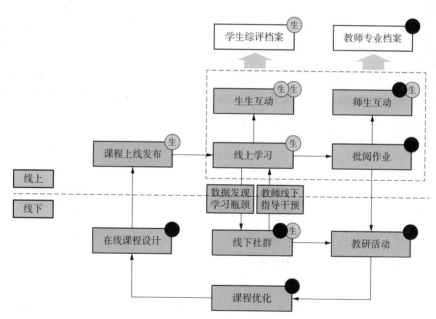

图 9-10 学生网络学习空间运行体系顶层设计

(二) 采集学生在线学习行为数据的途径

在网络学习空间——"七彩新大陆"建设的过程中,嵌入了游戏化机制的设计,希望通过这种方式强化学生学习行为,促进学生行为轨迹数据的持续沉淀,为后续

的数据应用打好基础。"七彩新大陆"的游戏化机制主要包括以下要素:

(1) 未知 & 好奇——逐步开放的游戏地图:未开放的地图被迷雾遮挡,伴随着平台整体课程的学习情况逐步开辟解锁新的地图版块和课程,吸引学生不断探索新的内容(见图9-11)。

图9-11　七彩新大陆首页地图

(2) 进步 & 成就——闯关式学习任务:通过关卡解锁的方式吸引学生保持持续学习的动力(见图9-12)。

(3) 所有权 & 拥有——课程奖励装备/称号:每一门课程都配有专属的道具奖励和称号奖励(见图9-13),这些可以自行装备到人物装备栏进行查看,激励学生为获得所有的道具奖励而去认真完成每一门课程的学习内容。

(4) 社交 & 联系——师生社区互动:课时讨论区(见图9-14)与作业交流区提供给师生互动、生生互动的线上入口,而围绕课程本身,教师也可以设置微信社群进行互动指导(见图9-15),当发现学生遇到学习的瓶颈也可以即时进行指导,解决障碍,提升完课率。

数据埋点支持即时学习评价与反馈。评价的核心是反馈。一个人如果在学习过程中能够不断获得及时的反馈,就可以保持持续学习的动力。但是,评价也是最

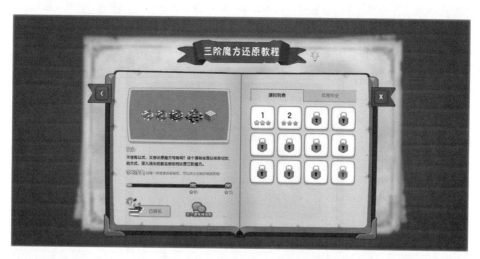

图 9-12　课程关卡解锁进度

图 9-13　课程奖励道具

图 9-14　课时讨论区

图 9-15　课程微信区扫码入口

大的难题。如果你只对单一的学业成果进行评价,就会导致分数至上、分分计较;如果评价反馈时间延迟一些,就会错过激励的最佳时机。总而言之,过程性的即时评价反馈在学生基数较大的情况下,依托学校本身的力量很难配套实现。

通过第三方公司的技术支持,"七彩新大陆"最大的特色就是利用数据对学生进行过程性评价。通过目前我们的"七彩新大陆"可以采集以下数据:学生在每节课获得的积分等级(小星星)、观看视频的次数、多次反复观看视频的次数、视频被记录的点、参与讨论的次数、作业提交次数、作业批改次数、作业正确率等数据。

2021年寒假,因新冠疫情防控要求,高一师生无法在线下交流见面。七彩新大陆网络学院就向全体学生开放,推出"我的幸福小康年"系列活动,尤其是过年的劳动课,得到了大家热切关注,劳动课程的视频有超过4 000次的观看度,学生自发提交了超过1500份的学习创作微视频,还把这种创意劳动的热情延续到线下,开学后教室走廊挂满了学生自制的灯笼,热热闹闹庆元宵。

在学生行为数据的基础上,学校会对具有显著特点的数据(如观看视频次数、作业提交次数等)直接进行分析。例如寒假上线的劳动课程是要求全校的学生都要参与,通过采集学生的视频观看数、作业提交次数、教师批改率可以从年级和班级的层面看出学生对学校活动的参与度,还能看出年级和班级之间的差异度,并能一定程度的反映出老师们工作的情况。

而对于没有特别显著特点的数据(如多次反复观看视频的次数、视频被记录的点、参与讨论的次数等),会尝试运用一定的算法和校本化的评价指标相匹配。例如2021年寒假我们上线的除了劳动课程之外的十几门课程,学生完全是按照自己的兴趣对这些课程进行学习,所以无法从年级和班级的层面进行分析,但是可以对学生个体进行分析。通过自主选学的课程学习数据分析,梳理形成学生学习兴趣点的挖掘与分析(如对什么内容好奇,好奇指数是多少,对学科知识的学习是否有影响),结合学科学习情况,进行有针对性的学习指导。

学校的育人目标是"好奇的小孩、负责的自己、友爱的伙伴"。通过研究,将这三大校本育人目标分解为150个小的指标,然后尝试和收集到的这些数据进行配对。例如,将"七彩新大陆"收集到的认真看完视频次数、多次反复观看视频次数、观看视频时记录的笔记次数、对课程提出的问题次数、参与讨论次数、作业提交次数、作业正确率等数据和"好奇的小孩"分解的小指标（包括主动观察、多样观察、主动想象、想象丰富、想象有深度、主动思考、主动提问、反思分析、积极尝试、富有创造、综合能力强等）相匹配（见图9-16）。

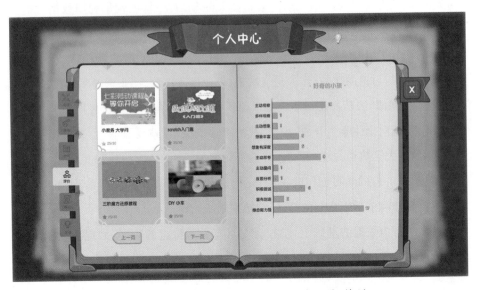

图9-16　每门课程的评价指标分解分析结果

这样随着学生学习的课程越来越多，一个学生的初步数字画像就会产生（见图9-17）。根据自动采集和匹配的方式对学生进行评价，家长和老师通过这样的评价可以更好更精准地对学生进行指导与教学。

（三）进一步发展关键问题与对策

1. 加强线上与线下的深度融合。

尽管"七彩新大陆"网络学习空间的运行体系已经完成了整套的顶层设计，但在实际落实上还需要一定时间进行推进，在这一过程中，一方面需要加强教师的指导培训，包括对课程学习数据、学生学习行为数据的解读能力，以及解决不同学生的不同学习问题的能力，另一方面也需要通过线上和线下社群的联动活动，来提升学生和家长对于授课教师以及课程的认可和满意度。

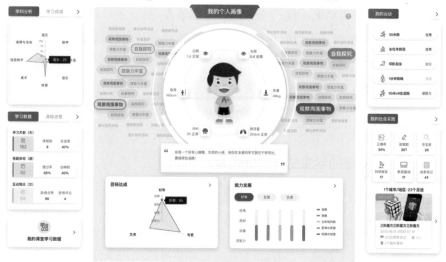

图9-17　学生数字画像

2. 增加后台数据智能分析功能。

网络学习空间刚刚建成时,一方面学生学习行为数据规模还在可以手动分析的范围内,另一方面对于学生学习行为数据分析和应用还处在初步阶段,需要不断总结归纳与提炼。当积累的数据量达到较大规模并且教师对于数据分析有清晰的路径时,对于后台的学生与课程数据智能分析看板功能的建设则迫在眉睫。通过数据看板,每一位教师都能够查看自己的课程学习情况,通过完课率、留存率分析帮助优化自己的课程内容和学习节奏,并能够综合各类学习数据发现学生的个人特质,在校内授课时做到更好的因材施教。

案例启示:这个案例为学校的在线课程建设、学生综评档案、教师发展档案等学校信息化整体建设工作提供了有价值的探索与实践。从学习平台的使用方面来看,学校对于如何做好在线教育有着较为深入的思考,不同于大多数学校使用传统课程平台只是将课程放上去让学生观看,而是建立了一套整体的运行机制,让教师深度参与,从而提高学生的学习黏性。从学生行为数据上可以明显看出,数据真实有效地累积,使得学生的画像描绘更具全面性和完整性,更有助于教学反思与个性化学习。在数据的采集方面,学校对于数据"从哪儿来"以及"到哪儿去"都有着整体的设计思路。对于学生,围绕学校的育人目标体系,结合平台能够采集到的行为数据,通过算法将学生行为数据与育人目标试探性地进行匹配,从而描绘学生的个人画像,为因材施教提供"数据到证据"的支持;对于教师,课程学习数据、师生互动数据等各类平台生成的数据都能够为教师专业发展提供重要的数据来源,对教师个人发展、学校课程建设都有着积极的促进作用。

场景六:数据支撑的学生生涯规划教育

案例导言: 人的个性与职业有着密切的关系,不同职业对从业者的人格特征的要求是有差异的,如果能通过科学的测试,预知自己的个性特征,将有助于选择适合于个人发展的职业。

数字画像如何助力提升学校生涯规划教育?上海市洋泾-菊园实验学校在传统办学特色的基础上,开始新的教学探索。基于学生数字画像,引进美国著名职业指导专家约翰·霍兰德(John Lewis Holland)[①]的职业兴趣测评体系,对学生进行学生量表测试和综合评价,如对学生的认知特征、学习风格、学习力、学科差异等方面进行测评,全面采集学生多维度、多来源的数据,形成学生的数字画像,建立完善的学生生涯规划电子档案。

根据学生先天条件和后天兴趣的不同,了解每个学生在同一学科学习中的发展程度,动态跟踪学生在不同时段学习中的发展变化,及在不同学科学习中的发展均衡度,学校开发出满足学生先天条件和后天兴趣的选择性课程。为制定学科学习的个性化学习计划提供科学依据,为设计学科学习的阶段性学习方案提供了事实依据。

[①] 约翰·霍兰德(1919年10月21日—2008年11月27日),美国心理学家、约翰斯·霍普金斯大学社会学名誉教授。

(一)构建生涯规划发展评价指标

1966—1997年,美国心理学家霍兰德出版了《作出职业选择:一种生涯理论》《作出职业选择:一种职业性格和工作环境的理论》《职业选择心理学》等系列著作,阐述并完善了"兴趣—职业匹配理论",奠定了霍兰德职业兴趣测评体系。

生涯规划发展,对中学生来说非常重要。个人爱好兴趣特性、能力素养与未来职业选择之间有一种内在的对应关系。人们通常想在未来的工作中能发挥自己的技能和优势,可以最好地发挥个人的潜能,如果对中学阶段时的行为数据进行分析预测,有助于对未来职业的选择。生涯规划发展评价指标包括外向、判断、情感、直觉、内向、知觉、思考、感觉八个维度。

(二)多通道的数据准备

1. 学生生涯规划操作。

根据兴趣的不同,人格可分为六大类型:实际型(R)、研究型(I)、艺术型(A)、社会型(S)、企业型(E)、常规型(C)。每个人的性格都是这六个维度的不同程度组合。每一种类型与其他类型之间存在不同程度的关系(如图9-18所示),大体可描述为三类[①]:

图9-18 六大人格类型

(1)相邻关系,如RI、IR等。属于这种关系的两种类型的个体之间,共同点较多。

(2)相隔关系,如RA、RE等,属于这种关系的两种类型个体之间共同点较相邻关系的少。

(3)相对关系,在六边形上处于对角位置的类型之间即为相对关系,如RS、IE等,相对关系的人格类型共同点少。

---

① 李希希.让"生涯志趣"预见专业选择[J].招生考试通讯(高考版),2017,000(011):48—55.

2. 数据采集和分析。

该测评问卷是根据霍兰德博士的心理测评量表,结合中国国情进行适当修定后形成的,旨在帮助受测者发现适合自己的职业兴趣,了解和规划最适合自己成长的可能性的路线,选择最适合自己发展的专业。

在学生做每一题目解答时,要求学生仔细阅读题目,在心态平和及时间充足的情况下才开始答题;根据第一印象作答,按照学生自己性格相符的程度选择答案,不必仔细推敲。

(三)数据分析结果应用

学生生涯规划报告无意限制学生对职业和专业的未来选择的思考,测评结果只是作为参考,辅助学生作出更有针对性的选择,从一个新的角度来认识和思考自己。所有的测评达不到绝对准确,需要学生根据自己的实际情况,作出恰当的分析与取舍。

测评报告结果依据学生回答的试卷总结归纳而出,测试结果分别从外向、判断、情感、直觉、内向、知觉、思考、感觉八个维度给出分值。

例如:刘＊＊同学的测试结果见表9-1。

表9-1 刘＊＊同学个人得分总结表

个人得分总结表						
兴趣方向	R	I	A	S	E	C
得分	35	33	25	31	36	36

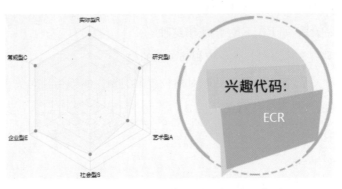

图9-19 刘＊＊同学职业兴趣测评结果

通过以上刘＊＊同学的测试结果发现,得出他职业兴趣为 ECR,即企业型＋常规型＋实际型。

(四) 进一步发展关键问题与对策

基于数字画像的学生生涯规划综合素质评价目的是让学生发现自我,进一步发展关键问题包括:

(1) 基于自我的概念,对学生闪光点的呈示,学生对其能力、兴趣、爱好等方面的认识和评价的结果。

(2) 支持以知识图谱的方式显示学生在学业水平、德育品行、身体素质、心理健康、艺术修养、实践活动方面的个人特征信息。

(3) 支持以知识图谱的方式显示学科特长、科创类特长、艺术体育类特长。

(4) 支持以数据可视化方式呈现学生兴趣、爱好的数据分析,显示学生兴趣、爱好信息。

案例启示:通过霍兰德的职业兴趣测评可以让学生确定自己的兴趣爱好,给学生的生涯规划提供参考。该测验能帮助中学生发现和确定自己的职业兴趣和能力专长,有助于让学生选择适合自己的发展方向。结合数字画像生成服务,建立个性化的学生数字画像,从学生的学习能力评估、学习兴趣分析、学业状况预测等多个方面综合分析学生情况,为学校清晰呈现一定时段内学生个体或群体的综合表现,使得数字画像服务于学校教育教学工作改进与质量提升,为学校教育教学的决策提供实证参考,也使得学校开展数据支持下的大规模因材施教成为可能。

场景七:为每个学生的"卓尔不凡"服务(上海实验学校)

案例导言:在日常教学管理中,大部分学校为学生设计了多项数字化学习平台及服务系统,记录了学生多类型的过程性学习数据。但这些数据零散的分布于各项服务中,当需要了解一个学生各项学习数据时,需要在后台记录中单独找到并汇总,形成的内容也多是以文本进行表征很难具化。因此将学生在不同平台产生的各项数据进行汇总并实现自动化分析与处理,最终以图像的形式进行可视化的呈现,从而使师生及学校更加直观全面地了解学生的学习及发展状态,从而设计出更适合学生的资源,而服务就显得尤为重要。

本案例取材于上海市实验学校学生画像项目。以"更懂每一个学生"为目标,从学生可视化数字画像的数据源的确定、数据的具化、画像模型的设计及效果呈现角度来阐述数字画像的形成过程。

(一)数字画像的数据源确定

上海市实验学校隶属于上海市教育委员会,利用十年一贯的优势,学校有更多机会长期追踪和研究学生的成长与发展,然而其现有支持平台上小学与初高中分开管理与记录,且主要以人工分析为主。为了更好地追踪记录和分析学生的成长与发展脉络,学校在 2019 年提出"让每个学生都卓尔不凡——全程、全样本学生数据驱动的精准教学实践"项目计划,项目尝试采集小学、初中、高中所有学生的信息并进行综合分析,形成能进行查缺补漏、突出优点的学生画像。该项目被评为 2019 年第一批"上海市教育信息化应用标杆培育校"支持项目。

学生画像在上海市实验学校的发展至今已经历了三个阶段。第一阶段始于 1988 年(如图 9-20 所示)学校开始对学生个性进行记录,并希望通过对学生个性的分析与培养,来探索开发潜能、培养个性的实施策略。但初始的记录较为随意,记录的类别也较为简单,包括六方面:学生的抱负、求知欲、坚持性、自我意识、独立性和好胜心,从维度的划分而言并不全面,而且这种较为随意的记录方式呈现出的数据较难分析,并不能很好地为培养策略的提出奠定基础。同时,教师在观察之初缺乏科学、系统、详细的观察指向,使得观察不够深入、切入点不够准确,不能很好地反映学生表现出的个性特点。

基于以上原因,学校教师展开大量研究,借鉴国内外对学生个性特点观察的研究制定出适合我校学生的观察量表,使得观察有理可循,让教师的记录更为科学,

反思更为深刻,看到现象背后的实质。图 9 - 21 所示为学生个性记录演变的第二
阶段。

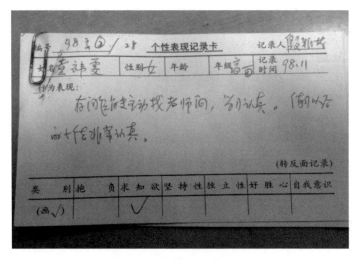

图 9 - 20   学生画像一代

此后为更方便教师的操作记录及后续保存,我校研发了学生个性记录的数字
化平台(见图 9 - 22),以此诊断学生普遍存在的个性问题,加强学校管理和指导;诊

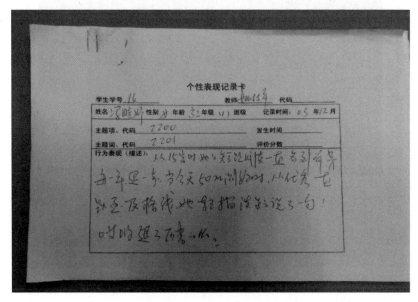

图 9 - 21   学生画像二代

断某个学生个性品质优秀或严重不良之处,并予以重点指导、矫治;实现我校学生管理的科学化。

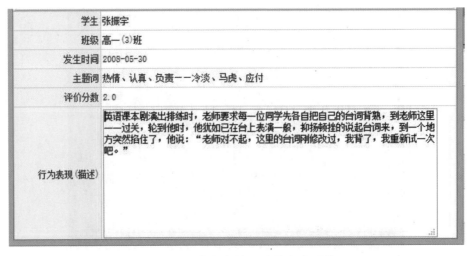

学生	张振宇
班级	高一（3）班
发生时间	2008-05-30
主题词	热情、认真、负责——冷淡、马虎、应付
评价分数	2.0
行为表现（描述）	英语课本剧演出排练时,老师要求每一位同学先各自把自己的台词背熟,到老师这里一一过关,轮到他时,他犹如已在台上表演一般,抑扬顿挫的说起台词来,到一个地方突然掐住了,他说:"老师对不起,这里的台词刚修改过,我背了,我重新试一次吧。"

图9-22　学生个性记录数字化平台

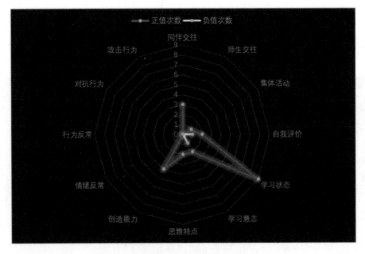

图9-23　学生画像三代

学生的前三阶段主要用于记录学生个性及学习特点。目前我校学生画像正在向第四个阶段跨越,即结合我校信息技术的发展及综合评价方式的需求,将学生学业发展、品德发展、身心发展、个性特长等融合在一起形成更全面的、包含学生德、智、体、美、劳的学生画像。然而更全面的学生可视化数字画像的实现需要多维数据的支持,数据来源于学校为学生建设和提供的各项学习服务系统,因此画像上要呈现哪些维度的数据,这些数据需要哪些服务的支撑,如何将这些服务生成的数据进行融合并形成画像标签,则是需要重点考虑的问题。

学生可视化数字画像是对现实中学生所产生的各项学习数据的建模。学生画像不仅可以根据基础数据进行不断地修正,又可以通过新数据的实时计算,抽象出新的标签,适应学生的个性发展。通过数据的可视化呈现学生的画像包括学生个人画像和学生群体画像,而群体画像是基于个人标签聚类的,聚类不同群体的行为特征和个性特征,提供多维度数据分析,可以从学校教育治理的角度俯瞰学生群体特点,进行差异化治理。

为了更好更全面地呈现学生的各项学习特点,学校结合育人目标将数字画像的数据来源界定为学业发展、品德发展、身心发展、个性特长及其他因素五个维度。其中学业发展通过成绩管理系统、研究型课程平台等进行数据获取,从而分析学生的学习能力、学业成绩及实践创新能力;品德发展通过德育积分管理系统采集数据,以了解学生的人格品质、公民素养、行为习惯及理想信念;身心发展通过智能选餐平台、健康管理系统、体质健康检测、学生心理测评系统等进行数据收集,以了

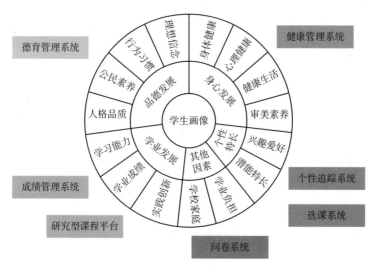

图 9-24　学生可视化数字画像数据来源

解学生的身体健康、心理健康情况；个性特长则通过个性追踪系统、选课系统收集，以了解学生的潜能特长与兴趣爱好；其他则通过问卷调查系统进行数据收集以了解学生的家庭情况及学业负担。

（二）学生可视化数字画像的数据具化

明确学生画像数据来源后，学校进一步确定采集数据的服务及系统中具体哪些核心数据要呈现在画像上。其中采集学生成绩管理系统中的核心课程成绩、特需课程管理平台中的学生特需课程课题申报主题、过程性记录内容及最后答辩效果确定学生的学业水平发展；德育积分管理系统中的学生德育积分、社会实践参与情况、学农学军情况、好人好事记录等确定学生的德育发展；健康管理系统中的心理测评系统、健康体测等数据确定学生的身心发展；个性追踪系统中的个性卡记录，选课系统中学生的选科方向、艺校与文体、社团与拓展课的选择确定学生的个性特长。

确定了数据的收集来源及具体收集的数据内容，我校对画像的形成过程进行了模型设计，形成整个画像的顶层设计，具体见图9-25。建立学校公共数据库，各系统之间采用统一接口标准进行数据对接。

数字画像模型中除学生画像外，同步尝试关注教师画像，目前学校主要探索的方向为学生可视化数字画像。尝试通过学生可视化数字画像，从而更加了解学生，为每个学生的"卓尔不凡"服务。

目前学生可视化数字画像仍在开发完善阶段，已能够分学期对学生的部分数据进行可视化的表征，具体见图9-26。画像中呈现的标记均是由专家组成员进行统一数据标准设计后的结果显示。

坚持以数据为驱动的信息化建设是学校发展内在的动力，基于十年一贯制的全样本学生追踪是一切数据的源泉。在数据基础上绘制学生画像，更全面地了解学生，为学生提供更优质与精致的教学服务，促进学生个性化发展，从而使学生人人都卓尔不凡，为拔尖创新人才培养项目助力。在设计开发的过程中主要总结出以下几点以备后续相关研究借鉴。

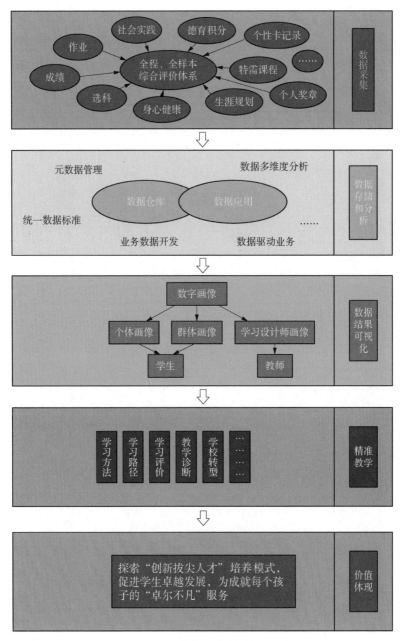

图 9-25　数字画像模型的设计

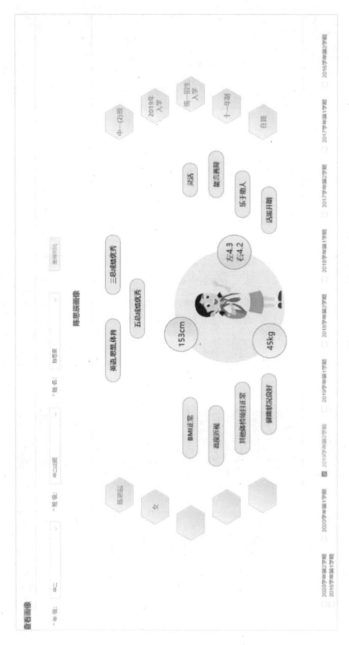

图 9 - 26　学生可视化数字画像

1. 设计前需提前部署统一数据中心及接口标准。

学生可视化数字画像的形成,需要多维数据的支持。数据来源于各项在线学生服务系统,这些系统之间功能相对独立但数据却又有重叠部分,例如学生姓名、学号等基本信息等。若每个子服务上均独立设置学生信息将会给学生信息管理带来很大麻烦,例如学生修改一处服务的密码,则需手动将所有涉及学生基本信息的平台上密码一个一个修改。为避免这种问题,需建立统一数据中心,将所有学生基本信息存储于数据中心,建立统一数据接口标准,后续所有涉及学生基础信息的服务系统可直接调用相对应字段的数据信息。实现数据信息的集中管理,减少数据的冗余,为学生画像的形成提供了基础数据服务的支持。

2. 设计过程中需专家论证确定数字画像的呈现方式及内容。

学生可视化数字画像是为了师生更全面地了解学生,从而更具针对性地进行教育学的改善与修正。因此在设计过程中需要开展多轮专家组会议,确定画像呈现的方式及内容,以及所呈现的内容需要哪些数据进行支持,这些数据用什么样的评价指标进行编码后最终呈现在画像上。这个过程是不断迭代优化的过程,需实时根据实际画像的呈现效果进行不断地修正。

(三) 进一步发展关键问题与对策

学校学生可视化数字画像已初步形成,但结合原有设计目标仍存在数据量不足、数据面不全的问题,尤其是对学生品德发展及过程性记录数据分析的部分。目前为学生品德发展维度提供数据支撑的德育管理系统仍处在设计开发环节,设计完成后将会与画像进行数据对接及内容呈现。过程性记录尤其是研究型学习平台中教师与学生记录的文字内容,较难分析,后续将通过设计或选择合适的评价量表进行字段自动的识别及维度的划分。

案例启示: 上海市实验学校追踪记录和分析学生的成长与发展脉络,利用数据驱动实施精准教学实践,尝试采集小学、初中、高中所有学生的信息并进行综合分析,形成能进行查缺补漏,突出优点的学生数字画像。在日常教学管理中,将学生在不同平台产生的各项数据进行汇总并实现自动化分析与处理,最终以画像的形式进行可视化的呈现,使师生及学校更加直观全面地了解学生的学习及发展状态,进而为学生提供更适合的学习服务。

场景八：认识立体鲜活的"我"

案例导言： 在古希腊的奥林匹斯山上有一块石碑,上面写着"认识你自己","认识你自己"成为了千百年来最为知名的一个教育之问。

华东理工大学附属闵行科技高级中学(简称：华理科高)乔长虹校长认为在高中阶段最难的不是学习,而是认识自我。当学生开始自己的高中生涯,当面对走向社会,进行专业与职业的人生选择,他们最大的困惑是无法认识自己,"想成为什么样的人？想接受什么样的教育？我的人生价值为何而实现？"

华理科高是一所"教育信息化特色"高中,以"问题导向"推动评价改革,以"全面发展"指引评价转变。借助学校信息化优势,以"四维"引领结果评价、在五育中变革过程评价、在数智空间中进行增值评价、在赋能的 PST 数智校园体系中进行综合评价,探索解决当前教育发展中综合素质评价改革的重点与难点,通过教育评价培养学生更好面向未来,找寻更精彩的"我"。

借鉴《上海市高中学生综合素质评价信息管理系统》的做法,华理科高开发了支持实践、伴随记录、数据贯通、方向引领的"四维"评价体系,面向全体学生、面向学生未来、关注全面发展、关注个性特长。

通过学校"数智空间"平台记录学生课堂学习、学科作业、学科测评、校本课程选择及学习、综合实践活动、特长特色发展、师生及生生日常互动等方面的情况,按照"四维"评价体系,基于数据贯通,对学生的"学业表现、信息素养、核心能力"进行阶段性综合评价,凸显学生生涯发展能力。通过在线心理测试等,把测试结果进行等第转化,对学生的"职业倾向"进行数据表述,凸显生涯发展方向。

(一)四维评价

维度一:学业表现。

依据《上海市深化高等学校考试招生综合改革实施方案》,记录语数英等十一门学科成绩,依托全新的 AI-class 互动课堂系统,记录学生课堂学习行为,运用学生学习过程和结果表达的数据,提供精细化学习分析和个性化学习辅导。

维度二:信息素养。

依据国际上公认的信息素养八大能力,结合学校、学生的实际,确立信息运用、交流协作、技术应用、创新变革能力和数字公民意识五大评价指标,三个层次的能力水平,学生在学校设置的特色课程学习及各类相关活动中获得评价。

维度三:核心能力。

依据国家颁布的《中国学生发展核心素养》六大素养,十八个基本要点,确立人文情怀、科技创新、体育健身、艺术审美、实践探究等校本化指标。学生在各类课程、社会实践、展示活动中得到评价。

维度四:职业倾向。

采用《霍兰德职业兴趣倾向测试》《卡特尔 16 种人格因素倾向测试》等,从内在因素、人格、兴趣的角度出发,在职业能力、职业性格、职业兴趣三方面探索生涯发展方向,为学生提供方向性指导与建议。

四项维度,通过一定比例的赋分,呈现为四张雷达图,形成一棵枝叶繁茂的"生涯发展树"。通过"四维"评价雷达图的展示,以可视化的形式为学生进行全息的精准画像,出具精准的数据报告,并以此为依据为学生提供个性化的教育资源和设计个性化的学习方式,实现学生的个性化发展。同时,学生的数据也是满足学校管理和教育质量监测的一体化数据来源。

(二)个案分享:逐梦之路　熠熠生辉

小熠同学,现上海师范大学谢晋艺术学院编导系学生会干部。她刚进入高中时,默默无闻,却是数学老师的"小尾巴",数学短板显露无遗,自信心缺失。老师翻

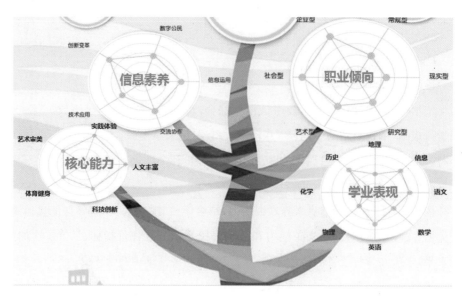

图 9-27　四维评价"生涯发展树"

看她的"四维"评价雷达图，发现其在学业表现上，历史、语文等文科占优势，化学、物理等拖后腿，尤以数学为重，截取课堂表现，数学课走神、打瞌睡，注意力难以集中；核心能力上，对"人文丰富"类的活动参与度较高，但只参加其中的人文社团活动，其他的分值都在最低分，体现出小熠同学在参加学校类活动的积极性较低；信息素养上，分值最低，对信息运用和技术应用等毫无兴趣，并逃避相应的课程；职业倾向上，社会型、艺术型和企业型的兴趣倾向较高，缺乏一定的机械操作能力和科学研究能力。

"四维"评价雷达图让小熠同学看到了隐藏在表面下的本质。这是一个因数学而全盘否定自己的学生，因自卑而隐藏了才华的女孩。因此，给予她展现自我的机会，让她在升旗仪式上崭露头角，破竹之势力不可挡。小熠同学开始成了主持台上的佼佼者，从运动会、学代会，到校庆、艺术节，再到读书节、科技节……手持话筒，一个无比快乐、自信的小熠展现在我们面前。

高二，在加三选课时，小熠同学对自己的选课还是模糊不清，虽然增强了自信，但对自己的未来之路还是茫然。再次翻看小熠同学高二的"四维"雷达图，发现其在学业表现上，仍是文科占优势，理科拖后腿，但在课堂表现，走神情况有明显好转；核心能力上，仍对"人文丰富"类的活动表现出情有独钟，但人文社团、三十课程、征文演讲等数值较高，艺术审美和实践体验的课程有较多的参与，但对体育健身仍是排斥；信息素养上，能完成基本的要求；职业倾向上，与之前并无多大差异。综合分析，小熠有自己的志趣所在，这份志趣可能成为她为之奋斗的方向。

有了明确的目标和日后的发展方向后，小熠继续着她的寻梦之路，并为之奋斗。有梦，就有动力！

案例启示：心理学家鲁夫特与英格汉提出"周哈里窗"模式，展示了自我认知、行为举止和他人对自己的认知之间在有意识或无意识的前提下形成的差异，由此把人的内在分成四个部分：开放我（你知、我知）、盲目我（你知、我不知）、隐藏我（你不知、我知）、未知我（你不知、我也不知）。因此我们做到"知己"，不仅需要"我知"，也需要从"你知"中了解。这个"你知"，可以是朋友、亲人，但也可以是我们的数据。

华理科高的"四维评价"将可视化的评价结果自动呈现于学生个人门户，让学生更全面地认识真实的自我，增强了学生过程性、真实性、全面性和发展性的评价；让学生培养从"单一"走向"综合"，从"结果"走向"过程与结果"兼顾，从"一统性全面发展"走向"个性化健康成长"。

通过"四维评价雷达图"，教师、家长、学生看到的不再是冷冰冰的成绩数据、文字记录，而是一个个被还原的、立体鲜活的生命形态。学生们能根据实际情况和个性特长量体裁衣，规划最佳发展路径，找寻更精彩的"我"。

第十章

行动反思与政策建议

任何一项技术只有在应用中才能体现其价值。数字画像是基于海量数据对个体或者群体的属性进行详细描述的数字模型或者标签集。基于用户数字画像的个性化、精准化推荐已在电子商务、商业推广、公共服务、决策支持等场景中广泛应用，产生了巨大的技术价值。教育领域是技术应用的价值洼地，也是技术应用最难落地和推广的场景。随着大数据和人工智能技术的发展，数字画像技术在教育领域的应用正逐步展现出巨大价值。综合素质评价是教育综合改革的重要内容，既关系到教育改革的价值导向，又关系到学校育人的方式变革。基于多源多维多模态的大数据构建学生画像，可以为学生综合素质评价提供客观真实的过程性数据，精准刻画体现学生综合素质的数字画像。本研究以行动研究为范式，采用理论探讨、数据建模、场景应用、实践探索、案例分析相结合的方式，对数字画像用于学生综合素质评价的理论、技术、方案和政策等问题进行了边实践行动、边检验调整的理论与实践探索。在本书的最后章节，有必要对整个研究进行回顾总结和反思展望，以便后续进一步创新。

第一节　行动反思

本研究在扎实的理论分析基础上，建构了数字画像的技术模型和实操方案，而且给出了学生研究性学习、阅读、作业、体质健康等领域的画像构建实例；基于项目设立的实验学校，经过实践反思和经验总结，形成了若干具有代表性的学生画像应用于综合素质评价的学校案例，使研究成果更加贴近一线，更加具有参考价值。

一、数字画像应用于综合素质评价的理论与技术

根据教育部文件,综合素质评价是在党的教育方针指引下,从思想品德、学业水平、身体健康、艺术素养、社会实践等方面对学生全面发展状况进行的观察、记录和分析,旨在反映学生全面发展情况和个性特长,重点考察学生的社会责任感、创新精神和实践能力。综合素质评价是发现和培育学生良好个性的重要手段,是深入推进素质教育的一项重要制度。本研究将数字画像引入综合素质评价,一方面是基于五育融合背景下对综合素质评价的边界认识以及数字画像应用于综合素质评价的价值评判,另一方面是基于综合素质评价的特点以及学生全面发展、学校全面全方位育人等要素构建面向综合素质评价的数字画像的技术路径。不论是理论还是技术,都是本研究顺利实施的重要基础。

(一) 综合素质评价的内涵与实践中的边界共识

董秀华全面梳理了近20年综合素质评价的政策推进和实践探索的积极成效、分歧争议与问题隐忧。她指出,虽然综合素质评价实践如火如荼,但是对综合素质评价这一术语的内涵所指、使用语境等的界定目前仍没有达成广泛共识。[①] 学术界对综合素质评价的认识分歧首要集中在"什么是综合素质"之上,是各方面素质和能力的集合,还是与理解、分析并列的一种可测量或表现的能力? 我们认为,作为一个学术概念,两者皆可解释,但是不同语境下的概念所指也有所区别。比如,学科教学中的综合素质评价,是指布鲁姆目标分类学中与理解、分析并列的"综合"能力和素质的评价,而在素质教育语境中的综合素质评价,是指衡量学生全面发展的各方面素质和能力的评价,包括思想品德、学业成绩、身心健康、艺术素养、实践能力、个性发展等各个方面。在倡导五育并举、融合育人的当下,综合素质评价既有全面、综合之要义,也有重点、个性之关切。不同的评价主体对综合素质评价的理解也有所差异,高层级学校在招生环节关注和评价的更多是学生的综合素质,而作

---

① 董秀华. 综合素质评价实施过程中的共识、争议与隐忧[J]. 教育发展研究,2020,40(22):28—41.

为过程性评价者的学校教师则更关注学生某一方面或某些方面的素质和能力，而学校所呈现的是学生各方面素质过程性或阶段性评价结果的一个综合。

五育融合下的综合素质评价着重围绕德智体美劳五个方面所表现出来的相应的素质和能力，同时关注适应社会发展和终身发展所需的核心素养。因此，五育就是学生综合素质评价的边界。凡是能够反映学生五育方面的素质和能力的指标，都应被纳入；凡是能够体现学生个性特点的素养和能力指标，都应被采纳；凡是能够反映学生综合素质的多源多维的数据，都应被利用。反之，若用几个指标涵盖社会发展对学生素质的要求以及学生终身发展所需的核心素养，就会导致挂一漏万、千人一面的结果，与全面发展、个性发展的初衷相违背。基于五育融合和大数据的学生综合素质评价理想结果就是千人千面，也就是每一个学生都有属于自己的综合素质画像，既反映学生的成长过程和结果，也彰显学生的个性特点和优势。综合素质评价的边界在实践层面已基本达成共识，本研究所设基地学校大多数将五育并举、融合育人作为综合素质评价的指导理念，并将其作为学生的综合素质评价维度的边界。这不仅带来了评价理念的改变，而且从根本上改变了育人理念和方式，引发了"育分"向"育人"、"专员育人"向"全员育人"、"注重结果"向"关注过程"的转变，并且产生了积极的效果。

(二) 数字画像应用于综合素质评价的现实价值

数字画像或称用户画像，是根据一系列真实数据建立的用户模型或标签集。学习者画像是用户画像在教育领域的应用，是以在线学习平台用户的基础数据、行为数据、问卷数据等为基础构建的学习者模型或者标签集。学生画像是对学习者画像的一种超越，是对作为整体的人的学生构建的画像。具体来说，学生画像是以学生多源多维数据为基础，通过数据的标签化、关联化、可视化等步骤，对学生的发展特征和成长轨迹进行全方位的描述和呈现。学生画像已经在教育领域显示出强大的生命力。[①] 杜威认为，价值之物之所以成为价值之物，并不是因为它们自身具备什么先验的、内在的或本质的好，而是因为对它们的选择、获得或改变能够有助

---

① 张治. 学生数字画像及其教学应用的实践与思考[J]. 教育传播与技术，2019(01)：3—6.

于改善人类特定的处境,更好地实现行动的目的。① 借用杜威的观点,数字画像对于学生综合素质评价的价值并不是因为数字画像本身具有内在的、本质的好,而是因为它的应用有助于改进学生综合素质评价的实施,更好地实现五育融合、全面育人。

学生画像应用于综合素质评价的价值可以从学生画像的特性以及综合素质评价实施的未来方向两个角度加以分析。有学者认为,用户画像是以大量真实用户数据为基础,对用户行为、兴趣等进行特征抽取而形成的虚拟用户模型,具有全面性、真实性、代表性、动态性以及移情性等特征。② 作为平台、软件、终端设备等使用者的学生,其画像同样具有以上特点。因此,综合素质评价中学生数字画像的应用,既能体现全面、综合,又能突出重点、优势,既可以确保客观真实,又可以体现动态独特,既可以有结果性描述,还可以有过程性表现,既能形成个体画像,又能构建群体画像。更为重要的是,基于大数据的学生画像,还可以发现传统纸笔测评和教师主观判断无法得出的学生综合素质表现,如学生的情绪情感、社会交往、合作能力、创新意识、批判性思维、元认知能力等社会情感能力。另一方面,随着五育融合、全面育人理念的落地,学生综合素质评价将与学校教育、学生学习融为一体,从一项临时性、阶段性的工作变为伴随式、融合性的任务,学生综合素质评价的形成性和终结性的区别将逐步弱化和模糊。任何一个节点的形成性评价都可以是终结性评价,任何一个阶段的终结性评价也都可以被看作该阶段的形成性评价。③ 通过借助各种数据采集技术和工具,可以伴随式采集学生学习、生活数据,并且利用人工智能大数据分析技术,为学生、教师、家长等不同对象时时生成学生画像和评估报告,使学生综合素质评价真正用于学校的教育教学,使教师眼里有一个完整的学生而非只有分数,进而促进学校全面、全员、全方位育人方式的根本变革。

(三) 数字画像应用于综合素质评价的技术路径

数字画像在学生综合素质评价领域的应用一般有两种路径。一是根据学生日

---

① 石中英.杜威的价值理论及其当代教育意义[J].教育研究,2019,40(12):36—44.
② 徐芳,应洁茹.国内外用户画像研究综述[J].图书馆学研究,2020(12):7—16.
③ 田爱丽.综合素质评价:智能化时代学习评价的变革与实施[J].中国电化教育,2020(1):109—113+121.

常学习和生活有关的多源多维大数据构建数字画像,并将画像标签与学生综合素质评价指标进行映射,将其作为学生综合素质评价的组成部分。二是依据学生综合素质评价的相关文件和学校办学实际构建评价指标体系,然后按照指标体系采集数据,对各种数据进行分析后形成学生综合素质评价的数字画像。这是两种不同的路径,前者是从大数据到学生画像再到综合素质评价的自下而上的路径,而后者是从综合素质评价体系到数据再到学生画像的自上而下的路径。第一种路径可以充分利用大数据的价值,挖掘数据背后的学生综合素质,但从数据到信息再到标签和评价指标,需要有教育学或心理学理论作为支撑,否则会缺乏可信度,实施过程受场景、数据和技术的限制,实施难度较大。第二种路径有明确的综合素质评价指标作为指向,学生画像的准确度取决于评价指标的科学性和有效性,实施过程相对较为容易,是当下较为流行的路径,但这种路径采用的是小数据的分析范式,容易忽视反映学生潜隐素养的数据,容易导致用一个模子去衡量所有学生的做法。本研究采用了自上而下与自下而上交互弥补的方式,最大程度地利用学生的大数据,尤其是学习平台和智能终端上的数据,通过数据挖掘来弥补综合素质评价指标的完整性,同时根据党的教育方针和目标来形成符合全面发展的学生综合素质评价体系,尽可能地覆盖学生在各种场景中形成的多维度、多模态、多种方式采集的数据,形成尽可能准确、全面的学生综合素质画像。

数字画像构建主要有数据采集、数据挖掘和可视化呈现三个步骤,每个步骤都可采用多种技术和方法。数据采集包括系统平台端口式采集、智能终端伴随式采集、物联网无感知采集,以及问卷量表等填报式采集。数据挖掘通常采用人工智能、机器学习、数据统计等技术,分类、关联、聚类、估值、预测等数据分析方法,以及神经网络、决策树、模糊集、关联规则等算法。数据可视化则利用统计图形学、图像处理、视觉设计等技术或工具,将数据以图形或图像的形式在屏幕上显示出来。学生综合素质画像所使用的数据既有多源多维的客观大数据,也有教师、家长和学生填报的综合素质评价的主观数据。基于客观大数据的学生画像是中性的特征标签,缺少"评"的环节,不具有价值判断,因此需要在模型中设置一定的评价标准,对标签结果进行评价,并将其与主观数据画像融合形成全面的综合素质画像。

二、数字画像应用于综合素质评价的难点与突破

随着学校信息化建设的推进、数据驱动的因材施教的提出以及学校育人方式变革的深入，数字画像成为了众多学校信息化应用的热门技术，学生数字画像构建与应用成为了大部分上海市教育信息化应用标杆培育校的建设项目，基于数字画像的教学、管理、评价等应用正在逐步推进。但是，由于对数字画像的认识不足、学生数字画像建模技术的不成熟、教育场景的复杂性和不确定性以及学生数据安全、隐私伦理等各种因素的限制，学生数字画像的实际应用困难重重。有研究者调研了28所上海市教育信息化应用标杆培育校后指出，现阶段，仅有少部分学校能够依靠部分平台和数据，形成多维度、非全域的数字画像；而大部分学校基本停留在方案建设阶段，未能完成整个流程运作。① 实践中，学生综合素质评价是不少学校应用数字画像技术的重要业务场景。本研究发现，由于数字画像的技术限制和五育框架下综合素质评价的实施困难，两者的结合与创新并非易事，有众多矛盾需要克服，有不少难点需要突破。

（一）数据缺失影响学生综合素质画像的完整性

学生综合素质画像的完整性取决于反映学生素质数据是否多源多维、全面系统、客观准确。基于此，基层学校在实践中构建了多模块多维度多指标的学生综合素质评价体系，比如清华大学附属中学构建了包含9个模块46个维度的学生综合素质生成性评价模型，对学生各个方面进行观察、记录、分析，通过学生全面客观的行为记录、过程积累和发展变化来进行评价②；上海市卢湾一中心小学构建了由品德与公民素养、智力与学业水平、身心健康、艺术素养、劳动意识与实践等5个模块，行为规范、公民素养等15个维度和文明礼貌等126个观测指标组成的学生数字画

---

① 崔佳峰，阚粤红.智能技术支持下的学生数字画像：困境与突破[J].当代教育科学，2020(11)：88—95.

② 王殿军，鞠慧，孟卫东.基于大数据的学生综合素质评价系统的开发与应用——清华大学附属中学的创新实践[J].中国考试，2018(1)：46—52,66.

像指标体系,以此对学生综合素质进行全面评价。使用这些评价模型或者指标体系产生的数据中既有师生、家长主观评价的数据,也有用测评工具测量后填报的数据,还有在各种平台或终端上生成的客观数据。前两种数据相对比较完整,数据缺失的情况较少,而由于隐私保护,学校很难获取散落在各种平台上的数据。比如,学校很难获得学生在校外线上学习平台上产生的学习数据,更难获取学生在微博、微信、QQ、贴吧等公共社交平台上产生的数据,而对于学生线下学习过程性数据的采集,学校更是无能为力。因此,正是这种学生数据的结构性缺失,导致学生综合素质画像的完整性受到影响,而且过多依赖主观评价数据,画像的准确性也会有所欠缺。学生数字画像构建中遇到的这些数据结构性缺失问题,会随着教育的数字化转型、教育大数据中心建设以及个人隐私保护和数据应用伦理和安全政策的完善而逐步得以解决。

(二) 数据偏差影响学生综合素质画像的准确性

理论上,用于构建学生综合素质画像的数据不仅要全,而且还要准。但是,与小样本数据类似,多源多维的大数据同样存在数据的偏差问题,只是当数据量大到一定程度,数据偏差对数据结果不会产生太大影响,更何况大数据只是关注数据之间的关联关系。当前,学生综合素质画像数据不全是过程性客观大数据,还有师生评价和填报的结果性主观数据。相较于客观大数据,主观数据发生数据偏差的可能性更大,尤其涉及学生心理情感等客观数据无法测评的内隐素质,他人主观评价以及自身量表测评都会存在数据偏差。比如,在对学生进行心理健康测评时,数据偏差可能由于测评工具的不科学,也可能是学生量表填写时用非真实的想法来应对。再如,教师在主观评价学生行为表现时,涉及升学等因素,评价数据的真实性很难控制,导致学生的评价数据产生偏差。更有甚者,当学生了解平台采集行为数据的规则后,则会利用规则去生成行为数据,导致行为数据的失真。因此,学生综合素质评价中的数据偏差问题很难从根本上解决,数据偏差的存在影响学生综合素质画像的准确性。在数据偏差问题尚未解决之前,学生综合素质画像使用的范畴应适当控制,作为对学生发展评价的一种补充。同时,我们应在提高数据真实性和准确性的同时,尽可能规避数据偏差导致的学生综合素质发展的风险。

（三）模型短板影响学生综合素质画像的精准性

数字画像通常以可视化的形式加以呈现，但高质量的数字画像不是数据的简单描绘，而是要用科学的数学模型对数据进行挖掘分析后，把数据所承载的信息加以可视化。不然，数字画像就会沦为一种为了适应人的视觉感知习惯而设计的并无多大信息应用价值的数字化图像。因此，数据是数字画像的基础，数学模型则是数字画像的核心。学生综合素质是利用各种数据对学生发展状况的整体反映，这不仅涉及学生综合素质的评估模型，而且不同的维度和指标都需要有相应的数学模型加以挖掘分析，否则数据还只是数据，而没能反映学生综合素质的信息。比如，学生德智体美劳五个方面的表现是否该有科学的数学模型，各个方面的发展是均衡发展还是有所侧重，权重的确立是否科学合理；每个学生都应该根据发展状况和优势领域设置一套综合评价的数学模型。再如，衡量学生综合素质的维度和指标都要有科学的、经得起验证的且能体现个性化发展的数学模型。此外，学生综合素质画像的精准性还体现在基于数据的关联分析，探寻影响学生发展的积极和消极因素，进而为学生发展提供精准的预测和指导。由于人的发展的复杂性、可塑性和不确定性，科学的数学模型一方面需要有大数据的喂养，另一方面需要有科学的理论依据，这在当前数字画像的应用中是最大的难点，数学模型的短缺是数字画像应用于学生综合素质评价的掣肘，模型构建永远在路上。本研究在阅读、作业、研究性学习等领域对数学模型的建构进行了初步尝试，还有众多的指标领域需要进行科学的数学模型的建构研究。

（四）数据依赖影响学生综合素质画像的适用性

用数据说话是一件极好的事情，但要是为了"数据"而"数据"，使用质量很差的数据，利用错误分析的数据结果，或者不合理地利用数据，甚至过于依赖数据，其后果将不堪设想。迈尔·舍恩伯格曾提醒我们，在由"小数据"时代向大数据时代转变的过程中，我们比想象中更容易受到数据的统治，我们可能会完全受限于我们的分析结果，即使这个结果理应受到质疑；我们会形成一种对数据的执迷，因而仅仅为了收集数据而收集数据，或者赋予数据根本无权得到的信任。[①] 我们必须杜绝对

---

① ［英］迈尔-舍恩伯格，库克耶. 大数据时代［M］. 盛杨燕，周涛，译. 杭州：浙江人民出版社，2013：210.

数据的盲目崇拜和过分依赖，让数据为我们所用，而不是让我们成为数据的奴隶，尤其在对我们过去的行为进行评判时，应该防止单纯依赖大数据的分析。学生综合素质画像就是利用学生过去的行为数据构建形成的，在追求数据细颗粒度和画像精准度的同时，还要注意数据结果呈现时的精准与模糊，不同的场合、不同的对象、不同的方面，学生综合素质画像对精准与模糊的要求是不一样的。人的直觉是无法量化的，借助直觉的模糊评价对于发展中的学生而言，在某些特殊情景，其价值胜过精准的数据评价。此外，人是复杂的、未完成的动物，学生是发展变化中的人，教育领域的大数据无法穷尽变量，研究越深入，变量就越多，数据越复杂，问题也越多，数据噪声会影响甚至掩盖真相。大数据的运作，包括大数据预测、运算法则和数据库依旧是超出我们正常理解范围之上的不透明、不可解释、不可追踪的黑匣子。"数据很重要，但比数据更重要的是教育本身。"[①]一方面我们要尽可能地采集反映学生综合素质的数据，另一方面我们不能片面追求数据之大而忽视数据依赖的潜在风险和模型绑架的负面影响，不能让数据绑架了学生的发展。实践中，我们要考虑学生综合素质画像的风险性，要把握学生综合素质画像应用于教育活动的精髓。

（五）数字画像技术性与教育艺术性的潜在冲突

数字画像是一项源于数据又高于数据的技术，包含着数据建模、标签提取、机器学习等大数据技术，体现了某种规律性，具有科学性。教育活动除了科学规律性，还具有人文艺术性，这两种活动性质的冲突和协调在教育活动内部一直存在。数字画像应用于教育领域也不可避免地存在技术性和艺术性的冲突。作为技术的数字画像与作为艺术的教育活动之间存在某些潜在的冲突，从画像技术的角度，模糊的数据或者数据的模糊处理越少越好，而从教育艺术的角度，模糊才是一种美，精准的数据越多，体现教育艺术的空间就越小。数字画像应用于学生综合素质评价和学校教育教学活动，既要考虑教育的人文艺术性特征，更要注重应用过程的艺术性。精确体现了技术性，而模糊体现了艺术性，做到精确与模糊的共生共存，本

---

① 张治.学生数字画像及其教学应用的实践与思考[J].教育传播与技术，2019(01)：3—6.

身就是一项艺术。画像技术内含硬度,而教育艺术饱含温度。硬度体现教育公平,而温度促进学生成长。比如,眼里"没有孩子,只有分数"的教师,会给孩子打59分,这是一个只有硬度没有温度的分数,甚至是一个"羞辱性的分数"。教师好比是阅卷机器,过于强调技术性和准确性,却失去了让评价增值、让教育产生温度、让学生获得成长的机会。数字画像技术也是如此的冷硬,它只能确保数据的准确性和真实性,而无法针对特殊情况作出艺术性的处理。因此,学生综合素质画像的应用要求教师把握数据的精准性和模糊性的度,把握画像的技术性和教育的艺术性的平衡,这就需要教师具备一定的数据素养,能够对学生数据和教学数据进行多元分析和准确解读。

(六)画像的全面性与学生发展不均衡性的矛盾

学生综合素质评价以德智体美劳五育为指向,以人的全面发展为终极目标,具有综合、全面、系统之特点。但是,学生综合素质画像在追求数据完整性和素质全面性的同时,不可避免地存在着与学生发展不均衡性的矛盾。尺有所短,寸有所长,追求全面而有个性的发展,既要看到学生综合素质的优势和特长,也要允许劣势和不足的存在,更要看到学生综合素质发展的不均衡性。因此,要避免数字画像作为学生发展的指引,为了画像的全面和完美,增加教师、学生和家长的负担,导致学生的发展被画像和数据所绑架。事实上,学校应围绕五育并举,以促进学生的全面发展为指向,为学生综合素质培养创造各种有意义的活动,让学生在活动中产生数据,确保学生画像的全面性。此外,学生的全面发展不等于德智体美劳五个方面齐头并进的均衡发展,学生的发展在每个阶段都有各自的特点,学生发展的速度、综合素质的表现都可以有快有慢、有好有坏,教师和家长要看得长远,重视学生优势领域的挖掘和培养。

(七)数字画像确定性与学生发展可变性的矛盾

莎士比亚说:"凡是过去,皆为序章。"我们可以改变当下,但我们永远无法改变甚至逃避已经发生的事。数字画像采集的是过去的大数据,展现的是确定的过去,并且通过对过去数据的相关性分析预测未来。人们习惯地从因果关系的视角来理解世界和预测未来,但是大数据不能告诉我们因果关系。如果单纯利用数字画像来预测和指导未来,我们就会被大数据禁锢在相关性和可能性之中。学生综合素质画像刻画的是确定的过去,评价的是某个阶段或某个时间点上学生综合素质发展状况。学生过去的状况会对未来产生确定的影响,比如某次重要的比赛获奖、某次重大的行为表现、某次关键的学业考试,都会影响甚至决定学生的未来发展。当然,那些反映学生素质的负面事件和数据同样也被记录下来,在学生发展的某些重要时刻会被人查阅,过去的数据会伴随人的一生而无法改变,大数据加速了确定的过去对可变未来的影响。但学生的发展是可变的,学生的过去不能成为未来发展的枷锁,学生综合素质画像除了及时动态更新,还需要设置一定的权限,保护学生的过往数据和画像结果。学生发展的过程中都会遇到这样那样的问题,这是学生成长的必经之路,但是学生个体是其发展的主人,学生发展具有主动性,数字画像不应成为学生发展的指引,学生不应在数字画像的框架下被动发展,而是跳出综合素质框架主动寻求综合素质的提升和人的整体发展。总而言之,学生综合素质画像要避免成为学生发展的模子,限制学生的个性发展、主动发展和发展的可变性,教师、家长和学生在数字画像应用的过程中要处理好画像的确定性和发展的主动性、可变性之间的矛盾。

第二节 政策建议

一、践行以人为本的理念，充分发挥政策指挥棒的正效应

综合素质评价是在由教育部和国务院颁布的教育政策中诞生的，由上到下，借助行政的力量推行，它并不是起于实践，在实践中诞生、发展再上升到政策层面的。在实施和操作过程中，学生的主体性地位容易被忽视，虽然整个制度的设计以学生为核心，目的是促进学生全面而有个性的发展，但是在制度构建中学生主体性价值并未体现，学生像是提线木偶跟着教育专家、教育行政者的节拍行动，有些学生甚至不明白这项制度对自身成长的意义何在，这种缺乏学生主体性价值的评价制度不利于调动学生的积极性，也不利于发挥有力的正面引导作用。归根结底，综合素质评价是为了促进学生的发展，因此，在实践中应多方调研实行的实际效果是否符合学生身心发展的需要，及时改进与总结实践效果，不为学生增添无意义负担，违背改革初衷；数据记录要客观可信，与教育教学相融合，避免应付现象，但也须清醒地认识到大数据应用的不完全性，防止唯数字论；实践中不断完善和改进现有机制的不足。

高校如何使用综合素质评价结果，将对综合素质评价的发展具有决定性影响。换而言之，评价结果在高校招生录取中的地位直接影响着校长、教师、学生、家长对待综合素质评价的态度。高校越重视，学生和教师等评价主体的重视程度也相应的提高，综合素质评价就不可能被虚化，它的教育调节作用也会明显增强。由于办学模式，高校并非真正在意申请学生综合素质评价的结果，在综合素质评价结果受到各方认可的前提下规范高校使用，将会对综合素质评价的发展产生强大的推动

力。这项工作意义重大,但是也难度空前,需要充分论证,推动更多机制体制的创新,充分发挥指挥棒的正效应。

二、加强综合素质评价研究,探索基于标准的等级评价

综合素质不是各类素质的组合、组装,不是整体等于部分之和,而是发现不同素质间的内在联系,使之融合起来,变成了个性整体。综合素质评价同时包含了思想品德、学业水平、身心健康、艺术素养和社会实践等不同方面的信息,具有复杂、非线性的特征,不同方面的信息无法加总,即使在同一方面,思想品德等信息也不宜量化评价,想用一把尺子来评价综合素质是不可能的。在现代社会尊重多元化的背景下,我们不能离开高校招生背景来判断一个获得创造发明大奖的学生和一个体育特长生的综合素质孰高孰低,也不能判别物理的奥赛获奖者比世界技能大赛获奖者更优秀;更不能认定钢琴十级的城市学生综合素质就一定高于山歌曼妙的农村学子。但是在高校具体专业的招生录取中,某些方面的特长适合某个专业是能够判断确定的。

因而需要加强综合素质评价研究,探索基于标准的等级评价。一是在高校提出需求的基础上,高校、高中学校、专家组、第三方研究机构可以合作开展综合素质等级评价,便于高校参考使用。二是不同的综合素质不宜加总,而是采取各个方面分别报告的方法。三是不同的综合素质可以划分不同的等级数量,例如学业水平、体质健康、研究性学习报告等有较高区分度的内容可以划分 5 个等级,而思想品德可以划分 2—3 个等级。四是不同的综合素质可以确定不同的等级比例,例如学业水平可以有 10%—15% 的学生人数被评为 A 级,而思想品德可以有超过 50% 的学生人数被评为 A 级。通过这些方法将高校的评价指标体系与综合素质评价信息系统的指标维度相结合,提高综合素质评价信息的可用性。

三、基于数字画像的综合素质评价模型构建及应用探索

结合信息技术的发展,特别是大数据和人工智能,可以尝试构建一套更为理想

的综合素质评价模型。将学生客观信息的采集范围扩大至课堂内和课堂外、正式学习环境和非正式学习环境、线下学习和线上学习,获取与学生综合素质相关的数据,形成系统、完备的学生大数据,整合并标准化能够反映学生综合素质的多方数据与信息,建立数学模型,开展大数据分析,对学生综合素质进行多维度、全方位的考查,形成基于大数据的学生个体和群体的综合素质数字画像。大数据技术可以将比较繁琐的终结性评价变为持续跟踪的形成性评价,提高评价实施的可行性与持续性;深度挖掘海量数据之间的横向、纵向关系,深刻揭示学生综合素质发展特点、优势、潜能与不足。

评价结果不仅服务于高校招生,还服务于学生生涯规划、教师因材施教、高中学校治理、政府教育区域治理,旨在充分发挥客观数据的价值,有效加强对学生各维度素质与能力的认知与评价水平,调动学生、教师、高中、高校政府等各方启用综合素质评价结果,充分发挥评价的导向功能,促进学生全面发展与健康成长。

四、建立诚信机制,培育诚信文化

综合素质评价"诚信"是生命线。如果综合素质评价诚信出了问题,高校会拒绝使用,因而需积极培育诚信机制和诚信文化。在目前诚信体系不完备的情况下,社会公众对综合素质评价信息的真实性还是存有疑虑和质疑,尤其是对志愿者活动和研究性学习等方面。仅依靠制度和技术难以保证在操作过程中杜绝造假、欺骗等不良行为,因此需要诚信的文化氛围来弥补制度和技术上的缺失。

一是需要政府发挥引导作用,督促各个区域、各个学校建立良好的诚信机制,鼓励提倡守信行为,增加诚信者的收益,营造良性互动的社会氛围,在软环境上保障综合素质评价的发展。二是建立健全规范有效的诚信问题追责机制,对改革中触及红线者实行终身追责,确保改革在公平、公正、公开的环境中运行。应针对不同的诚信责任主体,包括学生、教师、学校以及高校招生人员等,建立完善科学有效的诚信问题追责机制,惩戒防范失信行为,增加不诚信者的成本,全面营造健康向上的诚信文化氛围和文化生态。在教育系统上下、内外之间形成多方联合联动惩戒机制,共同促进诚信建设的局面,积极营造向上向善、诚信互助的社会风尚。建立终身追责制,不仅有助于促使高中学校真正做到、做好综合素质评价的"保真",从长远来看也有助于真正改变高中人才培养模式,提高人才培养质量。

五、为综合素质评价营造宽松的社会环境

对于综合素质评价而言,首先需要各方认识和宣传综合素质评价,引起社会各界对综合素质评价的共同关注。其次,在加强对综合素质评价认识的基础上形成社会各界的共识,并不断地凝聚和扩大共同认识点,逐步形成广泛的共识面。最后,社会各界将此共识转化为认同和支持的态度与行为。在政府层面,出台综合素质评价配套措施;在研究层面,深化综合素质评价理论研究;在学校层面,创新综合素质评价实施方略;在社会层面,形成良好舆论环境和监督环境;在教师和高等学校招生人员等主要评价主体层面,积极组织、参与和创生综合素质评价操作流程;在家长和学生层面,主动配合和诚信参与综合素质评价的活动记录。

综合素质评价破除"唯分数"评价是一个涉及多种因素互相交织的实践命题。即使有良好制度设计的支撑,主要举措的落实,广泛共识的认可,仍然不能完全保证综合素质评价在实践中不会出现问题,因而审慎问题处理就十分重要。首先,理性看待和处理改革问题,避免简单的收放政策,防止综合素质评价改革出现"一收就死,一放就乱"的怪圈。在尊重教育教学规律的基础上,行政力量应做到有所为和有所不为,理论研究与实践探索队伍要具有一定的独立性和连续性。其次,建立容错机制,改革从来都非尽善尽美的,总有一些瑕疵和问题出现,因而,对于真正致力于改革的建设者在不触及底线的限度内允许其大胆试错的探索。最后,制定相关招生考试法,明确各方法律界限,促使改革过程不断标准化和规范化。

六、数据确权与开放共享生态系统构建

基于数字画像的学生综合素质评价的实施还需要构建开放共享的数据生态,要从政策、技术、机制和观念等方面形成数据共享与开放、数据挖掘与开发、数据确权与隐私保护的生态,进而解决学生大数据的结构性缺失、数据孤岛、数据越权、隐

私保护等问题。数据确权是开放共享数据生态构建的基础。早在2015年,国务院发布了《促进大数据发展行动纲要》明确指出要研究推动数据资源权益相关工作①,但至今数据确权问题依旧未得以有效解决。国家和地方应尽快制定数据权利方面的法律法规,对数据采集、数据挖掘、数据交易等数据活动的主体合法权益、主客体之间的法律关系以及数据活动的合法性进行明确和保障,对数据流通行为进行有效的指导和监督。教育领域的数据开放共享生态系统的构建需要在教育大数据管理办法、数据标准等基础上,制定数据开放共享的制度和政策。技术上搭建全市统一的基础数据平台,使各类应用都能接入进而汇聚和共享数据;机制上要形成数据开放与共享的成本和效益机制,在数据确权的基础上,让多平台的数据都能在第三方平台上加以共享,同时对经过挖掘分析后的数据赋予经济价值,使各方都能实现数据价值的最大化,在确保公平公正的前提下实现数据资源的最优配置;观念上,无论是数据企业,还是学校和用户,都应遵循数据确权的法律法规,增强隐私保护和信息安全的观念,共享数据开放后产生的巨大价值。

---

① 中华人民共和国国务院.促进大数据发展行动纲要[J].成组技术与生产现代化,2015(03):51—58.

后 记

2014年起,我担任上海市电化教育馆的馆长,因为工作的关系,我参与了上海市高考综合改革的研究和实践工作,先后承担了上海市普通高中和初中综合素质评价信息管理系统的设计与建设。众所周知,上海率先启动教育综合改革,将综合素质评价纳入高等学校招生录取参考范畴,推行"两依据一参考"的高考改革(依据高考成绩、学业水平考试成绩,参考综合素质评价信息)。自2017年实施以来,综合素质评价成为上海市高考改革的重要抓手。但是,在应用中,综合素质评价信息区分度较弱,难以有效支撑学校遴选合适的学生,也难以引领学校全面育人,很多时候,我会问自己,综合素质评价改革会如何影响一代人的成长方式?是变成新的应试负担,还是会深刻改变教育评价,最终重塑教育呢?

很多时候,我们尊称高考为教育的"指挥棒",考试不等同于教育评价,但是对教育运行具有决定性影响。教育评价的技术和理念经历数百年的演变,撇开科举政治等不说,真正被称为教育评价的大致经历几个时代,从标准化测试,到质性评价,再到发展性评价和评价的主体变革,每一次都带来教育理念和教育哲学的深刻改变,但是未来的教育评价到底是什么样的?未来的教育需要什么样的评价?技术会如何重塑教育评价,进而重塑教育?这些问题伴随着云计算、大数据、人工智能等技术的发展突然变得必要而迫切。为此,笔者立足智能时代背景,带领团队探索信息技术支撑的下一代教育评价——基于数字画像的综合素质评价,主持申请了2019年国家社会科学基金"十三五"规划课题"基于学生画像的综合素质评价行动研究"(BCA190084),本书是课题主要研究成果。开展研究三年多来,研究团队发表核心论文 7 篇，被人大复印资料转载 5 篇，获省部级领导批示 2 份，课题于 2021 年 11 月免鉴结项。

课题组主要成员有徐冰冰、刘小龙、吴永和、夏冬杰、黄炜、黄勇、许哲、余明华、徐和祥，他们在工作之余积极参与研究。课题研究还得到了许多技术公司和基层学校的支持，感谢奥士达、海康威视、弘衍阅读、学多多、思来氏等优秀的企业参与，和我们产学研协同推进，将学术成果转化为产品；也感谢 25 所基地学校，将我们的核心理念和模式应用进学校教育，产生了很多可资借鉴的经典案例。课题研究系统而艰难，参与程度或深或浅，但是都对课题作出了贡献，也都给参与者带来深刻的转变，在此，我作为课题负责人向他们表示衷心的感谢。

党的二十大报告提出科教兴国战略，教育作为强国之策，责任重大、使命光荣！我们要建立教育强国，只有深刻改变评价，才能深刻改变教育，课题研究的意义很重大，但是我的工作还只是撕开一个角，有关教育评价的理念和技术进化才刚刚揭开大幕，这场变革需要哲学家、政治家、教育家和技术专家的协同推进。为进一步整合资源、深入推进，以本课题为依托，笔者牵头申报了上海市教育科研领域（基础教育）大数据联合创新实验室，申报了上海市 2020 年度"科技创新行动计划"人工智能科技支撑专项项目"教育大数据治理体系与面向大规模智慧学习的教育大脑研究"，感谢市教委、市经信委、市科委的支持与信任。

本书由课题负责人张治领衔完成，第一章、第四章由张治、徐冰冰执笔，第三章、第五章、第六章、第八章由刘小龙、张治、吴永和执笔，第七章由张治、许哲执笔，第九章由黄勇、黄炜进行案例整理，第二章、第十章由夏冬杰执笔。全书由张治定稿。囿于时间与水平所限，书中必有不当或不足之处，希望得到专家、读者的批评指正，我期待本书能激发更多的有识之士深入这场研究，推动教育评价的改革创新，让我们为探索下一代教育评价变革携手同行。

张治

2023 年 2 月